REDLINE | VERLAG

THOMAS HELLWEGER

WAHNSINN WOHNEN

Der Immobilienmarkt im Umbruch – und was das für uns bedeutet

Bibliografische Information der Deutschen Nationalbibliothek
Die Deutsche Nationalbibliothek verzeichnet diese Publikation in der Deutschen Nationalbibliografie.
Detaillierte bibliografische Daten sind im Internet über http://dnb.d-nb.de abrufbar.

Für Fragen und Anregungen:
info@m-vg.de

Wichtiger Hinweis
Ausschließlich zum Zweck der besseren Lesbarkeit wurde auf eine genderspezifische Schreibweise sowie eine Mehrfachbezeichnung verzichtet. Alle personenbezogenen Bezeichnungen sind somit geschlechtsneutral zu verstehen.

Originalausgabe
1. Auflage 2024

Türkenstraße 89
80799 München
Tel.: 089 651285-0

Redaktion: Matthias Höhne
Umschlaggestaltung: Sabrina Pronold
Umschlagabbildung: Shutterstock/pnDl
Satz: ZeroSoft, Timisoara
Druck: GGP Media GmbH, Pößneck
Printed in Germany

ISBN Print 978-3-86881-957-1
ISBN E-Book (PDF) 978-3-96267-568-4
ISBN E-Book (EPUB, Mobi) 978-3-96267-569-1

Inhalt

Einleitung

Wie wollen und wie werden wir künftig wohnen? Das Wachstum der Bevölkerung in den Ballungsräumen und die gleichzeitige Abnahme der durchschnittlichen Haushaltsgröße führt vielerorts zu Wohnungsnot. Doch nicht nur die Frage, wie sich eine Wohnung finden lässt, beschäftigt die Menschen. Trends wie Sharing Economy und New Work wirken sich auch aufs Wohnen aus. Dazu kommen die Klimakrise und die Digitalisierung, der demografische Wandel und vieles mehr. Die Menschen wollen heute mehr Flexibilität, sie wollen nachhaltiger leben und viele wünschen sich auch eine Vernetzung in den eigenen vier Wänden – all das sind Faktoren, welche die Immobilienmärkte drastisch verändern. Die Transformation ist so tiefgreifend und die Geschwindigkeit, mit der sie abläuft, so hoch, dass man durchaus vom »Wahnsinn Wohnen« sprechen kann.

Und dann sind da die Immobilieneigentümer oder die, die es gern wären. Sie stehen vor diesen Veränderungen und stellen sich Fragen wie: Soll ich jetzt sofort verkaufen? Was kann ich noch kaufen? Werden die Preise weiter fallen oder werden sie wieder steigen? Will der Staat an mein Häuschen? Was ist zukunftsträchtig in Sachen Wohnen? – Als Immobilienmakler werde ich immer öfter mit solchen Überlegungen konfrontiert. Früher haben mich Leute angerufen, weil sie eine Wohnung suchten, um selbst darin zu leben. Oder sie wollten ihr Erspartes sicher und gewinnbringend in sogenanntes Betongold anlegen. Oder sie hatten ein Haus, das ihnen zu groß geworden war. Dann folgte die Phase, in der so gut wie alles gekauft wurde, was aus Steinen besteht. Die Preise für Immobilien schossen in die Höhe.

Im Jahr 2021 begann die Inflation zu klettern. Auch das Bauen wurde teurer und ist es immer noch – und zwar aus mehreren Gründen: Für ein Haus braucht man Beton, Stein, Stahl, Holz, Glas und, und, und. All das kostet erheblich mehr als noch vor ein paar Jahren. Dazu kommt der Fachkräftemangel, Handwerker sind rar. Und die Bauzinsen sind massiv angestiegen. Die monatliche Belastung bei einem Baudarlehen ist höher und für viele nicht mehr tragbar. So verbreitete sich mehr und mehr Unsicherheit. Und die Leute überlegen mittlerweile: Lohnt es sich wirklich noch? Sollte man weiter auf Immobilien setzen?

Die klare Antwort lautet: jein. Oder anders ausgedrückt: Es kommt darauf an. Die Karten werden derzeit neu gemischt auf dem Immobilienmarkt. Sich genau zu informieren, ist das Gebot der Stunde. Auf denjenigen, der das tut, warten weiterhin oder vielleicht mehr denn je enorme Chancen. Wer aber ohne Nachdenken behält, was er hat, oder blindlings irgendein Objekt irgendwo kauft, wird verlieren. Im Grunde ist das ja nichts Ungewöhnliches: Auch bei einzelnen Aktien beispielsweise muss man genau hinschauen oder einem Experten vertrauen. Man muss sich für den Weizen entscheiden und nicht für die Spreu – und zum richtigen Zeitpunkt das eine oder andere aus dem Depot werfen. Auf dem Immobilienmarkt gab es schon immer lukrative und weniger lukrative Investments. Jetzt aber werden die Unterschiede eklatanter. Klar ist jedoch auch: Wohnen bleibt ein Grundbedürfnis, Bauland ein endliches Gut.

Zudem sind neue Wohntrends zu konstatieren. Mobile und Remote Working werden nicht mehr verschwinden, sondern mehr und mehr zur Normalität. Unternehmen leiden bereits stark unter den Folgen des demografischen Wandels und die Überalterung wirkt sich auch auf den Wohnungsmarkt aus. Die Silver Generation ist eine stark wachsende Gruppe mit ganz speziellen Bedürfnissen – auch beim Wohnen. Sie ist aktiver, als ihre Eltern und Großeltern es im gleichen Alter waren. Häufig möchten Silver Ager, also Menschen ab 50, zwar in ihrem Haus bleiben, aber möglichst auch Geld daraus ziehen, das sie für ihren Lebensstil brauchen. Sie setzen daher auf Optionen wie etwa Teilverkauf oder Leibrente, mit denen wir uns in diesem Buch näher beschäftigen.

Gleichzeitig steigt die Zahl der vererbten Immobilien und die Ansprüche der sogenannten Generation Z ans Wohnen sind wiederum andere als etwa die der Babyboomer. Heute 25- oder 30-Jährige werden häufiger umziehen, als das die mittlerweile 60- oder 70-Jährigen getan haben, und vielleicht gar nicht mehr an einem festen Ort wohnen wollen. Kriegs- und Klimaflüchtlinge kommen in deutsche Städte und die Frage nach deren Unterbringung verschärft die Wohnungsnot. Ist unter diesen Bedingungen das klassische Eigenheim überhaupt noch zeitgemäß? Welche Rolle spielen Co-Living und Wohnnomadismus und setzen sich Mobile sowie Tiny Houses durch? Wird die Immobilie der Zukunft gleichzeitig ein Mini-Kraftwerk sein, um der Energiekrise zu begegnen?

Wie drastisch sich alle Aspekte rund ums Wohnen wandeln werden, davon haben immer mehr Menschen mehr als nur eine Ahnung. Das beweisen mir die sehr präzisen Fragen, die mir häufig gestellt werden: etwa, ob ein Lastenausgleich zu erwarten sei, also Immobilieneigentümer zur Kasse gebeten werden – gerade nach der Pandemie. Ob es ein elektronisches Grundbuch geben werde, auf das der Staat Zugriff hat. Oder ob es passieren könne, dass Bankenkredite einer laufenden Finanzierung fällig stellen trotz Zinsfestschreibung. Und auch wie sich die Grundsteuer entwickeln werde, wollen potenzielle Immobilienkäufer wissen. All diese Dinge sind ungeheuer wichtig, will man das eigene Vermögen sichern beziehungsweise weiter aufbauen.

Natürlich bin ich weder Gesetzgeber noch Banker, aber ich kenne die wohlbegründeten Prognosen der Experten und verfüge über ein großes Netzwerk auf den Immobilienmärkten sowie in allen damit verbundenen Bereichen. Mit diesem Buch werfe ich einen Blick in die Zukunft, und zwar in die ziemlich nahe. Sie werden dabei vielleicht manchmal erschrecken oder den Kopf schütteln, aber lesen Sie bitte weiter. In Sachen Immobilien hat eine Zeitenwende begonnen – und das gilt auch für andere Anlageformen. Es gab bereits in manchen Details vergleichbare Situationen, wir haben jedoch keine Blaupause für die Gesamtlage. Es wird kein Stein auf dem anderen bleiben. Sehen Sie das positiv, denn es ist auch eine Riesenchance für alle, die überlegt handeln. Damit möglichst viele zu den Gewinnern gehören, habe ich dieses Buch geschrieben. Und es geht nicht nur um den Kauf von Immobilien, sondern auch um das Mieten. Das wird weiterhin teurer und auch für Mieter zählt mittlerweile der energetische Zustand »ihrer« Immobilie.

Sie werden in den folgenden Kapiteln vielen Menschen und Familien begegnen, die sich alle ihre eigenen Gedanken rund um Immobilien machen, die sich alle mit individuellen Herausforderungen konfrontiert sehen. Zwar sind diese Beispiele fiktiv, doch Ähnliches erlebe ich in meinem Beruf Tag für Tag. Da ist der Erbe, dem plötzlich das Haus der Oma gehört. Da ist die junge Familie, die eine Altbauwohnung gekauft hat und der nun die Heizkosten über den Kopf wachsen. Ein anderer Hauseigentümer muss umschulden und ächzt unter den steigenden Bauzinsen. Ein älteres Ehepaar wohnt in einem alles andere als barrierefreien Eigenheim. Manche trauen den Aktienmärkten nicht mehr und sitzen auf enormen Summen Geld. Und immer mehr Menschen probieren neue

Wohnformen aus, wenden sich ab vom freistehenden Eigenheim im Grünen.

Was in keinem Fall hilft, ist, den Kopf in den Sand zu stecken. Wie in allen Lebensbereichen sind stattdessen Informieren und Handeln angesagt. Im ersten Kapitel rekapitulieren wir zunächst, wie es zur aktuellen Lage gekommen ist. Wieso sind die Immobilienpreise über lange Zeit so stark gestiegen und warum nahm diese Entwicklung 2022 ein jähes Ende? Das zweite Kapitel befasst sich mit der Rolle des Gesetzgebers. Nach der Lektüre verfügen Sie über ein breiteres Hintergrundwissen, das in Ihre Entscheidungen einfließen kann. Wenn Sie allerdings sagen: »Es ist, wie es ist«, und nur nach vorn schauen wollen, dann steigen Sie direkt bei Kapitel drei ein.

Meine Überzeugung: Jetzt ist die beste Zeit, eine Immobilie zu kaufen! Oder genauer: Es ist immer richtig, eine Immobilie zu erwerben. Deshalb hätte ich diesem Buch auch den Titel »IMMERbilie« geben können. Häuser und Wohnungen werden nie out sein, sie sind und bleiben ein Kernbaustein für Ihre Vermögensbildung und Ihre Altersvorsorge. Zudem sind sie etwas, das man anfassen kann, etwas, zu dem viele auch eine emotionale Beziehung aufbauen. Gerade deshalb müssen Sie unbedingt wissen, welche Immobilie zu kaufen sich wirklich lohnt. Dieses Buch vermittelt Ihnen das nötige Wissen – und hoffentlich jede Menge Inspiration.

Thomas Hellweger

Starnberg, im März 2024

Kapitel I:
Blick zurück: wie die Immobilienblase entstand

Jedes Jahr neue Höchststände bei den Preisen für Häuser und Wohnungen: Wir hatten uns schon daran gewöhnt, dass es auf dem Immobilienmarkt immer nur bergauf zu gehen schien. Wer eine Eigentumswohnung besaß und diese einmal zur Vermietung inseriert hatte, der wurde nicht selten von Unternehmen angerufen, die den Eigentümer mit einem Makler zusammenbringen wollten. Datenschutz? Offenbar Fehlanzeige. Gerne würden Experten vor Ort den Preis der Immobilie schätzen. Die Erwiderung, man wolle gar nicht verkaufen, wurde oft kaum gehört. Es gebe eine große Nachfrage, es würde sicher sehr schnell eine Käuferin oder ein Käufer gefunden und der Erlös über den Erwartungen liegen. Die Suche nach Objekten war ganz klar, was den Umsatz für Maklerinnen und Makler begrenzte. In so mancher Stadt gab es schlicht fast keine verkaufswilligen Eigentümer.

Zu den Gründen für diese Entwicklung und den genauen Zahlen des Booms kommen wir gleich. Vorab: Es ist wichtig, sich klarzumachen, dass es eben Gründe dafür gibt. Die Preise sind nicht aufgrund irgendeines Naturgesetzes geklettert und geklettert. Ein solches existiert nämlich nicht – ebenso wenig wie für den Wert eines börsennotierten Unternehmens. Das ist die erste wichtige Erkenntnis, sollten Sie wie so manch einer glauben, in Immobilien gebunkertes Geld sei quasi hundertprozentig sicher. Absolute Sicherheit ist reines Wunschdenken. Auch wenn wir das Risiko für geringhalten: Bei Häusern und Wohnungen sind Fehlkäufe möglich – und ich kann Ihnen versichern, sie passieren allerorten.

Die Gretchenfrage auf dem Immobilienmarkt

Ob Sie nun bereits eine Immobilie haben oder eine kaufen möchten, sicher stellen Sie sich eine Frage, die sozusagen zur Gretchenfrage geworden ist: Hatten oder haben wir gar immer noch eine Immobilienblase? Nun, mit einem einfachen Ja oder Nein lässt sich das nicht beantworten. Wir werden genauer hinschauen müssen – und das in diesem Buch auch tun. Sie werden dabei merken, dass sich nicht nur eine, sondern ein ganzes Bündel an Fragen ergibt: In welchen Regionen gibt es eine solche Blase? Welche Immobilien genau sind davon betroffen? Welche Rolle spielt es, ob Sie vermieten oder selbst in Ihrer Immobilie wohnen? Und so weiter und so weiter. Sie dürfen gespannt sein auf die Analysen. Sie sind wichtig, denn eines ist sicher: In sehr vielen Fällen sollten Sie handeln, um Ihr hart erarbeitetes Vermögen zu sichern. Und das sofort oder zumindest sehr bald.

Bevor wir uns also an die erwähnten Fragen machen, wollen wir zunächst in diesem Kapitel die Gründe für die Preisexplosion anschauen und diese mit Zahlen untermauern. Letztere werden Ihnen ganz klar zeigen, dass wir es mit einer beispiellosen Situation zu tun haben. Betrachtet man die inflationsbereinigte Entwicklung, also die der realen Preise von Immobilien, sind diese über zehn Jahre lang steil angestiegen. Das heißt im Klartext nichts anderes als: Zwar wird auch alles andere – bis auf wenige Ausnahmen – immer teurer, doch Häuser und Wohnungen hatten sozusagen ihre eigene, viel höhere Inflation. Wohl noch nie war es für so viele Menschen ein Problem, eine bezahlbare Immobilie zu finden.

Einer meiner Kunden kam vor einigen Jahren zu mir, etwa 2016. Er hatte eine schöne Summe Geld angespart und wollte die nun endlich in eine Immobilie stecken. Schließlich war er in Eigentum aufgewachsen, seine Eltern wohnten immer noch in dem Haus, in dem er seine Kindheit verbracht hatte. Es dauerte nicht lang und wir hatten ein geeignetes Objekt entdeckt. 120 Quadratmeter, im Umland einer Großstadt. Billig war das nicht, aber mein Kunde verdiente gut, hatte Eigenkapital, bekam ein Darlehen mit einem extrem niedrigen Zinssatz. Heute freut er sich über 40 Prozent Wertzuwachs. – Ja, solche Geschichten könnte ich viele erzählen. Es sind allerdings Geschichten, die sich so heute nicht mehr schreiben lassen.

I.1. Durch billiges Geld vergoldete Sachwerte

Von 2016 bis 2022 gab die Europäische Zentralbank (EZB) einen Zinssatz von 0 Prozent als Leitzins vor. Man spricht auch vom Nullzinsschock und tatsächlich waren diese Jahre für viele Sparerinnen und Sparer eine Katastrophe. Wer ein traditionelles Sparbuch oder ein Tagesgeldkonto besitzt, bekam darauf so gut wie keine Zinsen mehr. Hatten Sie relativ viel Geld auf dem Konto, etwa über 50.000 Euro, mussten Sie bei vielen Banken sogar draufzahlen. Heißt: Sie mussten dafür, dass Sie der Bank Ihr Geld anvertraut hatten, ein sogenanntes Verwahrentgelt hinblättern.

Der Nullzins hatte aber auch eine andere Seite: Kredite wurden billiger, denn auch die hängen letztendlich vom Leitzins ab. So sanken die Bauzinsen über zehn Jahre kontinuierlich und erreichten 2020 mit durchschnittlich 0,62 Prozent ihren Tiefpunkt, erst seitdem steigen sie wieder und liegen inzwischen bei fast 4 Prozent bei zehn Jahren Zinsbindung.[1] Nun könnten Sie fragen: 0,62 Prozent,

1 Prozent oder 4 Prozent, das ist doch ziemlich egal? Nein, das sind riesige Unterschiede, wenn Sie bedenken, dass Sie einen solchen Kredit über zehn, 20 oder 30 oder noch mehr Jahre abzahlen. Je nach der Summe, die Sie sich leihen, können da recht hohe Beträge zustande kommen. Geld, das zusätzlich zu den Kosten für die Immobilie selbst, die Grundbucheintragung, die Grunderwerbssteuer, den Notar, den Makler gezahlt werden muss.

Wertvolles wurde scheinbar erschwinglicher

Bis 2020 wurde daher das Bauen oder Kaufen von Immobilien scheinbar immer erschwinglicher. Wer jung genug war und genügend verdiente, konnte Kredite zu supergünstigen Konditionen aufnehmen. Mehr und mehr Menschen entschieden sich genau dazu und heizten so den Immobilienmarkt an. Denn anders als bei vielen anderen Dingen lassen sich nicht einfach beliebig viel mehr Häuser bauen. Wir leben nun einmal auf einem Planeten mit begrenzter Fläche, unser Nachbar Mars wurde noch nicht besiedelt. Während etwa Geld in unserem Finanzsystem, in dem es keine Golddeckung mehr gibt, letzten Endes in rauen Mengen gedruckt werden kann, ist der bebaubare Grund und Boden rar.

Nicht zu vergessen sind die psychologischen Aspekte. In unübersichtlichen Zeiten sehnt sich der Mensch nach Sicherheit – und eine Immobilie wird damit assoziiert. So zitierte *Focus Online* 2014 eine Studie, nach der zwei Drittel der Deutschen Immobilien als sichere Geldanlage betrachteten. Bei denjenigen, die bereits Haus oder Wohnung besaßen, teilten sogar fast 75 Prozent diese Einschätzung. Derselbe Anteil der Bevölkerung hielt Immobilien für die beste Art der Altersvorsorge. Bei denen, die angaben, in den nächsten zwei Jahren bauen zu wollen, meinten das sogar 90 Prozent![2] 2014 waren die Preise für Immobilien bereits stark gestiegen, doch das hatte offenbar keinen Einfluss auf ihr Image als Vermögensschutz.

Eigentümerquote gestiegen, aber dennoch gering

Der Run auf Immobilien zur Eigennutzung nahm auch ohne Eigenheimzulage, die es bis Ende 2005 gab, ab Mitte der 00er-Jahre richtig Fahrt auf. Nach Angaben von Statista bewohnen besonders viele Saarländer vier Wände, die ihnen selbst gehören. Lag die Quote 2006 bei 54,9 Prozent, stieg sie bis zum Jahr 2018 auf 64,7 Prozent. Einen ähnlichen Anstieg gab es auch in den anderen Flächenstaaten, in den Stadtstaaten fiel er geringer aus. Auf ganz Deutschland bezogen wuchs der Anteil derer, die in der eigenen Wohnung oder im eigenen Haus leben, von 41,6 Prozent im Jahr 2006 auf 46,5 Prozent im Jahr 2018.[3] Bis zum Jahr 2019 gab es einen weiteren Anstieg auf 50,4 Prozent.

Im Vergleich mit anderen europäischen Ländern rangiert Deutschland dabei ziemlich weit unten. Lediglich in der Schweiz waren mit 41,6 Prozent im Jahr 2021 noch weniger Menschen Eigentümer ihres Zuhauses. Ganz oben in der Liste rangieren Albanien mit 96,5 Prozent, Rumänien mit 96,1 Prozent und die Slowakei mit 92,3 Prozent. Auch in Italien (72,4 Prozent) oder Frankreich (64 Prozent) liegt die Eigentümerquote viel höher.[4] Woran das liegt? In erster Linie ist dafür die Politik verantwortlich, die das Mieten attraktiv und das Kaufen für die Eigennutzung eher unattraktiv macht. Bevor wir uns das näher anschauen, ein Wort zu den Konsequenzen: Letzten Endes sorgt eine niedrige Eigentümerquote eher für eine Vermögensungleichheit. Gerade in den letzten Jahren, in denen Immobilien stark im Wert gestiegen sind, dürfte sich das ausgewirkt haben. Während Eigentümer von Häusern und Wohnungen sich über ein sattes Plus freuen durften, mussten alle anderen mit den ebenfalls steigenden Mieten kämpfen.

Der Staat macht den Immobilienkauf teuer

Was also tut der Staat beziehungsweise was unterlässt er? In einer Studie der Deutschen Bundesbank werden unter anderem die hohen Grunderwerbssteuern, die aktuell je nach Bundesland zwischen 3,5 und 6,5 Prozent liegen, als Grund für die in Deutschland im Vergleich zu anderen Ländern geringe Wohneigentumsquote angegeben. Wenn Sie einen Kredit brauchen, um einen Immobilienkauf zu finanzieren, können Sie zudem die Zinsen als Eigennutzer nicht steuerlich absetzen. Lange Zeit gab es außerdem einen starken sozialen Wohnungsbau, also mit staatlichen Mitteln geförderten Neubau für ökonomisch Schwächere. Das Mieten solcher Wohnungen war häufig die bessere Alternative im Vergleich zum Kaufen. Seit einiger Zeit aber haben viele Menschen mit geringen Einkommen vor allem in den Ballungsräumen große Probleme, bezahlbare Mietwohnungen zu finden.[5] So wurde es dank billigen Geldes häufig günstiger zu kaufen, als zu mieten.

Die Eigentümerquote wird aber auch von Erwartungen an die Zukunft beeinflusst – insbesondere von denen, die sich um die Preisentwicklung auf dem Immobilienmarkt drehen. Wenn ich daran glaube, dass die Preise steigen werden, habe ich gleich zwei gute Gründe, mir Haus oder Wohnung zu kaufen. Erstens halte ich es dann für wahrscheinlich, mich damit für ein cleveres Investment zu entscheiden. Zweitens muss ich zu dem Schluss kommen, dass es alles andere als clever wäre, mit dem Kauf zu warten, weil ich dann später nur noch mehr ausgeben müsste. Wer eine hohe Inflation kommen sieht, der zieht häufig Käufe vor, sofern es sich dabei um ihm wichtige Dinge handelt. Die Preisexplosion bei Immobilien bis 2022 mag daher den Anstieg der Eigentümerquote erklären – und das billige Geld, also die extrem niedrigen Zinsen erlaubten es vielen, sich ihren Traum vom Eigenheim zu erfüllen.

Flucht ins Betongold als Krisenschutz

Finanzmarktkrise 2008, Eurokrise ab 2010, Flüchtlingskrise 2015, Coronapandemie ab 2020, der im Februar 2022 ausgebrochene Krieg in der Ukraine, der Konflikt im Nahen Osten. Dazu der Klimawandel, Lieferengpässe, immer dramatischeres Artensterben, Hungersnöte in Afrika und anderswo. Mittlerweile scheint Krise die neue Normalität zu sein und viele Experten meinen, dass sich daran so schnell nichts ändern werde. Wir leben in einer multiplen Krise. Verständlich, dass da viele Immobilien kaufen wollten und wollen. Die gelten schließlich als sicherer Hafen, was auch eine starke emotionale Komponente hat. In einem Haus aus Stein, Beton oder auch Holz kann man zum einen so manche Krise aussitzen, hier ist man nicht von einem Vermieter abhängig und niemand kann einem wegen Eigenbedarf kündigen.

Bei vielen meiner Kunden zeichnet sich dieses Bild ab. Astrid, 55 Jahre, hat als selbstständige Web-Designerin erfahren, wie schwierig die Wohnungssuche in Deutschland sein kann. Als sie einmal wegen einer Krankheit weniger verdiente, wollte sie ihr Loft gegen ein Zwei-Zimmer-Apartment eintauschen. Sollte kein Problem sein, oder? War es in München aber absolut. Die potenziellen Vermieter fragten nach fixen Aufträgen, nach ihren Steuerbescheiden. Das eine hatte Astrid nicht zu bieten und die Bilanzen der letzten drei Jahre waren eher wenig prickelnd. Ergebnis: Sie hätte weit weg von der Stadt aufs Land ziehen müssen, für sie als Kulturmensch undenkbar. Ihre Lösung sah deshalb so aus: Astrid kratzte ihre Rücklagen zusammen und kaufte sich kurzerhand eine Wohnung. Für mehr als ein Zimmer reichte das Geld zwar nicht, doch nun hatte sie eine Bleibe, die ihr niemand nehmen konnte. Astrid hat das Gefühl, dass die eigenen vier Wände sie beschützen.

Das Gefühl der Unabhängigkeit kann trügerisch sein

Ähnlich wie Goldbarren im Safe zu Hause oder im Tresor der Bank beruhigen eigene Immobilien offenbar viele Menschen. Sie brauchen sich damit nicht mehr um die steigenden Mieten zu kümmern – um den Anstieg der Wohnnebenkosten allerdings schon. Und sie fühlen sich damit ein Stück weit unabhängig von den Turbulenzen auf den Finanzmärkten. Das sind sie auch insofern, als hinter ihrem Häuschen oder ihrer Penthouse-Wohnung keine Unternehmen stehen, bei denen vielleicht schon im nächsten Monat der Umsatz einbricht oder die sogar bankrott gehen können. Mit einer Aktie als Investment haben Sie zudem immer nur einen verschwindend kleinen Anteil an einem Unternehmen gekauft, eine Immobilie gehört Ihnen – und nur Ihnen. Wollen Sie sie verkaufen, müssen Sie das nicht zu einem Preis tun, der Ihnen wie bei einer Aktie vorgegeben wird, sondern Sie verhandeln mit den potenziellen Käufern. Auch das gibt Ihnen ein Gefühl von Freiheit.

All das sollte jedoch niemanden davon abhalten, das Thema auch rational zu betrachten. Ein Immobilienkauf bedeutet immer ein großes Risiko. Zum einen können Sie als Laie niemals den Zustand bis ins kleinste Detail beurteilen und auch Sachverständige haben sich schon geirrt. Jeder kennt jemanden, der jemanden kennt, der ein Haus gekauft hat, welches sich im Nachhinein als viel renovierungsbedürftiger herausstellte als angenommen. Feuchte Keller, nicht sofort erkennbarer Schimmel im Bad, undichte Leitungen und so weiter sind Dinge, die man oft erst bemerkt, wenn der Vertrag bereits unterschrieben ist.

Dazu kommen weitere finanzielle Risiken: Zwar gibt es jede Menge Statistiken zu den Quadratmeterpreisen – vielleicht differenziert nach Neubau und Altbau oder auch nach Stadtteilen. Doch das sind eben nur Durchschnittswerte und niemand weiß, wie viel Sie bei einem Verkauf wirklich bekommen. Was Liebhaber von Immobilien begeistert, kann auch als Nachteil betrachtet werden: Jedes Haus, jede Wohnung ist ein Unikat. Obwohl sie das Image haben, den Eigentümer quasi gegen die Geldentwertung zu versichern, lautet die Wahrheit: Mit dem Wertzuwachs einer Immobilie gleicht man keinesfalls immer die Inflation aus!

Heißt es nicht »My home is my castle«? Wir werden noch darauf eingehen, dass dies so nicht unbedingt und für alle Zeiten gilt. Ihre »Burg« steht eben nicht auf dem Mond oder dem Mars. Sie müssen die gesetzlichen Vorgaben befolgen und da dürfte einiges auf Sie zukommen, wenn Sie ein Haus oder eine Wohnung besitzen. Es wäre nicht das erste Mal in der Geschichte, dass Immobilieneigentümer zur Kasse gebeten werden, um die Folgen diverser Krisen mitzutragen. Dazu kommen wahrscheinlich eine Reihe von Vorschriften zur Sanierung, weil sich anders die Klimaschutzziele nicht erreichen lassen. Das Gebäudeenergiegesetz werden wir noch ausführlich behandeln.

I.2. Hohe Nachfrage und zu wenig Neubau

Wie bei allen Produkten und Dienstleistungen gilt auch bei Immobilien das Gesetz von Angebot und Nachfrage. Wir haben uns schon damit beschäftigt, warum die Nachfrage stark gestiegen ist: Haupttreiber waren das billige Geld, also die supergünstigen Kredite, sowie der Wunsch, sein Vermögen in – wenn auch nur scheinbare – Sicherheit zu bringen. Wäre allerdings das Angebot groß genug, hätten wir dennoch stabile Preise. Das allerdings ist es nicht. Seit langer Zeit beobachten wir einen Mangel an Wohnraum und zu wenig Neubau. Zwar hat die Politik das Problem erkannt und steuert gegen, doch bisher konnte die Wohnungsnot vor allem in den Ballungszentren kaum gelindert werden.

Woran liegt das? Die Zahl der Genehmigungen für neue Wohnungen war 2021 mit 380.700 so hoch wie niemals sonst in den letzten zwei Jahrzehnten. Im Jahr 2022 allerdings wurden in Deutschland lediglich 354.400 Wohnungen genehmigt und damit 6,9 Prozent weniger als im Vorjahr. Weniger waren es mit 346.800 zuletzt 2018 gewesen. Einen besonders starken Einbruch hat es bei Ein- und Zweifamilienhäusern gegeben.[6] Die Lage verschärft sich noch deutlich, wenn wir auf 2023 schauen: Im ersten Halbjahr wurden mit 135.200 Wohnungen sage und schreibe 27,2 Prozent weniger genehmigt als im selben Zeitraum des Jahres 2022.[7]

Okay, zwar ein Rückgang, aber das ist doch trotzdem ziemlich viel neuer Wohnraum? Nun, die aktuellen Zahlen sind weit vom Ziel der Bundesregierung entfernt, die 400.000 neue Wohnungen pro Jahr bauen lassen wollte. Vor allem aber: Eine genehmigte Wohnung existiert nur auf dem Papier beziehungsweise als digital gespeichertes Dokument. Man kann nicht in sie einziehen, sie nicht mieten, sie nicht kaufen. Den Markt entlastet daher nur, was tatsächlich gebaut wird – und hier kommt die Baubranche nicht hinterher, die Genehmigungen »abzuarbeiten«. Der sogenannte Bauüberhang, das ist die Differenz zwischen der Zahl der genehmigten und der fertiggestellten Wohnungen, wächst seit 2015 deutlich an. Ende 2021 waren es über 800.000 Einheiten.[8] Im Jahr 2022 stieg diese Zahl sogar auf 884.800 an.[9]

So sind die Ergebnisse der Analysen des *ifo Instituts* (Leibniz-Institut für Wirtschaftsforschung an der Universität München e. V.) nicht überraschend: Danach dürften in ganz Deutschland bis Ende 2023 lediglich 245.000 neue Wohnungen in neuen Wohngebäuden fertiggestellt werden. 2024 sollen es sogar nur 210.000 und im Jahr 2025 lediglich 175.000 sein. Addiert man hierzu die übrigen Fertigstellungen in alten Wohngebäuden kommt man auf 200.000 neue Wohneinheiten im Jahr 2025.[10] 200.000! Das ist exakt die Hälfte der avisierten 400.000. Sie können sich ausmalen, was das für den Wohnungsmarkt bedeutet – und wie es insbesondere Mieter mit wenig Einkommen treffen wird, die jetzt schon in Ballungsräumen nahezu chancenlos sind.

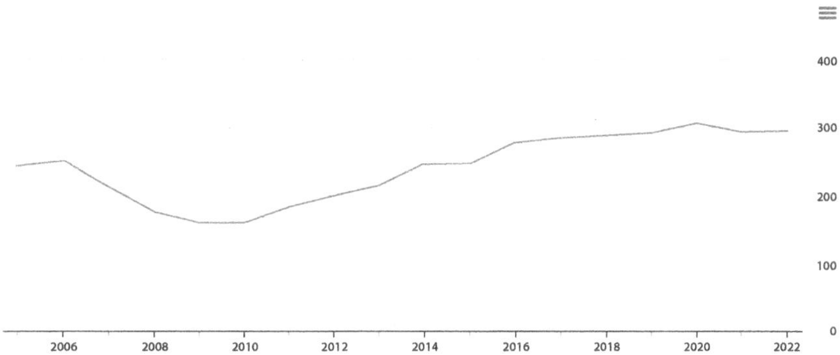

Grafik 1: Fertiggestellte Wohnungen von 2001 bis 2022 (Quelle: Statistisches Bundesamt)

Mangel wird zur Wachstumsbremse

Warum aber ist das so? Stellen Sie sich vor, Sie haben ein Unternehmen, das Hundefutter produziert. Wenn immer mehr Menschen Ihr Produkt nachfragen, was würden Sie dann tun? Klar, Sie würden mehr und mehr von ihrer offenbar sehr beliebten Kreation herstellen, die bei Hunden und ihren Besitzern so gut ankommt. Vielleicht werden Sie dann bald merken, dass Ihre Produktionskapazitäten nicht ausreichen. Sie haben zu wenig Maschinen und zu wenig Mitarbeiter, die sie bedienen können. Auch kommen Ihre Zulieferer nicht hinterher, sie können nicht genügend der nötigen Zutaten anbieten. Okay, sagen Sie sich, Sie haben schon bisher schwarze Zahlen geschrieben, mit noch mehr Umsatz wird der Gewinn sicher steigen. Also investieren Sie, bauen eine neue Halle auf dem Unternehmensgelände, stellen eine Reihe von Fachkräften ein, schließen Verträge mit weiteren Zulieferern ab.

So oder so ähnlich hat es bisher in so gut wie allen Branchen funktioniert. Von dem, was vermehrt gebraucht wird, ist einfach mehr produziert worden. Dienstleister, die stärker nachgefragt werden, haben ihr Angebot ebenfalls ausgeweitet. Mittlerweile allerdings kommt diese Entwicklung an ihre Grenzen und das hat zwei wesentliche Gründe. Zum einen ist da der Fachkräftemangel, von dem schon viele Jahre geredet wird, der jedoch erst jetzt so richtig sichtbar und fühlbar wird. Im Handwerk, in der IT, in der Gastronomie und in zahlreichen anderen Branchen suchen Arbeitgeber händeringend nach Azubis und fertig ausgebildeten Kräften, sie werben sich die wenigen Interessenten gegenseitig ab und gehen immer häufiger leer aus. Waren einst fehlende Aufträge die Wachstumsbremse, ist es nun oft das Fehlen geeigneter Mitarbeiterinnen und Mitarbeitern.

Langsamer und komplexer: Genehmigungen

Und auf dem Bau? Da ist es genauso. Häufig wurden die Bürokraten dafür gescholten, dass es zu wenig Wohnraum in Deutschland gibt. Und ja, eine Baugenehmigung ist immer noch etwas, wofür man starke Nerven braucht. Monate können ins Land gehen, bis sie erteilt wird. Allein all die Gutachten, die für den Bau eines keineswegs extravaganten, sondern ganz normalen Hauses erstellt werden müssen, ergeben seitenlange Abhandlungen – über Lärmschutz, Klimaschutz, Brandschutz, Naturschutz et cetera. Nach und nach sind immer weitere Anforderungen hinzugekommen, die Materie ist komplexer geworden. Das alles sind notwendige Untersuchungen, ob allerdings die Analyse dieser Dinge wirklich derart lange dauern muss, ist eine viel diskutierte und meist mit einem Nein beantwortete Frage.

Mittlerweile lässt sich der Schwarze Peter allerdings nicht mehr allein den Baubehörden zuschieben. Wenn viele Hunderttausend genehmigte Wohnungen nicht realisiert worden sind, liegt anderswo etwas im Argen. Warum also stürzen sich die Bauträger nicht auf den Berg genehmigter Wohnungen, die sie bauen könnten? Fehlende Nachfrage kann es nicht sein, denn vor allem in den großen, wirtschaftlich prosperierenden Städten ist die Nachfrage nach Wohnraum hoch. Wir sind also nicht nur weit entfernt vom Ziel, 400.000 neue Wohnungen pro Jahr zu schaffen: Das wirklich verfügbare Angebot wächst noch viel langsamer, als es die Zahl der Genehmigungen suggeriert.

Teures Baumaterial, keine Bauarbeiter

Wenn es um die Suche nach den Gründen geht, wird immer wieder darauf verwiesen, dass die Braubranche kaum noch Bauplaner und Facharbeiter findet. Der demografische Wandel, also die Überalterung unserer Gesellschaft lässt grüßen, aber körperlich anstrengende Jobs sind auch nicht mehr die, in welche junge Menschen drängen. Zudem verschärfen sich die seit Beginn der Coronapandemie aufgetretenen Engpässe bei vielen Materialien durch den Krieg in der Ukraine weiter. Anfang 2022 schien sich die Lage zu entspannen, dann führten die Sanktionen gegenüber Russland zu explodierenden Preisen – zum Beispiel bei Beton, Metallen und Holz oder auch Farben.

Laut Statistischem Bundesamt hatten sich Baustoffe schon 2021 so stark verteuert wie seit 1949 nicht mehr.[11] Im Jahr 2022 setzte sich der Trend fort: Flachglas, wichtig für Fenster und Glastüren, plus 49,3 Prozent gegenüber 2021, Stahl je nach Art plus 32,2 bis 40,4 Prozent.[12] Und das Jahr 2023 setzte teilweise noch mal eins obendrauf: Für Zement etwa musste man im ersten Halbjahr 41,7 Prozent mehr hinlegen als im ersten Halbjahr 2022. Bei anderen Baustoffen kam es in diesem Zeitraum zu einem Rückgang, bei Bauholz etwa um 18,6 Prozent. Das Niveau blieb allerdings größtenteils hoch.[13]

Interessant ist dabei, was allein negative Erwartungen anrichten. Auch wenn ein Baustoff noch in ausreichender Menge verfügbar ist, treibt die Angst vor einem künftigen Mangel die Preise. Auf jeden Fall ist Bauen drastisch teurer geworden. Schon 2021 kostete ein Neubau im Schnitt 9,1 Prozent mehr als im Jahr davor – etwa das Doppelte der damaligen allgemeinen Inflationsrate.[14] Im November 2022 war der Neubau von Wohngebäuden laut Statistischem Bundesamt gar 16,9 Prozent teurer als im selben Monat des Vorjahres,[15] im Februar 2023 betrug der Anstieg 15,1 Prozent gegenüber Februar 2022.[16]

Diese Zahlen sprechen für sich und die Preisexplosion hat sicher dazu beigetragen, dass sich die Immobilienblase weiterhin aufbläht. Vor allem seit Februar 2022 wirken zudem die enorm gestiegenen Energiekosten in der Baubranche. Schließlich steckt Energie in allen Materialien, die auf dem Bau verwendet werden, und in manchen sehr viel davon. Dazu kommen teils lange Transportwege, die aufgrund der hohen Spritpreise ebenfalls die Kosten hochtreiben. 2023 kam es zwar zu einer Entspannung bei den Energiekosten, doch sie bewegten sich nach wie vor deutlich über dem Niveau vor der Energiekrise.

Inzwischen eher Auftragsflaute

Ob es die Preise für die Baumaterialien sind oder die inzwischen hohen Bauzinsen: Im Jahr 2022 verzeichnete das Baugewerbe beim Neugeschäft für Wohnungsbau ein preisbereinigtes Minus von 15,1 Prozent gegenüber dem Vorjahr.[17] Im Juli 2023 klagten 40,3 Prozent der Unternehmen über Auftragsmangel im Wohnungsbau.[18] Und die Branche rechnet mit einer weiteren Verschlechterung und stagnierenden Beschäftigtenzahlen. Viele Menschen spüren das bereits dadurch, dass sie nicht mehr so lange auf eine Baufirma warten müssen, wenn sie denn einen Auftrag vergeben wollen. Zwar fehlen weiterhin Fachkräfte – etwa für den Einbau von Wärmepumpen –, doch es wird auch schon der sogenannte Gastro-Effekt befürchtet: Während der Coronakrise in der Gastronomie entlassenes Personal war oft für immer weg!

Der alteingesessene Dachdecker-Betrieb Müller im Hamburger Umland steht vor genau diesem Problem: Jahrelang lief es super, man dachte sich kreative Werbung für Social Media aus, um neue Mitarbeiter zu gewinnen. Jetzt aber stellen viele Bauherren ihre Vorhaben zurück, weil sie schlicht nicht mehr das Geld dafür haben. Bevor am Essengehen oder am Urlaub gespart wird, wartet man lieber mit dem Hausbau, wenn man dafür überhaupt noch ein Grundstück bekommt – zu dem Thema kommen wir gleich noch. Und auch Investoren sagen viele Projekte wegen der hohen Zinsen und Baukosten ab. Geschäftsführer Müller denkt an Kurzarbeit. Entlassen möchte er die mit so viel Aufwand gewonnenen Mitarbeiter nämlich nicht.

Bauland als knappes Gut

Hohe Zinsen, teure Materialien: Das ist leider noch nicht alles. Ein weiterer Kostentreiber ist die Verknappung von Bauland. Schließlich sind Immobilienpreise immer eine Kombination aus dem, was Sie für den Hausbau selbst zahlen müssen, sowie dem, was der Grund und Boden kostet. Vor allem deshalb ist es erheblich teurer, etwa im Münchner Umland zu kaufen als auf dem platten Land in Mecklenburg-Vorpommern. Dort, wo sich viele Menschen drängen, dort, wo es eine hervorragende Infrastruktur gibt, wo zahlreiche Arbeitsplätze vorhanden sind, dort wollen die Menschen hin. Grund und Boden aber lässt sich nicht vermehren. Man kann ihn nicht produzieren, also auch keine Produktion ausweiten, um die Nachfrage zu decken.

Im Gegenteil: In den letzten Jahren stieg sozusagen die Konkurrenz in Sachen Boden. Stärker ökologisch ausgerichtete Landwirtschaft braucht mehr Fläche, um dieselben Erträge zu erzielen wie ihre konventionell wirtschaftenden Kollegen. Die Herstellung von Biosprit frisst ebenso Fläche wie Windenergieparks oder auch Freiflächen-Solaranlagen, die stark ausgebaut werden sollen. Für Wind will die aktuelle Bundesregierung 2 Prozent der gesamten Fläche Deutschlands ausweisen! Gleichzeitig ist der Artenschutz mehr und mehr Thema und auch der braucht vor allem eines: viele Quadratmeter!

Im Jahr 2000 zahlte man für baureifes Land in Deutschland durchschnittlich 76 Euro pro Quadratmeter, im Jahr 2010 waren es 130 Euro, 2020 bereits 199 Euro und im Jahr 2021 satte 225 Euro.[19] Baureif ist ein Grundstück, für das es einen Bebauungsplan gibt und auf dem Baurecht besteht. Natürlich sind die regionalen Unterschiede sehr groß. Im ländlichen Raum ist es billiger, im urbanen wegen des dortigen Platzmangels teurer: Am tiefsten in die Tasche greifen musste man für baureifes Land im Jahr 2021 mit 1.077 Euro pro Quadratmeter im Stadtstaat Hamburg, am günstigsten war es in den ostdeutschen Flächenländern Thüringen und Sachsen-Anhalt sowie in Bremen. Die Flächenknappheit wird zumindest in den Ballungsräumen bleiben, was für langfristig steigende Preise spricht (siehe Kapitel IV.7.).[20]

Wohnen auf immer größerem Fuß

Wenn wir dem Verhältnis von Angebot und Nachfrage auf dem Wohnungsmarkt nachgehen, dann müssen wir auch einen Blick auf unsere Ansprüche in Sachen Wohnen, sprich auf die Zahl der Quadratmeter werfen, die der Einzelne bewohnt. Gab es früher Großfamilien, die in drei Zimmern lebten, tut das heute so gut wie niemand mehr, der es nicht aus finanziellen Gründen muss. Die Zahl der Single-Haushalte ist über die Jahre angestiegen und Singles brauchen genauso eine Küche, ein Bad, ein Schlaf- und ein Wohnzimmer wie ein Paar. Zudem bleiben heute mehr Ältere länger als früher in ihrer eigenen Wohnung, statt zum Beispiel zu den Kindern oder in nur ein Zimmer in einer Pflegeeinrichtung zu ziehen.

Das sind Entwicklungen, die wir alle kennen und die sich ganz deutlich in Zahlen widerspiegeln: 1991 beanspruchte von den in Wohnungen lebenden Einwohnern Deutschlands der Einzelne laut Statista durchschnittlich 34,9 Quadratmeter Wohnfläche. Bis zur Jahrtausendwende war dieser Wert auf 39,5 Quadratmeter gestiegen. 2010 waren es schon 45 und 2021 gar 47,7 Quadratmeter. Klingt vielleicht nach gar nicht so viel, aber es ist eine Zunahme um knapp 37 Prozent in 30 Jahren.[21] Schon ohne dies genau auszurechnen, können wir uns ausmalen, was das für die Anzahl der benötigten Wohnungen in Deutschland bedeutet. Natürlich gibt es auch dazu Statistiken: Ende 1991 hatte das Land laut Statistischem Bundesamt 426 Wohnungen pro 1.000 Einwohner zu bieten, Ende 2021 waren es 518.[22] Ein starker Anstieg? Nun, immerhin einer von circa 22 Prozent in 30 Jahren, doch das ist zu wenig, da der Bedarf an Wohnraum im selben Zeitraum um mehr als das Eineinhalbfache gewachsen ist.

Wachsende Bevölkerung

Dass die meisten Menschen immer mehr Wohnraum brauchen, beziehungsweise wollen, wäre kein Problem, wenn die Einwohnerzahl insgesamt niedriger wäre. Doch obwohl es schon vor vielen Jahren Prognosen gegeben hat, nach denen die deutsche Bevölkerung schrumpfen, gar aussterben würde, ist die Einwohnerzahl nicht gesunken. Nehmen wir wieder den Zeitraum von 1991 bis 2021, so haben wir einen Anstieg von 80,27 Millionen auf 83,24 Millionen – immerhin um 3,7 Prozent.[23] Ende 2022 lebten 84,5 Millionen Menschen in Deutschland[24] und die Nettozuwanderung war 2022 viermal so hoch wie 2021.[25] Ob allerdings der Zuwachs hauptsächlich auf Immigration zurückzuführen ist, ist für unser Thema unerheblich. Fakt ist, dass mehr Menschen und ein höherer Bedarf an Wohnfläche pro Person in einem ungünstigen Verhältnis zu einem viel geringeren Anstieg der Zahl der Wohnungen stehen.

Ungünstig war diese Entwicklung zum einen aus Sicht derjenigen, die neu kaufen oder bauen wollten – allerdings nicht für alle, denn bisher setzt sich ja der Trend in den meisten Regionen noch fort. Mit Trend meine ich selbstverständlich das Ergebnis von im Vergleich zum Angebot überproportional wachsender Nachfrage nach

Wohnraum: explodierende Preise für Immobilien. Wer also rechtzeitig gekauft oder gebaut hat, konnte sein Vermögen mehren. Zumindest sein »Buchvermögen«. Mieter dagegen, die einen neuen Vertrag abschließen mussten, wurden in den letzten Jahren zunehmend vor enorme Herausforderungen gestellt. In den Ballungsräumen, etwa in München, Hamburg oder Köln, stiegen die Mieten so drastisch, dass viele gezwungen waren, ins Umland zu ziehen, mit einem Zimmer weniger vorliebzunehmen oder Abstriche bei der Lage zu machen.

I.3. Ende der Himmelfahrt auf dem Immo-Markt

Welche Punkte haben wir bisher, die die hohen Preise für Wohnungen und Häuser erklären? Zum einen das lange Zeit billige Geld, sprich die niedrigen Bauzinsen. Die lockten viele, so zum Beispiel Jutta und Stefan. Sie wollten unbedingt in Berlin leben, und zwar möglichst in einem der angesagten Stadtteile wie Kreuzberg. Beide verdienten gut, die Stellen waren sicher und Juttas Oma hatte ihr rund 100.000 Euro vererbt. So zögerte die Bank nicht lange. Die beiden bekamen tatsächlich 2020 ein Darlehen mit 0,62 Prozent Zinsen auf zehn Jahre. Klar, der Kredit war nach wie vor abzuzahlen, doch das junge Paar rechnete mit einer anziehenden Inflation. Und sie sollten recht behalten: Schon 2021 war die höher als der Zinssatz des Darlehens.

So wie Jutta und Stefan kalkulierten eine Menge Menschen. Ganz nüchtern. Die steigende Inflation würde die Kredite entwerten und somit praktisch einen Teil der Schulden zurückzahlen. Wer dagegen sein Geld auf der Bank liegen ließ, bekam erstens schon längst keine Guthabenzinsen mehr, musste zweitens manchmal sogar Verwahrentgelt, sprich Strafzinsen zahlen und erfuhr drittens einen rasant steigenden Kaufkraftverlust. Da war doch glasklar, dass Sachwerte die beste Wahl sein würden. Und im Vergleich zu Aktienfonds sind Immobilien für viele attraktiver. Man kann sie anfassen, einrichten, in ihnen leben, sie zu etwas Eigenem machen – und das nicht nur auf dem Papier.

Zugleich erwarteten Immobilienkäufer, dass der Wert ihrer Wohnung oder ihres Hauses zumindest mit der Inflationsrate weitersteigen würde. Dass und warum diese Rechnung oft nicht mehr aufgeht, dazu kommen wir noch. Bis zum Jahr 2022 allerdings ging sie auf. Und mehr als das: Das billige Geld, die Suche der Menschen nach einem sicheren Hafen, die Angst vor Abstürzen der Aktienmärkte und der daraus folgende Anlagedruck verursachten einen Run auf Immobilien. Für viele war Bauen oder Kaufen zudem billiger geworden als Mieten, denn die Mieten stiegen zwar nicht im selben Maße wie die Kaufpreise, aber überlegen Sie einmal: Wollen Sie lieber mit einem spottbilligen Kredit Ihre eigene Immobilie abzahlen und vielleicht vom Boom dieses Marktes profitieren oder mit vielen anderen um die raren und ebenfalls teurer werdenden Mietwohnungen konkurrieren?

Nach oben, nach oben, nach oben

Das Ja von mehr und mehr Menschen zur Immobilie für Eigennutzung oder Vermögensportfolio sowie der nur schleppend anziehende Neubau von Wohnungen hat uns dorthin geführt, wo wir jetzt sind: zu einer je nach Region mehr oder weniger großen und mehr oder weniger glänzenden Immobilienblase. Viele Jahre kannten die Preise nur eine Richtung: nach oben! Schauen wir uns die Zahlen dazu genauer an. Laut Statistischem Bundesamt kletterten die Preise für bestehende Wohnimmobilien im bundesdeutschen Durchschnitt im ersten Quartal 2021 um 9,9 Prozent im Vergleich zum Vorjahresquartal. Im ersten Quartal 2022 waren es 12,1 Prozent, im zweiten Quartal 2022 10,2 Prozent und im dritten 4,1 Prozent.[26]

Das sind Steigerungsraten, die es wirklich in sich haben. Sie liegen um ein Vielfaches über den jeweiligen Inflationsraten und wie Sie sehen, hat die Entwicklung sogar im Laufe von 2021 noch einmal Fahrt aufgenommen. Und sie hat selbstverständlich schon lange zuvor begonnen. Statista liefert einen Vergleich der Hauspreise der letzten rund 20 Jahre mit einem Bezugswert von 100 für das Jahr 2015. Während sich der Wert in den ersten zehn Jahren von 2000 bis 2010 nur marginal verändert, ja sogar von 84,4 auf 83,9 zurückgeht – so viel zur Mär, Immobilienpreise würden immer steigen –, beginnt 2010 eine steil ansteigende Kurve, die bis 2022 den Wert 162,9 erreicht.[27] Das ist ein Plus von über 94 Prozent in zwölf Jahren! – Mittlerweile aber sieht es anders aus. 2022 war der *Turning Point.* Zumindest der vorläufige. Im vierten Quartal sanken die Preise für Wohnimmobilien um durchschnittlich 3,6 Prozent im Vergleich zum Vorjahresquartal.[28] Sie sanken! Im zweiten Quartal 2023 betrug das Minus gar 9,9 Prozent gegenüber demselben Quartal 2022 – der stärkste Rückgang seit Beginn der Zeitenreihe im Jahr 2000.[29]

Regionale Unterschiede

Wenn Sie sich jetzt wundern und vielleicht an Ihre eigene Immobilie denken oder an die von Freunden oder Bekannten, deren Preis sich mehr als »nur« verdoppelt hat, dann liegt das an den riesigen regionalen Unterschieden. In München zum Beispiel hätten Sie allein von 2016 bis zum vierten Quartal 2022, also in gerade einmal sechs Jahren ein Plus von 65 Prozent gesehen. Hier kosteten maximal zehn Jahre alte Wohnungen mit einer Wohnfläche zwischen 60 und 80 Quadratmetern sowie einer höherwertigen Ausstattung Ende 2022 stolze 11.234 Euro pro Quadratmeter. In der Rangliste der Städte mit den höchsten Preisen folgen Frankfurt am Main, Stuttgart, Düsseldorf und Berlin.[30] Dies bezieht sich auf die inserierten Preise, nicht auf die tatsächlich erzielten. Letztere sind sicherlich etwas niedriger, dürften aber ähnlich stark angezogen haben.

In den sieben Metropolen Deutschlands – Berlin, Hamburg, München, Köln, Frankfurt am Main, Stuttgart und Düsseldorf – stiegen die Preise von Wohnungen seit 2015 bis Ende 2021 um durchschnittlich rund 83 Prozent. In Großstädten mit mehr als 100.000 Einwohnern waren es rund 61 Prozent. Mit 60 Prozent fast denselben Wert erreichte die Teuerungsrate für ländliches Wohnen in Regionen mit etwas dichterer Besiedlung, während sie in dünn besiedelten Regionen in den letzten fünf Jahren bis 2021 bei rund 46 Prozent lag.[31]

Starker Anstieg auch bei Häusern

Auch wenn Sie schon längere Zeit ein Haus oder mehrere Häuser haben, ist Ihr Vermögen enorm angewachsen. In den sieben Metropolen wuchs der Wert eines Ein- oder Zweifamilienhauses im vierten Quartal 2021 um 2,8 Prozent, verglichen mit dem vierten Quartal 2020. Innerhalb der letzten fünf Jahre gab es einen Preissprung von rund 60 Prozent. Auch in Großstädten, beispielsweise Bremen oder Freiburg, kletterten die Preise: im Schnitt um rund 12 Prozent im vierten Quartal 2021 gegenüber dem Vorjahresquartal sowie um durchschnittlich 45 Prozent in fünf Jahren. Und im ländlich geprägten Raum? Da waren es sogar 15,9 Prozent in Kreisen, die eher dünn besiedelt, und 14,5 Prozent in solchen, die dichter besiedelt sind, sowie in fünf Jahren 57 beziehungsweise 50 Prozent.[32]

Offenbar sind mehr und mehr Menschen, vermutlich vor allem Familien, aufs Land ausgewichen, weil sie sich die Preise in den Großstädten und besonders in den Metropolen schlicht nicht mehr leisten können. Das betrifft das Kaufen, aber auch das Mieten. Weil etwa in der Münchner Innenstadt kaum noch eine bezahlbare Mietwohnung zu finden ist, haben sich in den letzten Jahren viele zum Kaufen im Umland entschlossen. Und wer dennoch innerhalb der größeren Städte Eigentum erwirbt, ist mittlerweile häufig bereit, auf ein Zimmer zu verzichten. Andere allerdings brauchen seit der Pandemie und dem damit verbundenen Arbeiten im Homeoffice eher ein Zimmer mehr.

Wie viel vom Einkommen für die Immobilie?

Wir hatten es bis 2022 mit einer wahren Himmelfahrt der Preise für Wohnimmobilien zu tun. Doch was heißt das eigentlich? Ob etwas teuer ist oder nicht, ist ja abhängig von zahlreichen Rahmenbedingungen. Viele wenden daher ein, dass auch die Einkommen Jahr für Jahr steigen und die Menschen damit mehr Geld zur Verfügung haben, das sie in eine Wohnung oder ein Haus stecken können. Stimmt, doch abgesehen einmal von der Inflation, die seit 2021 nicht nur am Vermögen knabbert, sondern auch zusehends den täglichen Lebensunterhalt verteuert: Entscheidend ist, in welchem Verhältnis die Teuerungsrate bei den Immobilien zum Plus bei Lohn und Gehalt steht. Logisch, denn es bringt Ihnen ja nichts, wenn Sie Ihr Traumhaus jetzt eineinhalb Mal so viel kostet wie vor ein paar Jahren, Sie aber nur 10 Prozent mehr verdienen.

Relevant ist daher die sogenannte Erschwinglichkeit. Der Immobilienverband Deutschland IVD Bundesverband der Immobilienberater, Makler, Verwalter und Sachverständigen e. V. hat sich ausführlich damit beschäftigt. Schaut man sich die Ergebnisse näher an, wird eines schnell klar: Die allermeisten von uns haben heute größere Probleme damit, sich eine Immobilie zu leisten, als etwa 2010 – wobei hier nicht mit den ebenfalls rasant gestiegenen Mietkosten verglichen wird. Würde man Letzteres tun, müsste man quasi untersuchen, ob Kaufen oder Mieten unerschwinglicher wurde!

Für ihre Statistiken gehen die Experten von 75 Prozent Fremdkapital (also Aufnahme eines Darlehens in dieser Höhe) aus, sie beziehen die Kaufnebenkosten wie etwa die Grunderwerbssteuer ein, rechnen mit dem aktuellen Zinssatz der Bundesbank für Immobilienkredite, fünf bis zehn Jahren Zinsbindung, 30 Jahren bis zur Tilgung des Darlehens – und dem durchschnittlichen Einkommen von 1,75 Vollverdienern in der jeweiligen Stadt.[33] Für Single-Haushalte mit nur einem Einkommen sieht es noch einmal schlechter aus, für Paare mit zwei Vollverdienern etwas besser. Zudem muss im Einzelfall immer berücksichtigt werden, ob noch Kinder zu versorgen sind et cetera. Da aber kaum zu ermitteln ist, wie viel »freies« Geld eine Familie wirklich zur Verfügung hat, werden diese Dinge vernachlässigt.

Die Ergebnisse sind dennoch aussagekräftig. Der IVD definiert eine Immobilie als erschwinglich, wenn ihre Käufer nicht mehr als 25 Prozent des Haushaltseinkommens für die Finanzierung aufwenden müssen.[34] Sind es nur 20 Prozent oder noch weniger, fällt das Abzahlen noch leichter und damit auch die Entscheidung zum Kauf. Sind es dagegen 30 Prozent oder mehr, ist leicht vorstellbar, wie die Diskussionen in der Familie ablaufen: »Können wir dann überhaupt noch in Urlaub fahren?« »Was ist, wenn einer von uns den Job verliert?« »Was tun wir, wenn in fünf Jahren die Zinsen noch höher sind?« Solche Fragen müssen beantwortet werden, wenn es darum geht, ob man kaufen oder weiterhin mieten sollte.

Grafik 2: Erschwinglichkeitsindex Deutschland für Neubauwohnungen

Auf ganz Deutschland bezogen sind beispielsweise 80-m²-Neubauwohnungen bei Erstbezug nach der 25-Prozent-Definition seit dem zweiten Quartal 2022 nicht mehr erschwinglich. In Hamburg, Köln, Stuttgart, Berlin und vor allem München ist es mit der Erschwinglichkeit schon viel länger vorbei. Ganz besonders gilt das für die bayerische Landeshauptstadt.[35]

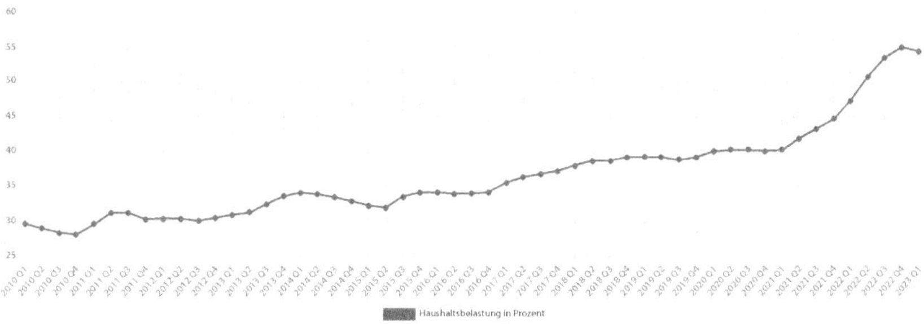

Grafik 3: Haushaltsbelastung in Prozent des Haushaltseinkommens, München

Im ersten Quartal 2023 musste man dort über 54 Prozent des Haushaltseinkommens für Zinsen und Tilgung investieren – Monat für Monat.[36] Nach einer Faustregel gelten Mieten inklusive Nebenkosten als leistbar, wenn sie maximal 30 Prozent des Einkommens verbrauchen. Bei der eigenen Immobilie kommen zu Zinsen und Tilgung des Kredits ja Heizung, Strom et cetera noch hinzu. In München und auch anderswo ist für Normalverdiener inzwischen sowohl Mieten als auch Kaufen kaum noch zu bezahlen.

Neben dem IVD hat auch beispielsweise das Flossbach von Storch Research Institute die Erschwinglichkeit von Immobilien in Deutschland untersucht - im Zeitraum von 2003 bis 2023. Danach stieg in den frühen 2000er-Jahren die Kaufkraft in Bezug auf Immobilien an - bis zu einem Höhepunkt um das Jahr 2011. Danach sank die Erschwinglichkeit zunehmend, weil die Immobilienpreise stärker in die Höhe gingen als die Einkommen. Erst die Preiskorrektur ab etwa 2022 machte es wieder etwas leichter, eine Immobilie zu erwerben. Vom Niveau von 2011 sind wir im Jahr 2023 allerdings noch weit entfernt.[37]

Günstiger in Bella Italia

Spannend ist auch ein Vergleich mit anderen europäischen sowie außereuropäischen Ländern, was die Leistbarkeit von Wohnimmobilien angeht. Hierzu hat Statista den OECD-Erschwinglichkeitsindex veröffentlicht. Anfang November 2023 gab es Daten von 1987 bis 2022. Der Index gibt an, wie günstig oder teuer Häuser und Wohnungen im Verhältnis zum Nettoeinkommen pro Haushalt im betreffenden Staat waren. Je höher der Wert, desto unerschwinglicher, je geringer der Wert, desto leichter war es, eine Immobilie zu erwerben. Als Basisjahr wurde 2015 gewählt, hier lag der Wert für alle untersuchten Länder bei 100. Gemessen wurden also nur die Entwicklungen bis zu diesem Referenzjahr sowie danach.

1987 lag Deutschland mit einem Wert 135,4 ziemlich weit oben, wobei oben in diesem Fall teuer bedeutet. Nur in Japan war es für die meisten Menschen noch illusorischer, Wohneigentum zu schaffen. Der Inselstaat wies einen Index von 169,1 auf. Im Vereinigten Königreich herrschten dagegen mit 70,1 geradezu paradiesische Zustände für Immobilienkäufer und auch Italienerinnen und Italiener waren mit einem Wert von 75,9 gut dran. Ebenso die Spanierinnen und Spanier mit 76,4 sowie die Französinnen und Franzosen mit 73,8. Im Mittelfeld befanden sich die USA mit 119,2. Der Tiefpunkt, was bei dieser Statistik das positive Extremum ist, wurde in Deutschland 2010 mit 93,2 erreicht. 2022 lagen alle Staaten näher beieinander als 1987, wobei nun die USA mit 134 die Spitze übernommen hatten, dicht gefolgt von Deutschland mit 132,6. In Italien fiel es mit 91,7 am leichtesten, zum Immobilieneigentümer zu werden.[38] Gut für Käufer von Ferienhäusern in Bella Italia: Schon vor Corona gab es dort einen Preiseinbruch über viele Jahre, jetzt erholt sich der Markt wieder, ist aber noch weit – in manchen Regionen sehr weit – vom Höhepunkt entfernt.

Niedrige Mietrenditen in Metropolen

Wollen Sie selbst in der Immobilie leben, die Sie kaufen, rechnen Sie nach, ob Sie trotz der Belastungen weiter in Urlaub fahren können et cetera. Wegen der Nullzinspolitik der Europäischen Zentralbank und den deshalb sehr niedrigen Bauzinsen beantworteten sich lange Zeit sehr viele diese Frage mit Ja – einer der wesentlichen Gründe für den beispiellosen Anstieg der Immobilienpreise. Inzwischen ändern sich die Spielregeln. Die Bauzinsen sind enorm, die hohe Inflation macht das gesamte Leben teurer – die Party auf dem Immobilienmarkt ist vorbei. Und das ist in Sachen Kapitalanlagen nichts Neues. Immer wieder haben die Zentralbanken mit einer

Änderung ihrer Zinspolitik Partys beendet – ob bei Immobilien oder bei Aktien.

Der Anleger kalkuliert natürlich ganz anders als der Eigennutzer. Für ihn ist die entscheidende Frage, wie hoch seine Mieteinnahmen im Vergleich zu den Kaufkosten sind. Weil die Mieten parallel zu den Immobilienpreisen geklettert sind, konnten sich die meisten Investoren über gute Mietrenditen freuen – zumal sie extrem niedrige Zinsen auf ihre Darlehen zahlten. Die Unterschiede zwischen den Städten und Regionen waren und sind aber groß. Im Jahr 2021 waren bundesweit durchschnittlich 3,89 Prozent zu erzielen und damit etwa 1 Prozent mehr als im Jahr davor. In den Metropolen des Landes war weit weniger herauszuholen, in München zum Beispiel nur 2,49 Prozent. Hier sind die Kaufpreise stärker gestiegen als die Summen, welche die Mieter zahlen.[39] Und da inzwischen die Preise eher gefallen sind, die Mieten aber nicht, sehen die Renditen mittlerweile attraktiver aus. Begrenzungen der Miete können das Ganze allerdings schnell ins Gegenteil verkehren. Wir werden darauf in Kapitel II.3. näher eingehen.

In B-Lagen und kleineren Städten gibt es noch höhere Mietrenditen als in A-Lagen und Metropolen. Allerdings ist es unsinnig, sich allein auf diese Zahl zu fokussieren. Was haben Sie schließlich von 6 oder gar 7 Prozent pro Jahr, wenn das ein rein theoretischer Wert ist und Ihre Wohnung in der Praxis innerhalb von zwei Jahren für sechs Monate leer steht? Zumindest bisher wurde eine eher überschaubare Rendite oft durch eine im Bundesvergleich überdurchschnittliche Wertsteigerung und sichere Vermietbarkeit ausgeglichen. Zudem wurde irgendwann vielen Investoren die Höhe der Rendite ziemlich egal. Solange es nur überhaupt noch eine gibt, ist das besser, als Negativzinsen für auf dem Bankkonto liegendes Geld zu zahlen.

Wie weit weg vom Gipfel?

Ob Sie nun bereits eine oder mehrere Immobilien besitzen oder kaufen möchten, ob Sie selbst darin wohnen oder vermieten wollen, ja auch wenn Sie »nur« mieten, aber vielleicht demnächst umziehen und eine neue Bleibe suchen müssen: Die Preise auf dem Immobilienmarkt sind für so gut wie jeden von uns relevant. Die Himmelfahrt der Preise, die wir seit etwa 2010 erlebt haben, betrifft daher in der einen oder anderen Weise auch Sie. Inzwischen wurde der Gipfel überschritten. Schauen wir uns dazu aktuelle Zahlen an (Grafik 4):

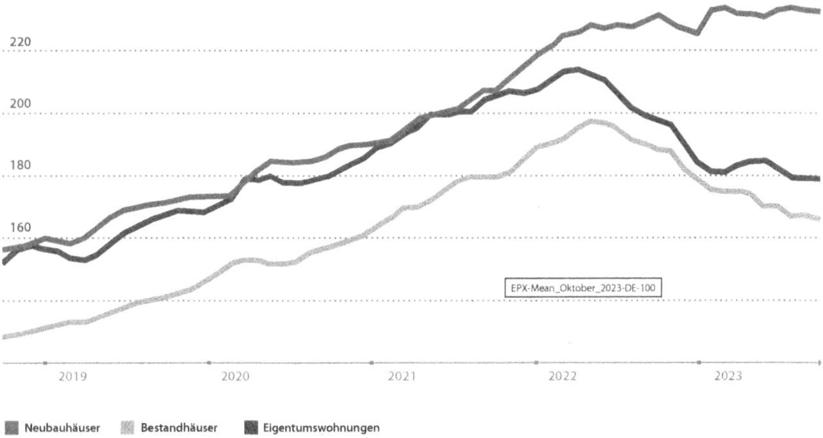

Grafik 4: Hauspreisindex EPX (Quelle: Europace)

Der EPX mean ist ein mittelwertbasierter Index. Die Daten für den EPX mean werden aus den anonymisierten Immobilienfinanzierungs-Transaktionen der unabhängigen Plattform Europace gewonnen. Inzwischen werden rund 20 Prozent der Immobilienfinanzierungen für Privatkunden in Deutschland über die Plattform abgewickelt. Derzeit erweitert sich der Datenbestand auf Europace um 15.000 bis 20.000 Immobilien pro Monat.[40]

Der Hauspreisindex zeigt: Der Boom ist vorbei, doch wie lange wird die Talfahrt gehen und wie tief wird das Tal liegen? Werden die Preise in allen Regionen weiter sinken – und wie schnell wird das passieren? Die Antworten auf all diese Fragen hängen nicht zuletzt auch vom Gesetzgeber ab. Der spielt in Sachen Immobilien eine durchaus wichtige Rolle. Er entscheidet schließlich mit über die Rahmenbedingungen. Wie leicht oder wie schwierig ist es, an Kredite für den Kauf einer Wohnung oder den Bau eines Hauses zu kommen? Welche Vorschriften gibt es, etwa in Bezug auf die Energieeffizienz oder die Nutzung erneuerbarer Energien? Welche Steuern sind beim Kauf zu zahlen, welche beim Verkauf? Müssen sich Immobilieneigentümer vor einmaligen Abgaben oder höheren Grundsteuern fürchten? Diese Dinge sind nicht ein für alle Mal festgelegt, sondern vielmehr im Fluss. Gesetze können geändert werden und das wurden sie auch immer wieder. Im nächsten Kapitel beschäftigen wir uns damit, was in naher Zukunft zu erwarten ist.

Sie werden sehen: Der Gesetzgeber dürfte einiges in Bewegung bringen auf dem Immobilienmarkt. Hätte jemand die letzten zehn Jahre im Koma gelegen und würde jetzt wieder aufwachen, er würde sich beim Blick auf die diversen Immobilienportale die Augen reiben. Besitzt er ein Haus oder eine Wohnung, vielleicht sogar in München, Köln oder einer ähnlich begehrten Stadt, würde er jubilieren. Recherchiert er genauer, wird er allerdings bemerken, dass er den besten Zeitpunkt für einen Verkauf wohl schon verpasst hat. Und hat er früher den Plan zu kaufen von Jahr zu Jahr verschoben, wird er vielleicht zu dem Schluss kommen, dass jetzt der richtige Moment dafür ist.

Oder besser noch zehn Jahre warten? Meiner Ansicht nach dürfte die Immobilienwelt schon in sehr viel kürzerer Zeit wiederum eine völlig andere sein. Mit fallenden Inflationsraten dürften die Zinsen, wenn auch mit Verzögerung, ebenfalls wieder fallen, was Baudarlehen verbilligt – und die Preise für Häuser und Wohnungen vermutlich erneut in die Höhe treibt. Traumzinsen für Käufer und Bauherren von 1 Prozent oder weniger werden wir allerdings nicht mehr sehen. Ich bin der Überzeugung, dass es im Jahr 2024 noch keine wesentliche Entspannung geben wird und dass sich die Bauzinsen ab 2025 oder 2026 auf einem Niveau zwischen 2,5 und 3,3 Prozent (bei zehnjähriger Zinsbindung) einpendeln werden. In jedem Fall wird es sehr viel entscheidender als früher sein, um was für eine Immobilie es sich handelt. Um diesen Wandel gut zu überstehen, ja sogar davon zu profitieren, sollten Sie wissen, was passieren wird und wie Sie am besten darauf reagieren. Die folgenden Kapitel verraten es Ihnen.

Kurz zusammengefasst: warum Immobilien immer teurer wurden

- **Billiges Geld:** Die Politik der Europäischen Zentralbank hatte die Zinsen für Baudarlehen auf historische Tiefststände gedrückt. Sich Geld zu leihen, wurde spottbillig, was es Häuslebauern und -käufern erleichterte, sich ihren Traum von den eigenen vier Wänden zu erfüllen.
- **Strafzinsen erzeugten Anlagedruck:** Eine Zeit lang musste bei vielen Banken sogar Verwahrentgelt für dort »geparktes« Geld gezahlt werden, sofern das Guthaben bestimmte Grenzen überschritt. Wer also den Aktienmärkten misstraute und über größere Summen verfügte, hatte ein echtes (Luxus-)Problem. Immobilien waren deshalb für viele die einzige Option.
- **Sicherer Hafen:** Infolge vieler Krisen wie der auf den Finanzmärkten flüchteten viele Anleger in Immobilien, das sogenannte Betongold, welches nach wie vor häufig mit Sicherheit assoziiert wird.
- **Zu wenig Neubau:** Die Zahl der neu gebauten Wohnungen konnte mit der steigenden Nachfrage nicht mehr mithalten. Zwar wurden immer mehr Baugenehmigungen erteilt, aber nur ein Teil davon in Form von bezugsfertigen Wohneinheiten realisiert.

Mehr Quadratmeter pro Person: Entgegen früherer Prognosen ist die Einwohnerzahl in Deutschland in den letzten Jahren nicht gesunken. Zudem wächst die Zahl der Single-Haushalte und ältere Menschen bleiben länger in ihrer Wohnung oder ihrem Haus. So beansprucht eine Person heute durchschnittlich mehr Wohnfläche als früher.

Kapitel II
Der Gesetzgeber als Spielverderber

Die absolut freie Marktwirtschaft gibt es auf dem Immobilienmarkt genauso wenig wie anderswo. Ob das gut oder schlecht ist, dazu gehen die Meinungen auseinander. Da gibt es diejenigen, die glauben, ganz ohne Regulierungen würde sich das Problem Wohnraummangel von selbst lösen. Der Markt regle das schon und letztlich würden alle davon profitieren. Andere sind eher davon überzeugt, dass drastische Eingriffe des Staates nötig sind. Er müsse dafür sorgen, dass Mieten wieder für alle bezahlbar werden, und es mehr Menschen erleichtern, Wohneigentum zu erwerben.

Ich möchte in diesem Buch auf eine ausführliche Darstellung der verschiedenen Positionen verzichten. Viel wichtiger ist es, die aktuelle politische Konstellation und auch internationale Entwicklungen zur Kenntnis zu nehmen – und daraus die wahrscheinlichen Änderungen in Sachen Immobilien abzuleiten. Denn die sind es, auf die Sie möglichst schnell reagieren sollten. Machen Sie sich deshalb immer wieder klar, dass Sie abhängig sind von vielen, vielen Entscheidungen. Der Gesetzgeber kann Vorschriften erlassen, die plötzlich all Ihre Kalkulationen auf den Kopf stellen. Die zunehmende Verschuldung, der Klimawandel zwingen zum Handeln – und das wird natürlich Auswirkungen auf den Immobilienmarkt haben.

Stellen Sie sich vor, Sie hätten ein wunderschönes Haus gekauft. Den Preis konnten Sie gut verhandeln, die Zinsen sind tragbar. Im Keller steht eine mit acht Jahren relativ junge Ölheizung. Okay, die Dämmung ist nicht grandios, 70er-Jahre-Standard eben. Vermutlich werden Sie spätestens seit Beginn der Energiekrise 2022 nachgedacht haben, ob dieser Altbau wohl die richtige Entscheidung gewesen ist. Ebenso mag es Ihrer Bekannten gehen, die eine ziemlich teure Neubauwohnung als Kapitalanlage erworben hat. Technisch alles top, supereffizient, Anschluss an eine Wärmepumpe vorhanden. Nur: Wenn sie diese Wohnung, sagen wir, vor fünf Jahren mit einem 1-Prozent-Darlehen finanziert hat, bei fünf Jahren Zinsbindung, dann sieht sie jetzt ganz schön alt aus.

Eigenkapital zu haben, viel Eigenkapital zu haben, wird beim Immobilienkauf wichtiger (siehe auch Anhang zu Basel III und Basel IV). Denn: Tendenziell dürfte es im Schnitt schwieriger werden beziehungsweise teurer, ein Baudarlehen aufzunehmen. Auch wenn das zumindest erst einmal vor allem Anleger betrifft, die vermieten wollen, wird es doch voraussichtlich das allgemeine Preisniveau beeinflussen – und damit die Nachfrage nach Wohnungen und Häusern verringern, was die Preise drückt. In jedem Fall werden die Banken stärker als bisher auf die Qualität der Immobilie achten, die sie finanzieren sollen – und sie werden die Bonität des potenziellen Käufers genauer analysieren. Das heißt: Die Zeiten, in denen fast jeder fast alles finanzieren konnte, sind vorbei.

II.1. Öko-Auflagen, höhere Grundsteuer, Barrierefreiheit

Gehört Ihnen ein Haus, eine Wohnung oder auch ein unbebautes Grundstück, so haben Sie nicht nur beim Kauf einmalig eine Grunderwerbssteuer gezahlt. Sie werden Jahr für Jahr vom Fiskus zur Kasse gebeten – auch wenn Sie nicht vermieten, sondern Ihre vier Wände selbst nutzen. Sie zahlen in jedem Fall die sogenannte Grundsteuer und die wird wegen der Grundsteuerreform ab Anfang 2025 für viele teurer. Hintergrund ist eine Entscheidung des Bundesverfassungsgerichts, das 2018 die bisherige Berechnung für unzulässig erklärt hat. Nach Ansicht der Richter widerspricht sie dem Gebot der steuerlichen Gleichbehandlung. Der Gesetzgeber hat darauf reagiert und eine Reformierung beschlossen.

Wie aber wird aktuell überhaupt die Grundsteuer kalkuliert? Die Höhe richtet sich danach, welchen Wert Ihr Grundstück oder Ihr Gebäude hat. Dabei wird auf den Einheitswert zurückgegriffen, der in den westdeutschen Bundesländern auf Feststellungen aus dem Jahr 1964 basiert sowie in den ostdeutschen auf solchen aus dem Jahr 1935. Zwar wurde der Einheitswert immer mal wieder angepasst, doch wurden dabei nicht alle Faktoren berücksichtigt, die faktisch den Verkehrswert der Immobilie bestimmen. Er entwickelte sich somit zu einer immer realitätsferneren Kennzahl.

Warum die Grundsteuer für viele steigen dürfte

Nun also werden Grundstücke neu bewertet. Als Stichtag wurde der 1. Januar 2022 bestimmt. Auch künftig wird mithilfe der neuen Grundstückswerte, der sogenannten Grundsteuermesszahl und dem von der Gemeinde bestimmten Hebesatz die Grundsteuer berechnet. Was neu ist: Es zählt für den neuen Einheitswert nicht mehr nur der Bodenrichtwert, also letztlich die Größe des Grundstücks und die Gebäudefläche, sondern auch die Lage. Umgesetzt wird das dadurch, dass die Nettokaltmiete einbezogen wird, also die Miete ohne Betriebskosten (wie Müllabfuhr, Gartenpflege et cetera) und natürlich ohne Kosten für Heizung, Strom und Wasser. Wenn Sie also eine Immobilie haben, für die Sie eine vergleichsweise hohe Miete erzielen, wird sich das in Ihrer Grundsteuer widerspiegeln.

Kommunen nutzen die Grundsteuer für alle möglichen Ausgaben. Sie ist eine unverzichtbare Einnahme, finanziert Aufgaben wie den Unterhalt von Schwimmbädern oder auch Kindertagesstätten. Auf viele Immobilieneigentümer wird nun bald eine höhere Grundsteuer zukommen. Vorläufig trifft das zwar scheinbar nur die Eigennutzer, denn Vermieter können diese Steuer in der Regel – wenn das im Mietvertrag so festgehalten ist – auf ihre Mieter umlegen. Doch vielerorts werden die damit erhöhten Mieten kaum noch durchsetzbar sein, zumal aktuell die Nebenkosten, vor allem für Heizung und Strom, ein hohes Niveau erreicht haben.

Vielleicht noch wichtiger: Es wird durchaus schon diskutiert, ob die Grundsteuer nicht von den Vermietern getragen werden sollte. Die Verfechter dieses Vorschlags sagen, das sei gerecht, denn schließlich profitierten die Eigentümer von der mithilfe dieser Steuereinnahmen finanzierten Verbesserung der Infrastruktur. Zum Beispiel erlaube die ihnen, höhere Mieten zu verlangen. Das ist zwar ein Argument, nur sind die Mieten ohnehin mit Ausnahme weniger Regionen schon am Anschlag. Ob die Möglichkeit zur Umlage der Grundsteuer nun abgeschafft wird oder nicht, ist derzeit nicht absehbar. Meiner Überzeugung nach ist die Wahrscheinlichkeit hoch und das heißt: Vermieter werden stärker zur Kasse gebeten.

Oder anders formuliert: Zu vermieten wird unattraktiver und das gilt dann natürlich auch für den Kauf einer Immobilie als Anleger. Ergo: Die Nachfrage sinkt, die Preise fallen.

Immer mehr Energieeffizienz gefordert

In diesem Kapitel geht es darum zu verstehen, wie der Gesetzgeber den Immobilienmarkt beeinflusst. Womit könnte er also zum Spielverderber werden, womit sozusagen noch eins draufsetzen auf die steigenden Zinsen und dazu beitragen, die Party auf den Immobilienmärkten zu beenden? Dabei konnten selbstverständlich nur diejenigen feiern, die selbst Immobilien haben, die also von den stark gestiegenen Preisen profitieren. Das aber sind keineswegs nur Reiche. Was in puncto Preise zu erwarten ist, geht auch den Kleinanleger mit einem vermieteten Einzimmerapartment etwas an oder das Paar, das fast sein ganzes Geld in ein selbst bewohntes Haus gesteckt hat, das irgendwann verkauft werden soll, weil darin die Altersvorsorge steckt.

Abgesehen von der Grundsteuer wird sich auch in Sachen Vorschriften, beispielsweise für den energetischen Zustand, einiges ändern. Während es etwa früher jedem selbst überlassen war, ob er mit Öl, Gas oder Strom heizt, ist das beim Neubau schon längst nicht mehr so. Verständlich, will doch Deutschland seine Klimaschutzziele erfüllen und da spielt die Art des Heizens in Gebäuden eine wichtige Rolle. Laut Umweltbundesamt gingen 2021 rund 27,8 Prozent des Energieverbrauchs hierzulande auf das Konto der Haushalte und in diesen wurden circa 70 Prozent für Raumwärme benötigt.[41] Hier gibt es demnach ein riesiges Potenzial zur Reduzierung der klimaschädlichen Kohlendioxidemissionen. Und schon bevor der Klimaschutz wirklich zum Thema wurde, gab es in den

1970er-Jahren eine Energiekrise – und in der Folge den ersten Eingriff des Gesetzgebers in die Gestaltungsfreiheit von Bauherren.

Deckelung des Energieverbrauchs und Energieausweise

Schon seit 1976 mussten Sie beim Hausbau mehr als die Regelungen des Baurechts und der Kommunen beachten. Energieeinsparungsgesetz hieß der erste Versuch, Deutschland mehr Unabhängigkeit von fossilen Energieträgern wie Öl und Gas zu verschaffen. Gelungen ist das nicht, wie uns spätestens mit Beginn des Ukraine-Kriegs im Februar 2022 schmerzlich bewusst geworden ist. 1977 folgte die Wärmeschutzverordnung und 1978 die Heizungsanlagen-Verordnung, die im Jahr 2002 in der Energieeinsparverordnung (EnEV) aufgingen, die wiederum mehrfach novelliert wurde.

Vorgeschrieben wurden etwa Obergrenzen für den Verbrauch an Primärenergie beim Neubau, die Dämmung der obersten Geschossdecke oder wann eine alte Heizungsanlage auszutauschen ist. Ja, sogar ein »Pass« fürs Gebäude, der sogenannte Energieausweis, wurde mit der Energieeinsparverordnung zur Pflicht – egal, ob Sie neu bauen, Ihre Immobilie energetisch verändern oder sie erweitern. Auch beim Verkauf oder einer Neuvermietung müssen Sie den Ausweis vorlegen. Über den Sinn lässt sich streiten, denn in der Form des Verbrauchsausweises wird lediglich dokumentiert, wie viel Heizenergie die Bewohner tatsächlich verbraucht haben. Haben Sie Mieter, die tropische Temperaturen bevorzugen, wird der Energieausweis entsprechend schlecht ausfallen. Aussagekräftiger ist der Bedarfsausweis, für den ein Experte den energetischen Zustand des Gebäudes beurteilt.

Gebäudeenergiegesetz wird verschärft

Mittlerweile sind die Energieeinsparverordnungen bereits Geschichte. Nachfolger ist das Gebäudeenergiegesetz, das sowohl Passagen für Neu- als auch solche für Altbauten hat. Ihnen wird damit vorgeschrieben, welchen energetischen Standard Ihr neu errichtetes Gebäude mindestens haben muss, welchen Anteil erneuerbare Energien an der Energieversorgung haben müssen et cetera. Es gibt Vorgaben, die die verwendete Technik zum Heizen und für die Klimatisierung betreffen, sowie solche zu Hitzeschutz und Wärmedämmung. Haben Sie eine ältere Immobilie, betreffen Sie eventuell die Nachrüst- oder Modernisierungsanforderungen. Die gelten unabhängig davon, ob Sie das Gebäude ohnehin sanieren wollen. Tun Sie das, müssen Sie wiederum diverse Vorgaben erfüllen.

Wie weit das Gebäudeenergiegesetz geht, zeigt ein Beispiel: Stellen Sie sich vor, Ihr Haus ist in die Jahre gekommen und von außen nicht mehr sehr ansehnlich. Sie möchten die Fassade eigentlich nur neu verputzen, um etwas für die Optik zu tun. Das aber ist nur noch möglich, wenn Sie gleichzeitig die Dämmung verbessern, sollte sie nicht bereits die gesetzlichen Vorgaben erfüllen. Neu streichen können Sie immerhin noch, ohne weitere Maßnahmen durchzuführen. Tauschen Sie aber zum Beispiel die Fenster aus, haben Sie auch hier darauf zu achten, dass diese so dicht halten, wie es das Gebäudeenergiegesetz festlegt. Ähnliches gilt für andere einzelne Maßnahmen. Gedenken Sie, umfassend zu sanieren, ist eine Gesamtbilanz hinsichtlich des Energiebedarfs nötig – genauso, wie das beim Neubau der Fall ist.[42] Besonders intensiv diskutiert wurde die drastische Verschärfung des Gebäudeenergiegesetzes im Hinblick auf neu eingebaute Heizungen. Wir wollen die Entwicklung hier nicht im Detail nachvollziehen. Wichtig ist aber eine Erkenntnis:

Sicher ist nichts, der Klimawandel wird letztlich Ihre Entscheidungsfreiheit beschneiden.

Schwierige Geburt

Anfang September 2023 war es schließlich so weit: Der Bundestag verabschiedete das neue Gebäudeenergiegesetz. Wie hat sich nun der Wirrwarr gelichtet? Ausgerichtet ist das Gesetz am erwähnten ehrgeizigen Ziel, bis 2045 alle Gebäude in Deutschland zu 100 Prozent klimafreundlich zu beheizen. Um das zu erreichen, soll es diverse Anreize geben, aber auch Vorschriften, die nach und nach strenger ausfallen werden. So sollen Hauseigentümer halb animiert und halb gezwungen werden, sich von Öl- und Gasheizungen sowie natürlich auch von Kohleöfen zu verabschieden. Erwünscht sind Alternativen, die das Klima nicht beziehungsweise weniger belasten. Alternativen wie Wärmepumpen oder Solarthermie also.

Die Vorschrift, dass eine ab 2024 neu installierte Heizung zu mindestens 65 Prozent mit erneuerbaren Energien läuft, gilt erst einmal lediglich für Neubauten. Kommunen, die mehr als 100.000 Einwohner haben, müssen bis 2026 eine Wärmeplanung vorlegen. Kleinere Kommunen haben dafür Zeit bis 2028. Anders als bei den ursprünglichen Entwürfen des Gebäudeenergiegesetzes, ist die Endfassung »gnädiger«, was den Gebäudebestand betrifft: Gibt dort eine Heizung den Geist auf, darf fünf Jahre lang auch ein völlig konventionelles Gerät eingebaut werden, also auch etwa eine zu 100 Prozent mit Gas laufende Anlage. Und nach diesen fünf Jahren? Da sollen die Bürgerinnen und Bürger mithilfe der kommunalen Wärmepläne zu einer umweltfreundlichen Art des Heizens kommen. Ob das funktionieren wird, steht allerdings bislang in den Sternen.

Weiterhin ausgetauscht werden müssen veraltete Heizungen (etwa Konstanttemperaturkessel), die 30 Jahre auf dem Buckel haben – außer wenn die Eigentümer des Hauses schon vor 2002 dort gewohnt haben. Alle anderen Heizungen, die problemlos laufen, dürfen das auch weiterhin tun. Das heißt: Anlagen mit fossilen Brennstoffen brauchen in der Regel nicht herausgerissen werden. Das ist jedoch genauso ein Risiko wie der Einbau einer neuen Öl- oder Gasheizung im Gebäudebestand. Warum? Weil diese Heizungen ab 2029 mit einem bestimmten Anteil an klimaneutralem Brennstoff zu betreiben sind – einem Anteil, der stetig steigen wird. Möglich sind dabei Bioöl, Biogas oder Wasserstoff. Das Problem: Für diese Brennstoffe muss man zumindest aktuell wesentlich mehr ausgeben als für konventionelles Heizöl oder Erdgas. Und ob es genug davon geben wird, ist nicht klar. Zudem wird die CO_2-Abgabe für Heizöl und Gas steigen. Wer also weiter aufs Heizen mit Fossilen baut, könnte sich damit ganz schön in die Nesseln setzen.

Dies war die »Peitsche« im neuen Gebäudeenergiegesetz. Kommen wir nun zu den Anreizen, zum »Zuckerbrot«. Mindestens 30 Prozent der Kosten für eine Heizung, die klimaneutral ist, soll es als Zuschuss vom Staat geben. Für Menschen mit niedrigen Einkommen wächst diese Hilfe auf 60 Prozent der Kosten. Zudem wird ein schneller Entschluss belohnt, denn dann werden zusätzlich noch einmal 20 Prozent übernommen. Vermieter können die Miete erhöhen, wenn sie die Heizung modernisieren. Wenn dabei Fördermittel fließen, ist eine Erhöhung um 10 Prozent der Gesamtkosten minus der Förderung sowie gegebenenfalls minus der Kosten für eine Instandhaltung erlaubt. Ohne Förderung sind es 8 Prozent. Der Aufschlag darf maximal 50 Cent pro Quadratmeter betragen.

Was bedeutet all das zum Beispiel für Evelyn? Sie lebt in Berlin in einem Loft und wird als Einzelkind einmal das Haus ihrer Eltern in der Nähe von Potsdam erben. Klar, dass sie ihre Mutter und ihren Vater jetzt schon bei den Sanierungen unterstützt. Vor einigen Jahren hatte sich die Familie entschlossen, den alten Ölkessel zu entsorgen und stattdessen in eine moderne Gas-Brennwertheizung zu investieren. Das war nicht billig, denn bis zur Gasleitung in der Straße waren es immerhin 120 Meter. Von Gas schwärmten aber damals noch viele. Es sei klimafreundlicher als Öl, man brauche keinen Tank im Keller und natürlich sei die Versorgungssicherheit gewährleistet. Zudem gab es auch noch eine Förderung durch den Energieversorger und den Staat. Und heute? Da gilt die Devise: So schnell wie möglich weg von allen fossilen Energien, also auch von Gas, und jeder kennt inzwischen den Begriff Gasmangellage!

Zwangsweiser hydraulischer Abgleich

Gibt es darüber hinaus noch mehr Regulierung? Ja! Etwa die »Verordnung zur Sicherung der Energieversorgung über mittelfristig wirksame Maßnahmen« (kurz: EnSimiMaV) – angestoßen durch die Energiekrise 2022. Die Verordnung beinhaltet, wie der Name schon sagt, Maßnahmen, die mittelfristig umgesetzt werden sollen. Eine davon betrifft den hydraulischen Abgleich. Was das ist? Stellen wir uns eine Heizungsanlage vor, über die mehrere Räume oder auch viele Wohnungen mit warmem Wasser für die Heizkörper versorgt werden. Oft sind hier Räume in der Nähe der Wärmequelle überheizt, während es in den weit entfernten kalt bleibt. Um wohlige Wärme überall zu erreichen, kann man die Vorlauftemperatur anheben oder die Heizungspumpe auf volle Leistung drehen. Beides kostet jede Menge Energie.

Die im Hinblick auf den Energieverbrauch bessere Option ist ein hydraulischer Abgleich, den ein Fachmann durchführt. Ergebnis: Alle Heizkörper erhalten genau so viel heißes Wasser, wie sie benötigen, um die per Thermostat eingestellte Wunschtemperatur zu erzielen. So weit, so gut? Was die Energieeffizienz und den Wohnkomfort betrifft, ja. Aber natürlich kostet der hydraulische Abgleich Geld und es kann nun nicht mehr jeder Hauseigentümer für sich entscheiden, ob er dieses Geld investieren möchte oder nicht. Wer ein Wohngebäude mit bis zu zehn Einheiten und einer Gaszentralheizung hat, musste diese bereits bis zum 30. September 2023 hydraulisch abgeglichen haben. Sind es nur sechs Wohneinheiten, hat der Eigentümer bis September 2024 Zeit. Und: Die Kosten dürfen nicht auf die Mieter umgelegt werden! Das heißt, die Maßnahme wird die Mietrendite verringern.

Pflichten zur Sanierung europaweit?

Dieses Buch soll natürlich kein Ratgeber für das beste Heizsystem sowie die Sanierung oder Instandsetzung von Altbauten sein. Beenden wir deshalb an dieser Stelle den Ausflug in die Gesetze und Verordnungen zu Dämmung, Energieversorgung und -verbrauch – und halten wir das fest, was für unser Thema wichtig ist: Die Grundlagen auch für drastische Eingriffe des Staates sind gelegt. Was kommen könnte, wurde bereits 2021 in der EU-Kommission diskutiert, nämlich die Pflicht zur Sanierung besonders ineffizienter Gebäude.[43] Dafür müsste allerdings zunächst einmal EU-weit definiert werden, welche Immobilien als ineffizient gelten. Man müsste also das System der Klassifizierung von Energieeffizienz vereinheitlichen.

Sicher ist, dass es vor allem Eigentümer von Häusern und Wohnungen, die in den Nachkriegsjahren gebaut wurden, treffen wird.

Argumentiert wird mit dem hohen Anteil von Gebäuden am gesamten Energieverbrauch. Nur wenn dieser drastisch reduziert wird, ist es möglich, die Ziele für den Klimaschutz in diesem Bereich – und damit auch über alle Sektoren hinweg – zu erreichen. Im März 2023 stimmte deshalb das EU-Parlament für strengere Regeln, was die Reform der Richtlinie über die Gesamtenergieeffizienz von Gebäuden betrifft. Danach sollen bis zum Jahr 2030 alle Wohnhäuser mindestens die Energieeffizienzklasse E und bis 2033 mindestens die mittlere Energieeffizienzklasse D erreichen. Allerdings muss das noch mit den EU-Staaten abgestimmt werden.[44]

Pflicht zur Wallbox in der Garage?

Doch damit nicht genug. Auch in Sachen Mobilität müssen wir klimafreundlicher werden und auch dazu hat der Gesetzgeber Ideen, wie sich die Immobilieneigentümer einbinden lassen, um es neutral auszudrücken. Schon jetzt gibt es einen Anspruch von Mietern und Eigentümern in Mehrfamilienhäusern auf die Genehmigung des Einbaus einer Ladestation für E-Autos. Das ist allerdings bisher eher Theorie, denn laut einer Umfrage des ADAC haben nur 4 Prozent der größeren Wohnanlagen an den zugehörigen Stellplätzen Stromanschlüsse installiert.[45] Bisher zahlt der Antragsteller, der eine E-Tankstelle plant, diese selbst. Möchte also ein Mieter sein Elektroauto sozusagen daheim aufladen, trägt er die Kosten für die Wallbox.

Ob das aber so bleibt, weiß niemand. Wir befinden uns schließlich in einem tiefgreifenden Wandlungsprozess hin zu klimagerechterem Wohnen und Leben. Und: Sind Sie Mitglied einer Eigentümergemeinschaft und stimmt die mit einer Zwei-Drittel-Mehrheit für den Einbau von Wallboxen, zahlen Sie die für die Maßnahme nötigen baulichen Veränderungen auch nach geltendem Recht mit. Nur wenn die Kosten unverhältnismäßig hoch sein sollten, können Sie das verhindern. Ebenso wenn lediglich eine einfache Mehrheit zustande gekommen ist, denn dann müssen diejenigen, die dafür votiert haben, die Rechnung allein begleichen.[46]

Vermieter zahlen bei den Heizkosten mit

Anders sieht es bei der CO_2-Abgabe auf Heizöl und Erdgas fürs Heizen aus. Hier ist es mittlerweile schon so, dass viele Vermieter belastet werden. Während zuvor die Mieter ihre Heizkosten vollständig selbst bezahlen mussten, leistet seit 1. Januar 2023 auch der Vermieter seinen Beitrag (nur für Abrechnungsperioden, die zu diesem Zeitpunkt oder danach begonnen haben). In welcher Höhe, das hängt davon ab, wie energieeffizient das vermietete Objekt ist. Je mehr Heizenergie es verbraucht, desto teurer wird es nicht nur für den Mieter, sondern künftig auch für den Eigentümer. Mit steigendem CO_2-Ausstoß des Gebäudes steigt der Anteil des Vermieters an der CO_2-Abgabe in zehn Stufen.

Ist Ihr Gebäude energetisch bereits zukunftsfähig, haben Sie Glück: Wenn der Energieverbrauch bei weniger als 55 Prozent des Wertes liegt, der einem Standardhaus zugeordnet wird, zahlt der Mieter die CO_2-Abgabe wie bisher allein. Bei der schlechtesten Einstufung müssen Sie 95 Prozent davon berappen, der Mieter aber nur 5 Prozent.[47] So weit, so anscheinend sinnvoll, denn diese Regelung schafft natürlich einen Anreiz, besser zu dämmen und gegebenenfalls die Heizungsanlage zu modernisieren.

Allerdings: Wie hoch der Verbrauch an Heizenergie ist, hängt nicht nur von den Energieeffizienz-»Noten« des Gebäudes, sondern auch vom Heizverhalten des Mieters ab. Sitzt der Mitte Januar im T-Shirt im auf 28 Grad Celsius aufgeheizten Wohnzimmer, geht das richtig ins Geld – sowohl für den Mieter als auch bald für Sie als Vermieter. Wie viele andere Entwicklungen ist daher auch diese aus zwei Perspektiven zu betrachten: Ja, sie könnte den Klimaschutz voranbringen. Sie ist aber eben auch ein Kostentreiber und dessen sollten Sie sich als Eigentümer einer Immobilie bewusst sein. Das Vermieten wird tendenziell eher unrentabler. Und auch wenn Sie Ihr Eigentum selbst nutzen, steigen die Kosten insbesondere für solche Gebäude, die energetisch nicht up to date sind.

Barrierefreiheit als neuer Standard?

Die Anforderungen an die Energieeffizienz sind aber nicht die einzigen, die Sie im Blick behalten sollten. Ob Sie neu bauen, umbauen oder einen Anbau an Ihr Gebäude planen: Immer gelten dafür umfangreiche Vorschriften, festgehalten im Baurecht. In den Bauordnungen der Bundesländer steht unter anderem, was bei der Bebauung alles zu beachten ist – und dazu gehört seit einiger Zeit auch das Thema Barrierefreiheit. Bei vielen Baumaßnahmen ist die bereits Pflicht! Wie bei den Maßnahmen für mehr Energieeffizienz lässt sich auch hierfür ein guter Grund anführen. Schließlich steigt das Durchschnittsalter der Bevölkerung oder härter ausgedrückt: Unsere Gesellschaft vergreist. Zugleich möchten mehr und mehr Ältere so lange wie möglich selbstbestimmt in einer normalen Mietwohnung leben, was aber oft nur geht, wenn diese barrierefrei ist. Auch soll Menschen mit Behinderungen das Leben, zu dem natürlich das Wohnen gehört, erleichtert werden.

So ist also nun eine DIN-Norm zum barrierefreien Bauen zu beachten – und reicht die nicht, um genügend Wohnraum ohne Stufen und so weiter zu schaffen, wird der Gesetzgeber sehr wahrscheinlich nachbessern, sprich die Bestimmungen verschärfen. Ein weiterer Punkt also, der das Bauen und Umbauen verteuert und die Mietrenditen eher sinken lassen wird – oder zumindest in vielen Fällen die nötigen Investitionen erhöht. Der Klimawandel und der demografische Wandel beeinflussen dadurch mit Sicherheit den Immobilienmarkt. Wir werden uns noch genauer anschauen, was das für Sie heißt – abhängig davon, ob Sie schon eine Immobilie haben, wo sie liegt und in welchem Zustand sie ist oder ob Sie vielleicht kaufen wollen. Sie können sich ausmalen, dass eine schlecht gedämmte Altbauwohnung im vierten Stock ohne Aufzug nicht wirklich zukunftsträchtig ist.

Steuerfreier (Immobilien-)Verkauf? Es kommt drauf an!

Neben den Auflagen zur Energieeffizienz und Barrierefreiheit gibt es ein weiteres Thema, das vom Gesetzgeber bestimmt wird: die Steuer. Und dass sich da einiges ändern kann, zeigt ein Exkurs: Ob Sie nun Aktien kaufen oder Anleihen, ob Sie eine Gewinnausschüttung als Beteiligter an einem Unternehmen bekommen oder ein Gehalt: Stets müssen Sie selbstverständlich Steuern zahlen. Genau genommen gibt es eine Ausnahme: Aktien, die vor dem 31. Dezember 2008 gekauft wurden, können Sie steuerfrei verkaufen. Früher hat es dazu die Spekulationsfrist von einem Jahr gegeben. Wenn Sie also zum Beispiel am 1. Juni 2006 Wertpapiere erworben hatten, konnten Sie sie am 2. Juni 2007 wieder abstoßen, ohne vom Fiskus zur Kasse gebeten zu werden. Seit Anfang 2009 gibt es keine Steuerbefreiung nach einer Spekulationsfrist mehr. Auf Zinsen, auf Kursgewinne, auf Dividenden fällt die sogenannte Abgeltungssteuer von 25 Prozent an. Hinzu kommen der Solidaritätszuschlag und die Kirchensteuer, falls diese Sie betrifft.

Warum das in einem Buch zum Immobilienmarkt wichtig ist? Nun, weil es zeigt, dass sich die Dinge ändern können. Sie dürfen sich auch bei Häusern und Wohnungen nie in Sicherheit wiegen, nie glauben, heute Gültiges würde für alle Zeit so bleiben. Doch schauen wir uns zunächst an, was denn heute in puncto Steuer bei Immobilien Gesetz ist: Aktuell wird unterschieden, ob Sie das Haus oder die Wohnung selbst bewohnen oder vermieten. Im ersten Fall, also wenn Sie seit Bauende beziehungsweise Kauf immer Eigennutzer gewesen sind, verkaufen Sie steuerfrei – egal, wann Sie sich dazu entscheiden.

Haben Sie allerdings vermietet, ist das erst nach zehn Jahren möglich – wiederum gerechnet ab Fertigstellung beziehungsweise Kauf. Ansonsten fällt die sogenannte Spekulationssteuer an, die Ihrem persönlichen Steuersatz entspricht. Wollen Sie das vermeiden und vor dem Ablauf von zehn Jahren verkaufen, müssen Sie selbst in Ihre Immobilie einziehen, um dann im übernächsten Kalenderjahr von der Steuerbefreiung zu profitieren. Nicht gerade eine praktikable Lösung und auch gar nicht machbar, wenn Ihnen zwei vermietete Immobilien gehören. Schließlich können Sie sich nicht klonen und in beiden Objekten gleichzeitig wohnen – und alle zwei Jahre umzuziehen, ist für die meisten auch wenig attraktiv.

Kommt eine Besteuerung wie in Österreich?

Bisher haben daher viele die zehn Jahre ins Land gehen lassen, um frühestens dann zu verkaufen. Schließlich sind die Preise derart in die Höhe gegangen, dass der zu besteuernde Gewinn oft eine stattliche Summe darstellt – und die Steuer entsprechend auch. Seit einiger Zeit aber wird vermehrt über die Abschaffung der Zehnjahresfrist für vermietete Immobilien diskutiert beziehungsweise wird diese von mehreren Seiten gefordert. Abschaffung hieße dann nicht etwa Gleichstellung mit den Eigennutzern, sondern eher das Gegenteil: Möglich ist etwa, dass bei Vermietung immer der persönliche Steuersatz auf den Verkaufsgewinn anfällt. Eine Alternative wäre eine pauschale Steuer von zum Beispiel 30 Prozent wie in Österreich.

Unser Nachbarland beweist, dass der Gesetzgeber durchaus handeln könnte. Wer in Österreich eine private Immobilie besitzt beziehungsweise besaß, konnte diese früher ähnlich wie in Deutschland nach zehn Jahren steuerfrei verkaufen, vor Ablauf dieser Frist fiel der individuelle Einkommensteuersatz an. Zum 1. April 2012 wurde die Spekulationsfrist einkassiert. Seitdem zahlt der private Verkäufer die Immobilienertragsteuer, kurz Immo-ESt genannt. Dafür gibt es wie gesagt einen Sondersteuersatz von 30 Prozent. Der Steuerpflichtige hat aber auch die Möglichkeit, den Immobilienverkauf in seine Einkommensteuererklärung aufzunehmen, und bezahlt dann seinen persönlichen Steuersatz. Von der Steuer befreit sind weiterhin alle, die ab der Fertigstellung oder dem Kauf des Hauses oder der Wohnung mindestens zwei Jahre lang oder in den letzten zehn Jahren vor dem Verkauf mindestens fünf Jahre dort ihren Hauptwohnsitz hatten. Wie auch bei uns haben also Eigennutzer einen Vorteil, aber anders als aktuell in Deutschland können vermietete Immobilien nicht mehr steuerfrei verkauft werden.

Hierzulande wurde die Immobilienbesteuerung unter anderem vor der letzten Bundestagswahl in den Parteiprogrammen thematisiert – und in einigen davon wurde die Abschaffung der Steuerfreiheit für nicht selbst genutzte Objekte nach zehn Jahren gefordert. Auch von anderen Seiten wird diese Überlegung geäußert. Ob und – wenn ja – wann also die Spekulationsfrist fällt, ist derzeit nicht klar. Auch könnte es aus verfassungsrechtlichen Gründen eine Art Bestandsschutz geben, was zum Beispiel bedeuten würde: Wer seine Immobilie zum Zeitpunkt der Gesetzesänderung bereits zehn Jahre oder länger besitzt, dürfte sie weiterhin verkaufen, ohne auf den Gewinn Steuern zu zahlen – auch wenn es sich um ein vermietetes Objekt handelt. Oder aber es wird eine relativ geringe pauschale Steuer für solche Fälle festgelegt.

Der Staat braucht Geld

Wovon auch immer Sie persönlich ausgehen, Sie sollten zumindest die Möglichkeit einer künftigen Steuer auf Gewinne bei Immobilienverkäufen für Anleger, also Vermieter, in Betracht ziehen. Warum? Nun, weil eine Reihe von Faktoren dafür spricht, die letztlich alle auf einen Nenner zu bringen sind: Der Staat braucht Geld. Ja, er braucht viel Geld. Die Coronahilfen für viele Selbstständige und Unternehmen, die Unterstützung für die Flutkatastrophe 2021 im Ahrtal, Entlastungen wegen der explodierenden Energiepreise, die erhöhten Ausgaben für die Bundeswehr, den Klimaschutz et cetera haben die Verschuldung in die Höhe getrieben.

Und wo lässt sich besonders leicht Geld holen? Bei den Immobilieneigentümern, denn Immobilien sind nun einmal *immobil*. Haben Sie eine solche, stehen Sie im Grundbuch und können das im Objekt steckende Vermögen weder in ein anderes Land transferieren noch dorthin mitnehmen. Weil das so ist, bleibt es eventuell nicht bei der gerade diskutierten, wenn auch noch nicht beschlossenen Besteuerung von Veräußerungsgewinnen. Was sonst noch drohen könnte, damit wollen wir uns nun beschäftigen.

II.2. Droht eine Vermögensabgabe?

Auch vor der Pandemie und dem Beginn der Energiekrise war Deutschland bereits hoch verschuldet, wobei es natürlich im Vergleich zu etwa südeuropäischen Staaten gut dastand und -steht. Das Virus aber und seit Februar 2022 der Krieg in der Ukraine haben die Lage enorm verschärft. Weil sich Geld in unserem Finanzsystem beliebig vermehren kann, ist die Geldmenge tatsächlich enorm gewachsen. Die über neue Schulden finanzierten öffentlichen Ausgaben schnellten nach oben, weil die Wirtschaft sowie Bürgerinnen und Bürger durch zahlreiche Programme gestützt wurden. Gleichzeitig setzte die Europäische Zentralbank auf eine extrem lockere Geldpolitik. Sie kaufte unbegrenzt Staatsanleihen auf, gab einen Leitzins von null vor.

Lange Zeit hatten das Wachstum der Schulden und die Geldvermehrung keine negativen Folgen. Seit 2021 aber und vor allem seit Anfang 2022 haben wir den Salat, um es etwas flapsig auszudrücken: Die Preise steigen und steigen und steigen. Logisch, dass die Menschen Angst um ihr Geld, Angst vor schwindender Kaufkraft haben. Wie wir analysiert haben, war das einer der Gründe für die Explosion der Preise auf dem Immobilienmarkt, für die immer größer werdende Blase. Immobilien sind sozusagen die Fluchtwährung, wenn Euro, Dollar und Co entwertet werden. Woran aber viele Menschen nicht denken: Bei kaum einer anderen Anlageform ist der Zugriff des Staates so leicht möglich – und er muss sich nicht auf eine Besteuerung des Gewinns bei einem Verkauf beschränken!

Lastenausgleich nach dem Zweiten Weltkrieg

So sind wieder Begriffe wie Vermögensabgabe und Lastenausgleich zu lesen und zu hören. Zum Beispiel fordert der Historiker Heinrich August Winkler, es müsse zu Belastungen derer kommen, »die von der Krise wirtschaftlich weniger stark betroffen sind oder sogar von ihr profitieren«.[48] Ein Lastenausgleich wäre nichts absolut Neues in Deutschland, denn den gab es schon nach dem Zweiten Weltkrieg. Damals war ein großer Teil des Landes ein Trümmerfeld, doch es gab auch viele Menschen, deren Eigentum überhaupt nicht betroffen war. Millionen Flüchtlinge hatten ihre Heimat verlassen müssen und alles verloren, während anderen dieses Schicksal erspart blieb.

Die Übergangsregierung in der britischen und der amerikanischen Besatzungszone beschloss schon 1948 eine »Soforthilfe«: 3 Prozent auf das vorhandene Eigentum, die sofort zu zahlen waren.[49] Für die drei westlichen Besatzungszonen wurde zudem am 14. August 1952 ein Lastenausgleichsgesetz verabschiedet. Betroffen davon waren vor allem jene, die Immobilien besaßen, aber auch andere mit »erheblichem« Vermögen zum Stichtag, dem 21. Juni 1948. Abzugeben waren sage und schreibe 50 Prozent des Vermögenswertes! Um allerdings die Kaufkraft nicht zu sehr zu schwächen und so dem wirtschaftlichen Aufschwung den Garaus zu machen, wurde die Abgabe auf 30 Jahre verteilt, was 1,67 Prozent pro Jahr bedeutete.[50]

Relevanz der Abgabe umstritten

Ohne im Detail auf die einzelnen konkreten Instrumente – wie Vermögensabgabe, Hypothekengewinnabgabe und Kreditgewinnabgabe – eingehen zu wollen, ist eines wichtig: Eigentum, auch und gerade das in Form von Immobilien, ist niemals wirklich sicher. Im Grundgesetz heißt es in Artikel 14: »Eigentum verpflichtet. Sein Gebrauch soll zugleich dem Wohle der Allgemeinheit dienen.« Das sollten Sie sich in diesen Zeiten, in denen der Staat wie gesagt händeringend nach Einnahmequellen sucht, vor Augen führen. Ob der Beitrag der Lastenausgleichabgabe zum Staatshaushalt damals wirklich relevant war, ist allerdings eher zu bezweifeln. Zwar wurden Milliardensummen in den Ausgleichsfonds gespült, doch gegenüber dem stark steigenden Bundeshaushalt waren diese rasch eher vernachlässigbar. Dazu kam die Inflation, die faktisch die Abgaben dahinschmelzen ließ, denn die war ja auf Basis des Vermögens von 1948 berechnet worden.[51]

Es sind jedoch nicht die Corona-Lockdowns allein, die den Einzelnen und damit letztlich auch den Staat – und damit über die Steuer wieder den Einzelnen – viel Geld gekostet haben. Wir haben schon andere Dinge wie die Flutkatastrophe, den Klimaschutz und vieles mehr aufgezählt. Dazu kommen steuerfreie Inflationsausgleichsprämien, Strompreisbremse, Gaspreisbremse. Es gibt Stimmen, die sagen, wir seien im Zeitalter der Dauerkrise angekommen oder genauer der parallelen Dauerkrisen. Für wie gerecht oder ungerecht Sie eine Abgabe auf Immobilieneigentum oder auch eine Vermögenssteuer (die dann auch andere Anlagen treffen würde) auch immer halten: Nüchtern betrachtet ist die Wahrscheinlichkeit, dass so etwas kommt, jedenfalls nicht verschwindend gering, um es wenig alarmistisch auszudrücken.

Okay, werden nun viele sagen, was könne man schon dagegen tun? Es sei ja wenig intelligent, sein Vermögen einfach auszugeben, um es so unter ein Level zu drücken, das einen von der drohenden Abgabe oder Steuer befreit. Nein, das ist selbstverständlich keine

Lösung. Es bringt jedoch genauso wenig, schlicht zu hoffen, es werde schon nichts passieren. Ich empfehle, dem Gesetzgeber alles oder jedenfalls eine Menge »zuzutrauen« – und deshalb sorgfältiger, als das bisher nötig gewesen ist, auch und gerade bei Immobilien aufzupassen.

Es gilt, genauer zu analysieren, welche Wohnung, welches Haus sich zu behalten oder zu kaufen lohnt. Immobilien sollten nicht mehr, wie es in der Vergangenheit oft der Fall war, als Anschaffung für die Ewigkeit betrachtet werden. Auch deshalb nicht, weil sich unser Lebensstil geändert hat. Für Generationen an einem Ort? Das ist kaum noch zu finden. Immobilien-Trader, die an einem Tag kaufen und am nächsten verkaufen, wird es zwar nicht geben – das Halten, komme was da wolle, ist aber ebenfalls nicht zukunftsträchtig. Und das liegt auch an Eingriffen des Gesetzgebers, was die Miete betrifft. Stichworte: Mietendeckel und Mietpreisbremse.

II.3. Mietpreisbremse drückt Rendite

Es ist eine klare Sache: Haben Sie ein Haus oder eine Wohnung, dann haben Sie Kosten. Sie müssen die Immobilie erhalten, zum Beispiel Fenster austauschen, neu tapezieren lassen, vielleicht einen Dachdecker beauftragen. Sie zahlen die Neben- und die Betriebskosten wie Heizung, Müllabfuhr, Straßenreinigung, Schornsteinfeger, Gartenpflege, vielleicht einen Hausmeister et cetera. Außerdem ist natürlich eine Menge Geld in den vier Wänden gebunden. Geld, das Sie nicht woanders, nicht etwa am Aktienmarkt oder in Anleihen anlegen können. Ausgeben ist ebenso wenig möglich und meist werden Sie zudem einen Kredit zu bedienen haben, also jeden Monat Zinsen und Tilgung an Ihre Bank überweisen.

Wozu diese Aufzählung? Weil man sich klarmachen sollte, dass eine Immobilie kein Gemälde ist und keine Briefmarkensammlung. Sie verlangt Investitionen. Den Einsatz von Geld und Zeit. Logisch, dass Sie deshalb auch etwas zurückerhalten wollen. Entweder Sie wohnen selbst in dem Objekt, dann werden Sie die folgenden Seiten weniger interessieren. Oder aber Sie vermieten Ihre Wohnung beziehungsweise Ihr Haus. In dem Fall werden Sie wahrscheinlich schon einmal ausgerechnet haben, was Ihnen das unter dem Strich einbringt. Natürlich zahlt der Mieter die Neben- und die meisten Betriebskosten, wahrscheinlich auch kleinere Schönheitsreparaturen, doch grundsätzlich sind Sie für die Instandhaltung zuständig – sowie natürlich für die Kreditraten.

Mietrendite und Mietobergrenze

Ob das Vermieten wirtschaftlich lukrativ ist, hängt logischerweise davon ab, in welchem Verhältnis Ihre Mieteinnahmen zu Ihren Kosten stehen. Wie Sie Ihre Mietrendite bestimmen, lesen Sie im Anhang im gleichnamigen Abschnitt. Grundsätzlich gilt: Je mehr Miete Sie bekommen, je weniger Eigenkapital Sie eingesetzt haben und je niedriger die Zinsen für Ihr Darlehen sind, desto höher die Rendite. Eigenkapital brauchen Sie heute mehr als früher und die Zinsen sind gestiegen! Zudem ist die Wertsteigerung weit entfernt von den einst traumhaften Zahlen oder der Wert sinkt sogar. Damit wird die erzielbare Miete umso entscheidender. Und an dieser Stelle kommt wieder der Gesetzgeber als möglicher Spielverderber ins Spiel.

Der Staat verhindert, dass Sie die Miete so hoch ansetzen können, wie Sie das möchten. Sie dürfen das selbst dann nicht, wenn der Markt es hergeben, Sie also Mieter finden würden, die in der verlangten Höhe zahlen. Das entsprechende Gesetz wurde 2015 verabschiedet und gilt in zwölf Bundesländern. Das Saarland, Sachsen, Sachsen-Anhalt und Schleswig-Holstein wenden es nicht an. Doch auch in den anderen Ländern wird die Bremse nur dort wirksam, wo der Wohnungsmarkt angespannt ist. Welche Regionen das sind, bestimmt jedes Bundesland per Verordnung.

Und was genau besagt die Mietpreisbremse? Dort, wo sie angewendet wird, darf die Miete nicht mehr als 10 Prozent über der ortsüblichen Vergleichsmiete liegen. Dieser Referenzwert wiederum wird über den qualifizierten Mietspiegel errechnet, den Experten nach anerkannten wissenschaftlichen Grundsätzen bestimmen. Das heißt, für die Vergleichsmiete werden nicht irgendwelche Durchschnittswerte etwa von den Angeboten auf Immobilienportalen herangezogen. Sie muss von der zuständigen Behörde oder den Interessenvertretern der Vermieter und Mieter anerkannt werden. In vielen Gemeinden und Städten kann jedermann den offiziellen Mietspiegel einsehen.

Wie so oft gibt es allerdings auch bei der Mietpreisbremse Ausnahmen, die für Sie durchaus relevant sein können, wenn Sie Mieter oder Vermieter sind. Nicht gebremst wird zum Beispiel die Miete von Neubauten, die erstmals ab Oktober 2014 genutzt worden sind, oder auch von umfassend sanierten Wohnungen sowie bei zeitlich begrenzten Mietverhältnissen. Wenn Sie dagegen Ihre Immobilie möbliert vermieten, müssen Sie sich sehr wohl an die Mietpreisbremse halten – sollte es die in Ihrer Region geben. Sie dürfen aber einen gewissen Aufschlag für die Möbel berechnen.

Etwas ganz Spezielles hatte sich die deutsche Hauptstadt ausgedacht: den sogenannten Mietendeckel. Dazu gehörten ein Mietenstopp, Mietobergrenzen, Mietabsenkungen und die Begrenzung der Modernisierungsumlage. Ziemlich starker Tobak für Vermieter! Das entsprechende Gesetz wurde zwar im März 2021 vom Bundesverfassungsgericht gekippt, doch es lohnt sich, den Grund dafür näher zu betrachten. Das Gericht urteilte, es sei mit dem Grundgesetz unvereinbar, weil Berlin nicht die entsprechende Gesetzgebungskompetenz habe. Das heißt also, es wurde nicht der Inhalt des Gesetzes moniert, sondern nur die Art und Weise, wie es zustande gekommen war. Welche Ideen künftig auf Bundesebene geboren werden, weiß niemand. In jedem Fall scheint ein weiterer Eingriff des Staates in den Mietmarkt möglich.

Mietrendite wird geringer

Auch wenn der Mietendeckel gescheitert ist, die Mietpreisbremse gilt – und damit ist für die betreffenden Regionen das freie Aushandeln der Miete zwischen Vermieter und Mieter passé. Was angesichts des sehr angespannten Mietwohnungsmarktes gut ist für alle, die eine Wohnung mieten oder mieten wollen, lässt viele Wohnungseigentümer die Stirn runzeln – und rechnen. Für manche von ihnen dürfte sich das Vermieten künftig nicht mehr lohnen. Zumindest werden sie lange überlegen, ob sie es wagen sollen zu investieren, etwa in mehr Energieeffizienz, was wegen Energiekrise und Klimawandel dringend geboten wäre.

Doch es ist sogar strittig, ob Mieterinnen und Mieter letztlich von der Mietpreisbremse profitieren. Warum? Weil sie zahlreiche Investoren verschreckt und so die Zahl der Neubauten reduziert. Hier wirkt einfach das Gesetz des maximalen Profits: Wer mit einem Haus oder einer Wohnung nicht mehr genügend Rendite erzielt, der wird die Finger davon lassen – und eher in den Aktienmarkt gehen, sich Luxusuhren oder Oldtimer kaufen oder Gold horten. Doch Moment mal, sind nicht Neubauten von der Preisbremse ausgenommen? Ja, doch wenn in einer Region die Mieten für den Großteil der Immobilien gedeckelt sind, wirkt sich das natürlich auch auf die übrigen Gebäude aus. Behalten Sie deshalb die gesetzlichen Entwicklungen im Blick und denken Sie bei Ihren Kalkulationen daran, dass die freie Bestimmung der Miethöhe nirgends in Stein gemeißelt ist.

Kurz zusammengefasst: Verordnungen und Gesetze

- **Darlehen und Eigenkapital:** Höhere Bauzinsen und eine schärfere Regulierung durch die Banken machen die Aufnahme von Baudarlehen schwieriger.
- **Heizung:** Früher oder später wird das Aus für Heizungen kommen, die ausschließlich mit fossilen Brennstoffen wie Öl und Gas funktionieren.
- **Sanierungszwang:** Möglich ist eine EU-weite Sanierungspflicht für Häuser mit geringer Energieeffizienz. Das würde einen großen Teil des Gebäudebestands in Deutschland betreffen.
- **Grundsteuer:** Ab Januar 2025 wird für zahlreiche Immobilieneigentümer eine höhere Grundsteuer gelten.
- **Barrierefreiheit:** Die Überalterung unserer Gesellschaft macht barrierefreies Wohnen immer wichtiger. Immobilien, die diesen Standard nicht erfüllen, verlieren an Wert.
- **Vermögensabgabe:** So mancher hält es für möglich, dass eine Vermögensabgabe kommen wird – und die dürfte dann nicht nur, aber auch Eigentümer von Immobilien treffen.

Grenzen für die Miete: Die Wohnungsnot in Deutschland und vor allem das extrem geringe Angebot von Wohnungen mit niedrigen Mieten hat bereits in vielen Regionen zur Anwendung der Mietpreisbremse geführt.

Kapitel III

Herausforderungen für (potenzielle) Immobilienbesitzer

Unsere Gesellschaft wird älter und älter, die sogenannte Generation Z hat völlig andere Ansprüche als ihre Eltern und Großeltern – und das auch und gerade in Sachen Wohnen. Es strömen gleichzeitig viele Geflüchtete ins Land und der Fachkräftemangel befeuert das Werben um ausländische Fachkräfte. Lassen Sie all das auf sich wirken, dann wird schnell klar: Wir haben es mit einer sehr unübersichtlichen Gemengelage zu tun. Wie schon gesagt, heißt das für Sie als Immobilieneigentümer oder Kaufinteressenten: Genau hinschauen! Während früher viele Menschen ihr ganzes Leben an einem Ort, ja in einem Haus verbrachten, sind wir heute wesentlich mobiler oder – anders ausgedrückt – unsteter. Eine Immobilie wird damit mehr als einst als Wirtschaftsobjekt betrachtet und weniger als unveräußerliches Familienheim.

Die individuelle Situation entscheidet

Zwar hat jeder seine ganz eigene Beziehung zu Immobilien und seine individuelle Lebenssituation. Doch es gibt Ähnlichkeiten beziehungsweise häufige und weniger häufige Herausforderungen. In meinem Alltag als Makler begegnen mir immer wieder dieselben Typen von Immobilieneigentümern oder Menschen, die davon träumen, solche zu werden. Für viele ist der Kauf einer Wohnung oder eines Hauses eine Entscheidung, die sie nur ein einziges Mal treffen. Für andere sind Immobilien schon seit Jahrzehnten Begleiter – und das nicht, weil sie ständig umziehen und neu mieten, sondern weil sie am Immobilienmarkt investieren. Meiner Beobachtung nach werden sich Immobilien ein wenig mehr den Aktien annähern: nichts für die Ewigkeit sein, sondern eine von vielen Möglichkeiten, sein Erspartes gewinnbringend anzulegen.

Wenn ich ein Auto kaufe, möchte ich begeistert damit fahren. Bei einem neuen Sofa ist entscheidend, ob ich mich am Abend darauf richtig wohlfühle. Und bei Haus oder Wohnung? Auch da zählen Emotionen, sofern es um eine Immobilie geht, in der Sie leben wollen. Da kann der charmante Altbau durchaus die energieeffiziente Drei-Zimmer-Wohnung schlagen. Doch es ist hier eben auch viel Geld im Spiel und deshalb tun Sie gut daran, Ihren Kopf einzuschalten, denn welches Betongold tatsächlich mit Gold aufzuwiegen ist und welches eher nur Betonklotz, das hängt mit viel mehr Faktoren zusammen als einst.

Wohnen im Wandel

Auch wenn Sie gar kein Betongold haben oder wollen, werden Sie zahlreiche Änderungen in Sachen Immobilien betreffen. Auch Sie müssen wohnen, wollen Sie nicht unter der Brücke nächtigen oder als Nomade durch die Welt ziehen. Vielleicht machen Sie Letzteres sogar für ein paar Monate oder länger. Unsere Lebensstile werden vielfältiger, die Familienformen ebenso. Das kann die Art, wie wir wohnen, durchaus beeinflussen. Viel mehr Menschen als früher sitzen häufiger am heimischen Schreibtisch als im Büro oder sie haben gar keinen Arbeitsplatz im Unternehmen mehr. Auch das ändert die Anforderungen an die Wohnung.

In früheren Jahrhunderten waren Arbeit und Wohnen auf sehr engem Raum kombiniert. Der Handwerker hatte seine Werkstatt im selben Haus, in dem er auch aß und schlief. Bauern arbeiteten und arbeiten ohnehin in unmittelbarer Umgebung ihrer Wohnräume. Später gingen die allermeisten Menschen in einen Betrieb und ihr Zuhause war nur noch für die Freizeit da. Mittlerweile vermischen sich Privates und Berufliches mehr und mehr – zeitlich wie räumlich. Die Digitalisierung und der Wandel der Arbeitswelt machen es möglich. Wir sind zudem mobiler geworden, was das Arbeiten betrifft. Zahlreiche Jobs lassen sich von überall erledigen, für andere gehen Fachkräfte einige Monate in die eine Stadt und für die nächste Beschäftigung in eine andere. So steigt die Nachfrage nach temporärem Wohnraum.

III.1. Omas kleines Häuschen oder: das geerbte Eigenheim

Zu Immobilien kann man auf verschiedene Weise kommen. Eine davon: die Erbschaft. Während es früher zumindest in Bauernfamilien üblich war, dass ein Kind im Elternhaus blieb und dieses irgendwann übernahm, kann davon heute kein Hauseigentümer mehr ausgehen. Trotzdem werden natürlich Immobilien vererbt. Das kann man auf intelligente Art und Weise, sprich auf eine Steuern sparende tun. Unabhängig davon stellt sich allerdings den Erben die Frage, was sie mit Omas kleinem Häuschen oder auch einer großen Wohnung anfangen sollen. Meist haben die Objekte schon Jahrzehnte »auf dem Buckel«, es gibt einen Sanierungsstau, die Lage ist wenig berauschend – manchmal trifft auch alles auf einmal zu.

Judith ist Ende 40 und hat in den letzten Jahren zwei Häuser und zwei Wohnungen geerbt. Ihre leider früh verstorbenen Eltern haben ihr das Eigenheim vermacht, in dem die 49-Jährige aufgewachsen ist und das sie zum Studieren verlassen hat. Es liegt mitten auf dem Land in Mecklenburg-Vorpommern und damit weit weg von ihrer Wahlheimat Köln. Klar, sie hat noch eine emotionale Bindung an dieses Haus, aber dort einziehen? Niemals. Seit einiger Zeit steht es leer, denn in dieser Gegend Mieter zu finden, hat sich als schwierig erwiesen.

Die beiden Wohnungen liegen im dritten und vierten Stock eines fünfstöckigen Hauses in Frankfurt am Main und haben Judiths ebenfalls bereits verstorbener Tante gehört, die selbst zur Miete lebte. In den Wohnungen wohnen Mieter mit alten Verträgen, die sich kaum anpassen lassen. Dafür ist immerhin ab und zu renoviert worden, die Küchen sind neu und es gibt mittlerweile einen Aufzug sowie eine Solaranlage auf dem Dach. Zeitweise stand ein Anschluss ans Nahwärmenetz zur Diskussion, dafür aber fand sich im Haus keine Mehrheit. Und den barrierefreien Umbau hatte die Tante immer wieder aufgeschoben. Da wäre also einiges zu tun und natürlich zu finanzieren, damit hier auch Seniorinnen und Senioren leben können. Judith ist dennoch unsicher, ob sich das lohnt, zumal sie nicht weiß, welche Sanierungen sie in eine Mieterhöhung ummünzen könnte.

Zusammen mit dem kleinen Haus am Kölner Stadtrand, das sie schon vor 15 Jahren von ihrem Opa geerbt hat und in dem die Sozialpädagogin wohnt, besitzt Judith nun so viele Immobilien, dass ihr Vermögen klar »Schlagseite« hat. So hat es jedenfalls ein Freund ausgedrückt und ihr nahegelegt, das zu ändern. »Du würdest dich richtig ärgern, wenn die Immobilienpreise weiter in den Keller gehen. Willst du darauf warten?«, hat er sie gefragt. Judith ist unentschlossen. Sie kommt mit ihrem Gehalt und den Mieteinnahmen gut zurecht, doch viele Baustellen, eventuell sogar alle auf einmal, würde sie sich nicht zutrauen.

Intelligent vererben – durch Schenken!

Übrigens hat Judith keineswegs kostenlos geerbt. Das war nur beim Haus ihrer Eltern so, denn hier hat sie als Kind einen Freibetrag von 400.000 Euro und der Verkehrswert der Immobilie auf dem platten Land in Mecklenburg-Vorpommern lag und liegt darunter. Beim Haus ihres Opas sah die Lage anders aus, denn als Enkelin sind lediglich 200.000 Euro steuerfrei und vor 15 Jahren war es am Kölner Stadtrand erheblich teurer. Hier musste Judith ebenso Erbschaftssteuer ans Finanzamt zahlen wie für die Wohnungen ihrer Tante, bei denen sie nur einen Freibetrag von insgesamt 20.000 Euro nutzen konnte. Um die Steuer aufbringen zu können, entschied Judith sich für eine Hypothek – sowohl beim Haus in Köln als auch bei den Wohnungen in Frankfurt. Schon ein wenig dumm gelaufen, denkt Judith sich. Ihr Opa hätte ihr die Steuer ersparen und ihre Tante zumindest die Kosten reduzieren können.

Sind Sie vielleicht selbst in der Situation, in naher oder fernerer Zukunft eine Immobilie zu erben oder zu vererben? Dann sollten Sie gemeinsam mit dem Erblasser beziehungsweise dem Erben überlegen, wie das am günstigsten zu managen ist. Die erwähnten Freibeträge fallen nämlich alle zehn Jahre an und beziehen sich ebenso auf Schenkungen wie auf Erbschaften.

Eine Immobilie, die beispielsweise 600.000 Euro wert ist, kann also an Kinder in zwei Abschnitten verschenkt werden, damit keine

Steuer anfällt. Sind es die Enkel, müssen es drei Schenkungen sein. Zwischen einer Schenkung und der nächsten müssen jeweils zehn Jahre liegen und es ist stets ein notariell beglaubigter Schenkungsvertrag nötig. Bei allen anderen Verwandten, etwa Nichten oder Neffen, oder nicht zur Familie gehörenden Personen lässt sich die Steuer nur reduzieren, denn sie haben alle einen Freibetrag von nur 20.000 Euro alle zehn Jahre. Die Grunderwerbssteuer entfällt bei einer Schenkung völlig.

Sind Sie selbst der Schenkende, möchten Sie vielleicht noch eine Zeit lang in Ihrem Haus wohnen. Dann lassen Sie sich einen sogenannten Nießbrauchsvorbehalt eintragen. So bleiben Sie weiter Besitzer der Immobilie, auch wenn der Eigentümer jemand anderes ist. Ja, Sie können sogar ausziehen und vermieten. Ein Nießbrauch wird nicht vererbt, ist nicht an Dritte übertragbar und lässt sich nicht verkaufen. Das Recht erlischt, wenn die oder der Berechtigte stirbt. Eine Schenkung in Zehn-Jahres-Abständen plus Nießbrauchsvorbehalt ist damit eine legale Möglichkeit, dem Fiskus ein Schnippchen zu schlagen, ohne gleich verkaufen zu müssen. Was für Möglichkeiten bestehen, eine Immobilie zu Geld zu machen, ohne ausziehen zu müssen, dazu mehr in Kapitel IV.6.1.

Regeln für Erbengemeinschaften

Wer nicht verschenkt oder vor seinem Tod verkauft, hinterlässt seine Immobilie häufig einer Erbengemeinschaft. Das passiert zum Beispiel, wenn es keinen Ehepartner (mehr) gibt, kein Testament verfasst wurde und der Erblasser drei Kinder hat. Oder auch dann, wenn jemand bestimmte Personen per Testament »zu gleichen Teilen« erben lässt. Abgesehen von Problemen bei der Aufteilung anderer Vermögenswerte – wie Autos, Schmuck oder teuren

Möbeln – haben die Erben auch die Aufgabe, sich zu einigen, was mit einer gemeinsam geerbten Immobilie geschehen soll. Ab Eintritt des Erbfalls hat zudem jeder der Erben das Recht, die Wohnung oder das Haus zu nutzen. Wohnt einer darin, können die anderen dafür eine anteilige Miete verlangen.

Das ist schon kompliziert genug, doch es wird noch viel komplizierter, wenn etwa eine Tochter im Haus der Eltern bleiben möchte, der Sohn aber die Immobilie zu Geld machen will. In diesem Fall muss die Tochter den Bruder auszahlen. Hat sie das Geld dafür nicht und bekommt sie keinen ausreichend hohen Kredit, bleibt nur der Verkauf. Doch wie hoch ist überhaupt die Summe, die sie berappen müsste? Hierzu kann ein Wertgutachten in Auftrag gegeben werden, doch keine Partei hat einen Anspruch darauf, dass die andere der ermittelten Summe zustimmt. Einigt man sich nicht, bleiben nur der Verkauf oder die Zwangsversteigerung, wobei anschließend der Erlös aufgeteilt wird. Am Ende verlieren dann vielleicht beide: die Tochter ihr Zuhause und der Sohn den Traum von Reichtum, sofern der Verkaufspreis weit unter seinen Vorstellungen liegt.

Manchmal überdauern Erbengemeinschaften mehrere Jahre, obwohl das keiner der Beteiligten möchte. Es sind keineswegs Wahlverwandtschaften, sondern man kommt schlicht zu keiner Einigung. Wenn es Streit um Gegenstände – wie etwa Omas Kleiderschrank oder die Gemäldesammlung – gibt, werden diese über den freihändigen Pfandverkauf zu Geld gemacht. Eine bestimmte Summe in Euro lässt sich aufteilen, der Kleiderschrank nicht und bei den Gemälden wollen vielleicht alle Erben ausgerechnet die Winterlandschaft eines unbekannten Meisters. Was eine Immobilie angeht, hat jeder der Beteiligten die Möglichkeit, eine Teilungsversteigerung zu verlangen.

Und wenn jemand keine Lust auf Streit hat, sich mit den anderen nicht einigen kann und auch keinen Verkauf der Wohnung oder des Hauses provozieren will? Dann kann er als Lösung eine »Abschichtung« wählen. Die ebnet ihm den Weg hinaus aus der unfreiwilligen Erbengemeinschaft. Alles, was er dafür tun muss, ist, seine Erbansprüche an seine Miterben zu verkaufen. Ein bestimmtes Formular ist dafür nicht nötig, doch natürlich funktioniert diese Option nur, wenn die anderen die vorgeschlagene Summe akzeptieren – und zahlen wollen. Wenn die Gruppe bereits zerstritten ist, fällt eine solche Übereinkunft oft schwer oder sie ist gar nicht erreichbar.

Wollen die anderen ihren Miterben keinesfalls mit einem »goldenen Handschlag« aus ihrer Gemeinschaft entlassen, bietet sich ein weiterer Ausweg an: der Verkauf des Erbanteils an einen Dritten. Ob das die anderen gut finden oder nicht, spielt keine Rolle. Der verkaufswillige Erbe braucht nämlich ihr Einverständnis nicht. Einschränkung: Die übrig bleibenden Erben haben ein befristetes Vorkaufsrecht. Für Immobilien eine wichtige Regelung, denn so kann verhindert werden, dass sich Außenstehende einen Eigentumsanteil sichern und dann mitbestimmen. Im Gegensatz zur Abschichtung muss beim Verkauf an einen Dritten ein Notar hinzugezogen werden. Wer den Erbanteil kaufen will, sollte sich das gut überlegen. Denn: Er erwirbt damit nicht nur Rechte, sondern muss zwangsweise auch Pflichten übernehmen. Er tritt an der Stelle des Verkäufers in die Erbengemeinschaft ein.

Gehen Immobilien an mehrere Erben, ist das also eine komplexe Geschichte. Nicht jeder möchte seinem Partner oder seinen Nachkommen zumuten, sich mit anderen um ein Haus oder eine Wohnung kümmern, sie aufteilen zu müssen. Denken Sie ähnlich und haben Sie zum Beispiel ein Haus zu vererben, sollten Sie rechtzeitig überlegen, wie Sie am besten Zwist vermeiden. Eventuell gibt es weiteres Vermögen, sodass Sie einfach das Depot der Tochter vermachen können und das Haus den beiden Söhnen, die sich gut verstehen und einigen werden. Oder Sie nennen eine ganze Reihe Immobilien ihr Eigen und verteilen diese per Testament. Das ist vermutlich intelligenter, als ihre Nachkommen selbst darüber entscheiden zu lassen, wer das Loft, wer das Einzimmerapartment in der City und wer das noch nicht abbezahlte Häuschen am Stadtrand bekommt.

Renovieren, vermieten, verkaufen?

Judiths Tante und Opa haben das clevere Vererben übers Schenken leider verpasst. Das Abdrücken der Erbschaftssteuer ist allerdings keineswegs das einzige Problem der Nichte beziehungsweise Enkelin. Sie hat vier Immobilien und nicht wirklich einen Plan. Ein »Portfolio« von zwei Häusern und zwei Wohnungen, aber was damit tun? So ganz wohl ist ihr dabei nicht. Der Renovierungsstau macht ihr ganz schön zu schaffen und für das Haus ihrer Eltern in Mecklenburg-Vorpommern hat sie trotz intensiver Suche noch immer keine Mieter gefunden. Klar, sie könnte noch weiter runtergehen mit der Miete, doch dann ließe sich damit nicht einmal die Erhaltung finanzieren, geschweige denn eine dringend nötige Sanierung etwa der Heizungsanlage. Judith überlegt, den immer noch hohen Wert zu nutzen. Ein Eigennutzer, der zu Hause arbeitet oder schon in Rente ist, würde wahrscheinlich seine Freude haben mit dem in herrlicher Natur gelegenen Haus.

Etwas anders sieht es bei den beiden Wohnungen in Frankfurt am Main aus, die ihre Tante ihr vermacht hat. Judith beschließt, hier den barrierefreien Umbau zu beenden. Potenzielle Mieterinnen und Mieter stehen angesichts der guten Lage jetzt schon Schlange. Und sobald auch Seniorinnen und Senioren hier ihre Bedürfnisse erfüllt sehen, wird es noch leichter werden, eine gute Mietrendite zu erzielen. Ein Glücksfall, dass die beiden Paare, die aktuell in den Wohnungen leben, aus beruflichen Gründen in ein paar Monaten ausziehen wollen. Bleibt das Haus in Köln, in dem Judith selbst wohnt. Darüber wird sie sich später Gedanken machen.

Das Immobilien-Portfolio fit für die Zukunft machen

Kaufen wird Judith sicher nichts mehr, was Immobilien angeht. Sie verfolgt vielmehr aufmerksam die Diskussionen um kommende »Ökoauflagen«. Wie lange werden die alten Ölkessel überhaupt noch erlaubt sein? Gott sei Dank haben ihre Eltern das Haus in Mecklenburg-Vorpommern nicht ans Erdgasnetz anschließen lassen. Das wäre ziemlich teuer geworden, sie hätten einen Kredit aufnehmen müssen und mittlerweile ist Erdgas ja auch entzaubert. Da wird es wohl auf eine Wärmepumpe hinauslaufen. Zuerst aber möchte Judith ihre zwei Wohnungen in Frankfurt am Main sanieren und es dabei nicht bei einem barrierefreien Umbau bewenden lassen. Sie will den energetischen Zustand verbessern, was in Zeiten hoher Energiekosten enorm wichtig ist. Klar, dafür muss sie sich mit der Hausgemeinschaft abstimmen.

Judith schlägt also eine Eigentümerversammlung vor. Bis zum ersten Termin, an dem alle Zeit haben, ist es noch eine ganze Weile hin. Warum also nicht schon einmal vorarbeiten? Und das angehen, was sie ohne Zustimmung der anderen machen kann? Die alten zweifach verglasten Fenster sollten durch Wärmeschutzfenster ersetzt werden, um die Energiebilanz zu verbessern. Kein Ding, denkt Judith sich zunächst, bis sie die Kosten ausrechnet. Die Internet-Recherche spuckt Summen aus, die sie sich niemals ausgemalt hätte. Okay, dann eben nur die Fenster auf der Nordseite und die anderen später. Eine Freundin empfiehlt ihr einen Fensterbauer – und der hat sogar in den nächsten vier Wochen eine Lücke in seinem Kalender. Das wäre also geklärt.

Schwieriger wird es mit ihren übrigen Vorhaben. Der barrierefreie Umbau würde enorm viel Geld verschlingen. Ob sich das rechnet? Und dann die weitere energetische Sanierung. Nach dem zehnten erfolglosen Telefonat denkt sich die Sozialpädagogin, sie sollte vielleicht noch eine Lehre beispielsweise als Anlagenmechanikerin für Sanitär-, Heizungs- und Klimatechnik machen. Der Job wäre richtig lukrativ. Vor Kurzem hat zwar endlich die Eigentümerversammlung stattgefunden und Judith konnte dabei alle vom Einbau einer effizienteren Heizungsanlage überzeugen, aber die anderen haben ihr den Ball zurückgespielt: Wenn sie es schaffe, eine Firma zu organisieren und der Preis akzeptabel sei, dann könnten sie die Modernisierung im Heizungskeller in Angriff nehmen. »Na wunderbar«, sagt sich Judith, »das kann dauern.«

Alternative: Verkauf

Die sinkenden Preise für Immobilien haben Judith ohnehin nachdenklich werden lassen. Sie weiß, dass ihr Vermögen eindeutig Schlagseite hat. Aktien oder Anleihen besitzt sie überhaupt nicht, Barvermögen kaum, dafür laufen Kredite wegen der Erbschaftssteuer. Bricht der Markt total zusammen, hat sie ein echtes Problem, zumal die Zinsen steigen und in nicht allzu ferner Zukunft eine Umschuldung ansteht. Die Sozialpädagogin kann zwar einigermaßen von ihrem Gehalt leben, doch große Sprünge sind nicht drin, die jährlichen Anpassungen gleichen die Inflation nicht aus. Judith war lange alleinerziehend, immer noch unterstützt sie ihre jüngste Tochter, die studiert.

Verständlich, dass Judith die eine oder andere schlaflose Nacht hat. Freunde raten ihr dazu, sich von ihren Immobilien zu trennen, zumindest von den vermieteten. Sie seien energetisch von vorgestern und nach Mecklenburg-Vorpommern wolle keiner mehr ziehen. Frankfurt am Main sei zwar okay, nur werde es auch dort kompliziert, das habe sie ja schon gemerkt – man denke nur an die träge Eigentümergemeinschaft, die ihr alle Arbeit aufbürde. Judith muss diesen Argumenten zustimmen, obwohl sie irgendwie an den geerbten Wohnungen, ja auch am Elternhaus hängt. Gerade Letzteres ist schließlich mit vielen Erinnerungen verbunden.

Nach langem Ringen mit sich selbst und vielen Diskussionen im Freundes- und Bekanntenkreis hat Judith sich entschieden: Sie wird ihr Elternhaus verkaufen, ebenso eine der beiden Wohnungen in Frankfurt. Beides geht wider Erwarten ziemlich schnell über die Bühne. Steuern muss sie keine zahlen, denn die Immobilien waren mehr als zehn Jahre im Besitz ihrer Eltern beziehungsweise ihrer Tante. Zwar hat Judith den günstigsten Zeitpunkt, also das Preishoch, verpasst, aber das stört sie nicht so sehr. Wer weiß, vielleicht fällt in ein paar Jahren die Steuerfreiheit des Gewinns – und dann würde sie für ihr Zögern richtig abgestraft werden. Es ist eben wie bei Aktien: Den absolut besten Moment zum Kaufen und Verkaufen erwischt man nie.

Schulden tilgen und sanieren

Mit einem Mal sitzt Judith nun auf einem Berg von Geld. Eine Premiere in ihrem Leben! Mit einem Teil davon wird sie ihre Kredite zurückzahlen. Sie hat die Summe bereits auf einem eigens dafür eröffneten Konto geparkt. Am liebsten wäre es ihr, die Schulden sofort loszuwerden, aber das lassen die Darlehenskonditionen nicht zu. In jedem Fall wird Judith die Möglichkeit nutzen, jedes Jahr eine Sondertilgung zu leisten. Auf diese Weise braucht sie sich keine Sorgen mehr um eine Umschuldung zu einem dann mit Sicherheit viel höheren Zinssatz zu machen. Ein gutes Gefühl!

Mit dem Rest des Geldes packt Judith das Thema Sanierung mit neuem Elan an. Die Miteigentümer des Hauses in Frankfurt staunen nicht schlecht, als sie ihnen einen genauen Plan präsentiert, inklusive konkreter Angebote von Fachfirmen und Wirtschaftlichkeitsberechnung. Okay, da war ein wenig Glück im Spiel, denn: Den Käufer einer der beiden Wohnungen ihrer Tante hatte sie sofort auf ihrer Seite – und er ist selbst Handwerker mit guten Kontakten zu allen nötigen Gewerken. Sogar in Köln kann er ihr Unternehmen empfehlen. Resultat: Innerhalb von wenigen Monaten hat sich Judiths Situation völlig verändert. Sie vermietet nun eine barrierefreie, energieeffiziente Wohnung in Frankfurt und wohnt in einem sanierten, auf den Stand der Zeit gebrachten Haus in Köln. Perfekt!

III.2. Heizkosten fressen Einkommen oder: vom Umgang mit Energieschleudern

Sanierungsstau ist auch unabhängig von einer Erbschaft ein Thema. Bis 2045 will Deutschland klimaneutral sein. Wie soll das gehen, wenn momentan meist fossile Energieträger verbrannt werden, um uns warme Wohnungen und warmes Duschwasser zu bescheren? Gerade einmal rund 18,2 Prozent der Energie für Wärme und Kälte stammte laut Umweltbundesamt 2022 aus erneuerbaren Quellen.[52] Nicht mal ganz ein Fünftel! Kein Wunder, dass immer häufiger die Wärmewende beschworen wird. Ohne eine Revolution in den Heizungskellern, aber auch beim Dämmen von Fassaden, Kellern, Dächern wird es mit Sicherheit nichts werden mit der Klimaneutralität. Und eine Revolution ist eine Revolution, also alles andere als eine gemächliche Entwicklung.

Klar, so etwas ist möglich, doch es kostet enorm viel Geld. Für den Einzelnen, für Sie zum Beispiel, sind aber nicht nur die klimapolitischen Ziele wichtig. Es geht ebenso um die Heizkosten! In der Folge des Ukraine-Kriegs sind die geradezu explodiert und auch wenn nach dem Höhepunkt der Börsenpreise etwa für Erdgas im August 2022 ein Sinkflug eingesetzt hat, weiß jeder: Fossile Energien wie Erdgas und auch Heizöl kosten viel mehr als früher und werden aus verschiedenen Gründen teuer bleiben (siehe Grafiken 3 und 4). Weil das aus Klimaschutzgründen politisch so gewollt ist, weil die Zeiten von billigem russischem Erdgas und Öl vorbei sind, weil Alternativen wie Flüssiggas per se teurer sind. Und was ist mit Holzpellets? Auch deren Preis zieht parallel zu dem anderer Energieträger an (Grafik 5, 6 und 7).

Preise für leichtes Heizöl in Euro pro Hektoliter (hl). Jahresdurchschnitt für ausgewählte Berichtsorte in Deutschland. Lieferung in Tankkraftwagen frei Verbraucher, 40-50 hl pro Auftrag.

2006	50,32
2007	49,73
2008	64,08
2009	43,77
2010	54,87
2011	69,26 *
2012	75,33
2013	70,36
2014	64,37
2015	48,79
2016	40,94
2017	47,51
2018	57,82
2019	56,67
2020	39,61
2021	60,02

* Jahresdurchschnitt gebildet aus Heizöl mit Schwefelgehalt größer 50 mg/kg für Januar 2011, für Februar bis Dezember 2011 Heizöl mit Schwefelgehalt bis 50 mg/kg

Preise für leichtes Heizöl in Euro pro Hektoliter (hl) für ausgewählte Berichtsorte in Deutschland. Stichtag 15. des Monats, 2022. Lieferung in Tankkraftwagen frei Verbraucher, 40-50 hl pro Auftrag.

Januar	75,60
Februar	82,14
März	129,21
April	109,37
Mai	107,71
Juni	127,61
Juli	123,90
August	119,30
September	115,20
Oktober	126,40
November	106,08
Dezember	99,08

Grafik 5: Quelle: Erzeugerindex[53]

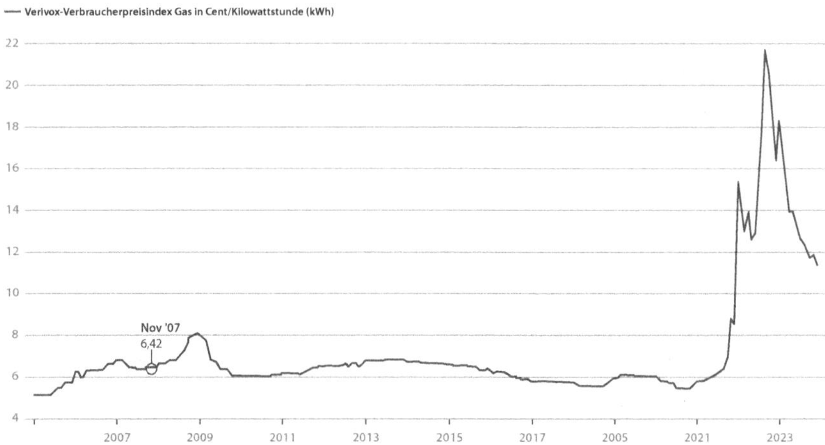

Grafik 6: Gaspreisentwicklung für bundesdeutsche Haushalte von 2005 bis 2023 (Quelle: Verivox)[54]

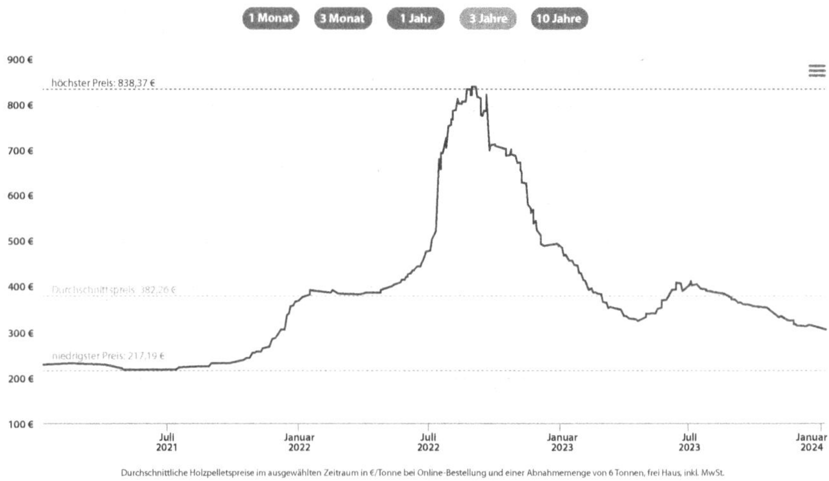

Grafik 7: Preisentwicklung für Holzpellets in Deutschland in den letzten Jahren (Quelle: holzpellets.net)[55]

Schauen Sie sich diese drei Grafiken näher an, führt kein Weg vorbei an der Erkenntnis: Warme Räume sind um ein Vielfaches teurer als vor einigen Jahren. Dasselbe gilt deshalb auch für die gesamten Nebenkosten, denn an denen haben die Heizkosten einen großen

Anteil. Die Mineko GmbH hat für die Abrechnungen fürs Jahr 2022, die Mietern 2023 zugestellt werden, einen Anstieg von fast 120 Prozent gegenüber 2019/2020 kalkuliert. Die Verbrauchskosten (Heizung inklusive Warmwasser und Wasser inklusive Abwasser) allein sollen sogar um 230 Prozent im Vergleich zu 2019 steigen.[56] Das sind Größenordnungen, die einer Zeitenwende gleichkommen.

Zurück in die vermietete Altbauwohnung

Marie wanderte vor fünf Jahren der Liebe wegen nach Österreich aus. Für ihre Drei-Zimmer-Eigentumswohnung in Bamberg fand sie schnell einen Mieter. Der kündigte nach zwei Jahren, weil er einen neuen Job in Berlin gefunden hatte. Doch auch in den Folgejahren funktionierte das Vermieten gut, weil in der Universitätsstadt Wohnraum knapp ist. Die Einnahmen nach Steuer halfen der 52-Jährigen dabei, das nicht gerade billige Leben in Wien zu finanzieren. Zwar kam kurz der Gedanke auf, die Wohnung zu verkaufen und sich in Wien mit ihrem Partner etwas Größeres zu kaufen. Wegen der stark gestiegenen Preise auf dem Immobilienmarkt der österreichischen Hauptstadt verwarfen die beiden diesen Plan jedoch schnell.

Aber nicht nur in Wien sind die Preise explodiert, auch in Bamberg. Vor 15 Jahren hatte Marie die Wohnung für rund 100.000 Euro gekauft. Der Zinssatz für den Kredit war sogar noch weit höher, als er es inzwischen nach der langen Phase extrem niedriger Zinsen wieder ist. Marie bereute die Entscheidung für den Kauf trotzdem nie. Dank Eigenheimzulage vom Staat, die es damals gegeben hatte, kosteten sie Zinsen und Tilgung des Kredits letztlich nicht viel mehr, als sie für die Miete hätte aufwenden müssen. Und heute? Da ist die Wohnung fast das Doppelte wert. Okay, die Heizkosten sind ganz schön in die Höhe geschnellt und ab 2023 traf das auch Marie. Ein bisschen zumindest, denn wegen der miesen Energieeffizienz des Hauses musste sie die CO_2-Abgabe mittragen.

Dann allerdings gab es einen weiteren Einschnitt in Maries Leben. Sie trennte sich von ihrem Partner und wollte unbedingt nach Deutschland zurück. Zuerst überlegte sie, vielleicht in eine ganz andere Stadt zu ziehen. Ein echter Neuanfang! Hamburg wäre eine Option gewesen für die gebürtige Norddeutsche. Die Situation auf dem Mietwohnungsmarkt belehrte Marie aber bald eines Besseren. Alles viel zu teuer und für sie als Selbstständige ohnehin schwierig, überhaupt einen Mietvertrag zu bekommen. Irgendwo auf dem Land wäre die Miete leistbar gewesen, das aber war für sie keine Option. Ihr blieb deshalb keine andere Möglichkeit, als den Mietern ihrer Wohnung in Bamberg wegen Eigenbedarf zu kündigen. Die zeigten Verständnis, eine Klage war nicht nötig.

Alles palleti also? Tja, nicht sehr lange. Die Pandemie wirkt bei Maries Kunden noch nach, die Zahl ihrer Aufträge ist begrenzt und ihr Einkommen damit auch. Der Umzug war teuer, die Mieter haben die Wohnung nicht so verlassen, dass sie sich darin wohlfühlen würde. Nach einer »Krisensitzung« mit Freunden sind nun in einer Wochenendaktion alle Wände neu gestrichen und auch sonst einiges ausgebessert worden. Nur die neuen Verträge mit dem örtlichen Energieversorger machen Marie wirklich Sorgen. Wie diese hohen Nebenkosten tragen? Ja, sie wusste, dass ihre vier Wände ein Altbau sind, dass hier ewig nichts in Sachen Energieeffizienz gemacht worden ist. Mit einer solchen Belastung hatte sie dennoch nicht gerechnet.

Verkleinern statt sanieren

So bittet Marie ihre Freunde wieder zu einer Krisensitzung. Und sie ruft die Maklerin an, über die sie in ihrer Zeit in Österreich dreimal die Wohnung neu vermietet hatte. Alle raten ihr, zu verkaufen – und sich in einer anderen Stadt (Stichwort echter Neuanfang!) etwas Kleineres zu kaufen. Der Wert liege trotz des jüngsten Preisrückgangs immer noch weit über dem einstigen Kaufpreis, sagt die Maklerin. Zudem sind die Preise auch anderswo gesunken, Marie würde wahrscheinlich etwas im Vergleich zum letzten Jahr Günstiges finden. Und sie solle auch daran denken, dass der Gewinn beim Verkauf vielleicht bald besteuert werde, sofern sie nicht vorher zwei Jahre selbst in der Wohnung leben würde.

Besprochen, beschlossen, umgesetzt: Die gute Lage ihrer vier Wände in Bamberg und die Wohnungsnot dort lässt Marie schnell Käufer finden. Ein Ehepaar mittleren Alters zahlt glatt das Doppelte von dem, was Marie einst auf den Tisch legen musste. Den beiden ist zwar klar, dass ziemlich viel geheizt werden muss, und das mit Erdgas. Niemand weiß ganz genau, wie sich die Preise dafür entwickeln, wie lange Erdgasheizungen überhaupt noch erlaubt sein werden. Die Wohnungskäufer aber haben ein drängenderes Problem: Sie brauchen dringend etwas für ihre beiden Kinder, die in Bamberg studieren. Auf einen Platz im Studentenwohnheim zu warten, könnte Jahre dauern, und alles, was sich mieten lässt, ist sündhaft teuer.

Es kommt also immer auf die Perspektive an: Welches Bedürfnis ist das dringendste? Welches Risiko ist man bereit, dafür einzugehen? Marie bereut den Verkauf nicht. Sie hat einen guten Schnitt gemacht und inzwischen zwei Zimmer plus Küche, Bad und Südbalkon im

Umland von Nürnberg gekauft. Nicht zu weit weg von ihrem alten Freundeskreis und trotzdem eine neue Stadt. Und vor allem: Die Wohnung befindet sich in einem Neubau, ist gut gedämmt und an ein Fernwärmenetz angeschlossen, das von einem Biomasseheizkraftwerk gespeist wird.

Es gibt in ihrem neuen Heim eine Hausverwaltung, im Gegensatz zu ihrer alten Wohnung, bei der die Eigentümer die Verwaltung selbst in die Hand genommen hatten – und der eine oder andere Streit geschlichtet werden musste und regelmäßig die Nebenkostenabrechnung diskutiert wurde. Das ist nun Vergangenheit, was Marie enorm entlastend findet. Hauptgrund für ihren Verkauf aber waren die hohen Heizkosten, also die schlechte Energieeffizienz – und damit ist Marie in Deutschland keineswegs allein oder auch nur in der Minderheit. Ganz im Gegenteil!

Status quo in Sachen Energieeffizienz

Mehr und mehr wird der energetische Zustand eines Gebäudes zum entscheidenden Aspekt, wenn es um die Frage Halten oder Verkaufen geht. Schauen wir uns den Status quo einmal genauer an, wofür wir Daten des Dena-Gebäudereports 2023 nutzen.[57] Danach gab es in Deutschland im Jahr 2020 etwa 24 Millionen Wärmeerzeuger und rund 80 Prozent davon wurden mit fossilen Energieträgern, also mit Öl, Gas oder Kohle betrieben. Solarthermie, Wärmepumpen und Biomasseanlagen hatten einen Anteil von nur 18,6 Prozent. Berücksichtigt man zudem, dass Solarthermie nur die Hauptheizung unterstützt, wird der Beitrag der Erneuerbaren noch geringer. Und: Ja, die Zahl der Wärmepumpen steigt, es gibt eine große Nachfrage, aber im Gesamtbild sind sie noch fast vernachlässigbar.

Interessant ist auch eine Studie der McMakler GmbH aus Berlin, die eine Online-Umfrage in Auftrag gegeben hat.[58] Eines der Ergebnisse: Lediglich 12,8 Prozent der ausgewerteten Immobilien in Deutschland konnten in puncto Energieeffizienz mit den besten Energieklassen A+, A oder B glänzen. 11,8 Prozent landeten in der Klasse C, 17,3 Prozent in D. Satte 58 Prozent waren in den eher schlechten Klassen E, F, G und H zu finden, davon allein 18,4 Prozent in H, der niedrigsten Klasse. Erschreckend: Fast jeder zweite der befragten Immobilieneigentümer hatte keine Ahnung, in welche Energieeffizienzklasse sein Eigenheim fällt. Gleichzeitig empfinden aber immerhin 65 Prozent diese Einstufung als wichtig. Über ein Drittel würde Nein sagen zu einem Kauf, wenn die Energieeffizienz zu schlecht ist – selbst bei guter Lage. Der alte Spruch, bei Immobilien zähle nur Lage, Lage, Lage, scheint also ausgedient zu haben.

Käufer schauen auf die Energieeffizienz

Ist demnach »Energetisch top, energetisch top, energetisch top« die neue Kernanforderung an Immobilien? Es geht zumindest eindeutig in diese Richtung, auch wenn natürlich weiterhin ein Loft in der Münchner Innenstadt nicht mit einem Nullenergiehaus auf dem platten Land zu vergleichen ist. Kriterien, die mit der Lage zu tun haben, bleiben wichtig und werden wegen der steigenden Spritkosten sogar wichtiger – etwa die Anbindung an Busse und Bahnen, die Entfernung zum nächsten Supermarkt, zum Kindergarten, zu Schulen und kulturellen Angeboten. Nichtsdestotrotz: Ob ein Haus eine Energieschleuder oder ein Sparweltmeister ist, rückt mehr und mehr in den Fokus – vor allem von potenziellen Käufern und Mietern.

Laut einer Umfrage im Auftrag der Postbank Immobilien GmbH ist 92 Prozent derjenigen, die in den nächsten Jahren eine Eigentumswohnung oder ein Haus kaufen wollen, der energetische Zustand wichtig. Nur verschwindend wenige, 5 Prozent, antworteten, das sei unwichtig oder sehr unwichtig.[59] Für diese klaren Zahlen gibt es mehrere Gründe: zum einen natürlich die stark gestiegenen Preise für Heizenergie, aber auch die Erfahrung von Lieferengpässen und die oft langen Wartezeiten bei Handwerksbetrieben. Den Stress möchten sich viele Menschen nicht antun und suchen deshalb nach einer Immobilie, die fix und fertig ist, in der sie in der nächsten Zeit nichts zu sanieren haben. Zudem ist das ökologische Bewusstsein heute ein anderes als noch vor ein paar Jahren. Wärmeschutzfenster, eine dicke Dämmung der Fassade, eine sparsame Heizung, die erneuerbare Energien nutzt: All das vermittelt einfach ein gutes Gefühl.

Bei vielen Verkäufern ist das allerdings noch nicht wirklich angekommen. Dieselbe Umfrage der Postbank Immobilien hat ergeben, dass 14 Prozent der verkaufswilligen Eigentümer glauben, den Interessenten sei der energetische Zustand eher unwichtig, und 4 Prozent glauben, er sei sehr unwichtig. Ein krasser Widerspruch zur Realität! Vermutlich möchte es so mancher einfach nicht wahrhaben, dass sein Häuschen nicht mehr auf so viel Gegenliebe stößt. Schließlich hängen die meisten an ihrem Objekt, verbinden damit positive Erinnerungen, haben vielleicht ihr halbes Leben darin verbracht. Deshalb und auch aus finanziellen Gründen fällt es ihnen schwer, sich zu einer Sanierung vor dem Verkauf durchzuringen – obwohl die sich rechnen kann. Immerhin – ebenfalls laut der Postbank-Umfrage – erwägen 30 Prozent der Verkäufer eine Modernisierung, bevor sie ihre Immobilie auf den Markt werfen wollen.

III.3. Billigkredit ade oder: 3 Prozent, 5 Prozent, 10 Prozent Zinsen?

Einen enormen Impact auf die Immobilienpreise und den Markt hat die Entwicklung der Zinsen, was wir schon in Kapitel I.3. angesprochen haben. Die Zinswende bedroht so manches Geschäftsmodell. Das von Peter und Max zum Beispiel. Vor 15 Jahren stiegen der 46-Jährige und der 51-Jährige in das Geschäft mit Wohnungen und Häusern ein. Sie gründeten ihre eigene Firma, kauften günstig, sanierten und verkauften wieder – dieses Prinzip nennt sich *Fix and flip*. In der Zeit des Immobilienbooms eine wahre Goldgrube! Lange Zeit war es nie ein Problem, rasch Handwerker zu finden, und auch die Makler in ihrem Netzwerk konnten ihnen immer schnell neue Objekte verschaffen sowie die renovierten lukrativ an den Kaufinteressenten bringen. Weil die Preise in Hamburg, wo die zwei aktiv sind, kontinuierlich in die Höhe schnellten, warf das jede Menge Gewinn ab.

Jetzt aber beginnen Peter und Max nachzudenken. Das mit den Fachfirmen war eine ganze Zeit lang schwieriger geworden: Manchmal telefonierten sie tagelang, um jemanden für die Elektrik oder das Tapezieren zu bekommen. Inzwischen hat sich das wieder geändert, aber etwas anderes setzt den beiden sehr zu: Die Preise für fast alle Arbeiten sind drastisch gestiegen, sodass ihre Kalkulationen wieder und wieder angepasst werden müssen. Vor allem aber hat der Markt sich gedreht. Die nächste Dachgeschosswohnung mit Blick auf die Alster würde ihnen möglicherweise nicht mehr so schnell aus den Händen gerissen wie bisher. Auch das Aufnehmen von Krediten wird wohl komplizierter, die Banken fordern mehr Eigenkapital, der Zinssatz hat stark angezogen.

Hamburg ist ein attraktiver Standort und das wird auch so bleiben, glauben die beiden Freunde. Trotzdem … ob sie wirklich einfach so weitermachen sollten? Nach einer langen Diskussion beschließen sie, künftig die Objekte sorgfältiger auszuwählen – und sich nebenher andere berufliche Möglichkeiten zu suchen. Schließlich könnte es ja sein, dass sie eine Delle auf dem Immobilienmarkt aussitzen müssen. Auch in Hamburg! Sie wollen nicht in eine Zwangslage geraten, wollen nicht unter allen Umständen alles sofort auf den Markt werfen müssen. Es ist nicht ihr Ding, noch mehr ins Risiko zu gehen, als sie es mit ihrem Geschäftsmodell ohnehin immer getan haben.

Das Portfolio erweitern

Peter und Max wollen trotzdem ihr Business nicht völlig aufgeben. Schließlich hat es ihnen bisher enormen Spaß gemacht und sie glauben weiterhin an die Zukunft von Immobilien. Aber statt nur zu kaufen, zu sanieren und schnellstmöglich wieder zu verkaufen, erweitern sie sozusagen ihr Portfolio. Da beide auch gelernte Immobilienmakler sind, übernehmen sie nun deren Aufgaben selbst. Früher hatten sie für die Suche nach lukrativen Objekten und den Verkauf an die Endnutzer mit zwei Maklerunternehmen zusammengearbeitet, nun streichen sie diesen Posten auf der Ausgabenliste. Und sie werden vorsichtiger, beschränken sich auf sehr gute Lagen, statt wie noch vor ein paar Jahren nahezu jedes Objekt in Erwägung zu ziehen.

Am allermeisten aber beschäftigen sich die Geschäftspartner mit den Vorschriften fürs Eigenkapital, mit Zinssätzen und damit, welche Bank ihnen wofür ein Darlehen gibt. Eins ist klar: Auch die Kreditgeber schauen genauer hin. Hatten Peter und Max ursprünglich gekauft, rasch vollständig oder auch nur halb saniert und rasch wieder verkauft – Motto: Masse statt Klasse –, werden sie nun zunehmend skeptisch. Lieber kaufen sie weniger Objekte, die aber so begehrt sind, dass es mit dem Darlehen immer noch klappt. Von ihrem Bestand konnten sie glücklicherweise fast alles rechtzeitig vor dem Einbruch der Preise an den Mann beziehungsweise die Frau bringen.

Lediglich bei zwei kleineren Wohnungen hat das nicht funktioniert. Die sind noch nicht saniert und so mussten sie lange warten, bis die entsprechenden Handwerksbetriebe wieder freie Kapazitäten hatten. Lange Zeit waren die fast alle auf Monate hinaus ausgebucht. Und einfach beauftragen, ohne viel zu verhandeln, das funktioniert auch nicht mehr. Die verlangten Summen sind derart gestiegen, dass Peter und Max zum Teil das Material selbst eingekauft haben. Für sie ist das möglich, da sie sich auskennen, für den absoluten Laien ist das eher keine Option. Inzwischen läuft bei einer der Wohnungen die Modernisierung. Bei der anderen überlegen Peter und Max, sie als »Bastlerhit« anzubieten, statt die nicht eben niedrigen Betriebskosten weiterhin tragen zu müssen.

Problem Anschlussfinanzierung

Andere waren nicht so weitsichtig wie Peter und Max oder konnten es gar nicht sein, weil es um ihr Eigenheim geht, in dem sie leben. Viele von ihnen haben nun das Problem, eine Anschlussfinanzierung zu deutlich schlechteren Konditionen abschließen zu müssen als beim Kauf ihrer Immobilie. Typisch für Hauskredite sind Laufzeiten von zehn Jahren mit einem fixen Zinssatz. 2017 oder 2018 zum Beispiel war der supergünstig, doch den meisten Menschen reichen zehn Jahre nicht, um das Darlehen komplett zu tilgen. Da sind vielleicht immer noch 200.000 Euro oder mehr offen, es muss also ein neuer Kreditvertrag her. Manche erwarteten deshalb schon 2022 eine Explosion der Zahl der Zwangsversteigerungen. Klingt logisch: Wenn das Zinsenzahlen zu teuer wird und gleichzeitig auch noch das Brot beim Bäcker sowie der Urlaub immer mehr kosten, kann es leicht passieren, dass das Haus oder die Wohnung unter den Hammer kommt.

Tatsächlich aber sank 2022 die Zahl der zwangsversteigerten Häuser und Wohnungen – nachdem sie das schon zuvor seit 2007 Jahr für Jahr getan hatte. Es waren nur 21.063 Auktionen und damit 2.700 weniger als 2021 und 3.400 weniger als 2020.[60] Im Jahr 2007 hatte die Zahl noch bei 55.226 gelegen.[61] Wie ist das möglich? Wie passt das zu den in die Höhe geschossenen Bauzinsen und den steigenden Lebenshaltungskosten? Ganz einfach: Die Zeit ist noch nicht reif. Viele haben Darlehen vor etlichen Jahren aufgenommen und konnten sich 2022 bei der Anschlussfinanzierung sogar noch verbessern, wenn der erste Kreditabschluss 2012 stattgefunden hatte. Erst im Jahr 2025 dürfte es unumgänglich werden, neue Kredite mit deutlich höheren Zinsen abzuschließen als noch zehn Jahre zuvor. Wie viel mehr richtig wehtut, das ist natürlich vom Einzelfall abhängig. 2 Prozent plus stecken aber die wenigsten mal eben so weg.

Verschuldung der Haushalte

Aufgeschoben heißt also nicht aufgehoben. Eine signifikante Zunahme der Zwangsversteigerungen könnte durchaus noch kommen. Und die sind ja nur die Spitze des Eisbergs. Es wird sehr viel mehr Menschen geben, die ihre Immobilie auf den Markt werfen, bevor sie sich in ihrem Konsum weitgehend einschränken, nicht mehr verreisen können, jeden Euro zweimal umdrehen müssen.

Und was passiert, wenn gleichzeitig eine viel größere Zahl an Wohnungen und Häusern zum Verkauf steht als üblich? Logisch: Die Preise fallen. Das sollte jeder im Blick haben und die Indikatoren dafür beobachten, der eine Immobilie hat und für den ein Verkauf zumindest eine Option darstellt.

Einer dieser Indikatoren ist die Verschuldung der Haushalte. Dazu gibt die Wirtschaftsauskunftei Creditreform jedes Jahr den Schuldneratlas heraus. Schaut man sich diesen für 2022 an, dann mag der eine oder andere überrascht sein: 5,88 Millionen Bürgerinnen und Bürger waren in diesem Jahr in Deutschland überschuldet, sprich: Was sie zu bezahlen hatten, war mehr als das, was sie einnahmen. 5,88 Millionen klingt nach sehr vielen Personen, doch es waren 4,4 Prozent weniger als 2021. Auch das Gesamtschuldvolumen sank – um 6,9 Prozent auf 178 Milliarden Euro.[62] Erklären lässt sich das unter anderem mit der Pandemie. Die hat zu zahlreichen finanziellen Hilfen des Staates geführt und gleichzeitig die Ausgaben gedrosselt, weil Urlaube schwierig bis unmöglich wurden, die Gastronomie lange geschlossen war, Lockdowns sogar das Einkaufen verhinderten.

Was kann ich mir leisten?

Es spielen also viele Faktoren eine Rolle, die darüber entscheiden, ob jemand eine Immobilie verkauft oder eine Immobilie kauft: Wie viel Geld hat er für das tägliche Leben und gelegentliche größere Anschaffungen zur Verfügung? Wie sicher ist sein Job? Wie sieht seine Familienplanung aus? Welche Entwicklung der Inflation erwartet er? Wie teuer ist es gerade, zu renovieren oder zu bauen? Welchen energetischen Standard hat das Haus? Und natürlich ist das Zinsniveau ganz entscheidend, sofern der Kauf teilweise finanziert werden muss oder man für das Eigenheim eine Anschlussfinanzierung braucht. Zusammengefasst hat sich jeder die Frage zu beantworten: »Was kann ich mir leisten?«

Die gestiegenen Bauzinsen haben wir schon betrachtet, doch wie wird es in diesem Punkt weitergehen? Eine Glaskugel dafür hat niemand und ein paar Wochen nach Druck dieses Buches kann die Lage schon anders sein. Primär gilt deshalb: Rechnen Sie nicht fix mit dem einen oder anderen Szenario, sondern überlegen Sie sich genau, ob die aktuellen Kreditkonditionen für Sie tragbar sind – und wenn sie das sind, dann schließen Sie vielleicht lieber einen längerfristigen Kreditvertrag ab. Es ist wie bei Aktien: Könnten wir die Zukunft mit 100- oder auch nur 99-prozentiger Wahrscheinlichkeit vorhersagen, wären wir alle reich. Dass dies nicht möglich ist, macht natürlich auch den Reiz von Investitionen aus. Aber das nur am Rande.

Prognosen und Lagebeurteilungen von Expertinnen und Experten gibt es aller Unsicherheit zum Trotz zuhauf. Beispielsweise konstatiert die Interhyp AG, ein Vermittler für private Baufinanzierungen: Nach einem Zinshoch im März 2023 von teilweise über 4 Prozent für zehnjährige Darlehen war der Zinssatz bis zum April 2023 wieder auf rund 3,75 Prozent gesunken, um anschließend erneut anzusteigen. Zahlreiche einzelne Einflussfaktoren, wie etwa das Bankenbeben rund um die Credit Suisse, führen zu Ausschlägen nach oben oder unten. Anfang September 2023 stellte die Interhyp Zinsen für zehnjährige Baudarlehen von

3,9 Prozent fest. Das Zinsniveau pendele sich in einem Korridor zwischen 3,75 und 4 Prozent ein (siehe Grafik 6).[63] Der Kampf der EZB gegen die Inflation könnte die Baudarlehen weiter verteuern.

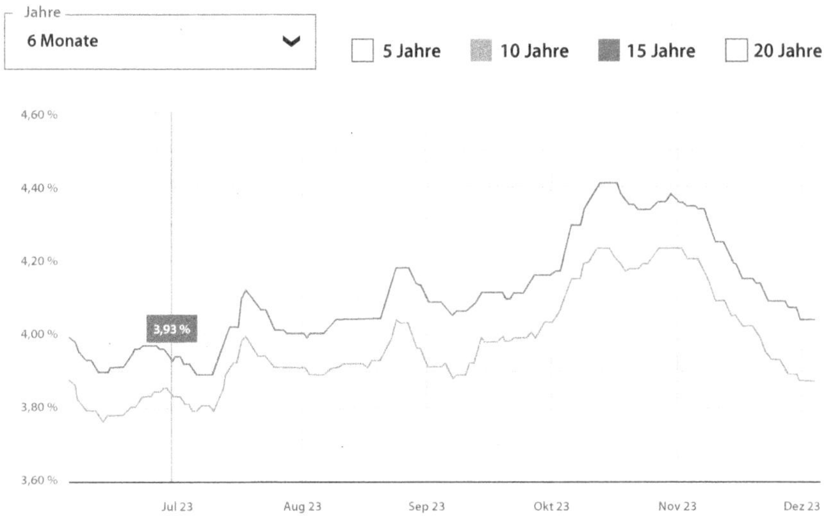

Grafik 8: Entwicklung der Bauzinsen[64]

Eine Kehrtwende bei den Bauzinsen ist demnach eher nicht in Sicht. Es kann Einbrüche geben, die gute Gelegenheiten zum Abschluss sind – ähnlich wie bei Aktien. Klar ist auch: Nicht jeder bekommt überall den gleichen Zinssatz und Unterschiede gibt es ebenso bei den übrigen Konditionen. Als Selbstständiger mit unregelmäßigem Einkommen haben Sie es schwerer als ein unkündbarer Beamter. Überhaupt prüfen die Banken die Bonität, also auch die monatlichen Kosten neben Zinszahlung und Tilgung, weitere Verbindlichkeiten und mit Ihrer Einwilligung Ihre Schufa-Auskunft. Die Qualität und Lage der Immobilie entscheidet ebenso mit darüber, was Sie angeboten bekommen, wie die Höhe Ihres Eigenkapitals und die absolute Höhe des Darlehens.

Je länger der gewünschte Zeitraum der Zinsbindung ist, desto höhere Zinsen werden Sie in Kauf nehmen müssen. Das ist wie so vieles eine Wette mit Risiko und Gewinnchancen. Verhandeln können Sie auch beim Tilgungssatz, also bei dem

Prozentsatz, mit dem Sie alljährlich den Kredit zurückzahlen. Manche Banken erlauben es, diesen Satz ein paarmal im Laufe der Vertragslaufzeit zu ändern – optimal, wenn Sie etwa mit einem höheren Einkommen in ein paar Jahren rechnen, oder auch, wenn es sinken sollte, weil Sie zum Beispiel in Rente gehen. Kalkulieren Sie genau: Glauben Sie, das gesamte Darlehen innerhalb der Zinsbindungszeit tilgen zu können, und wollen Sie das auch? Das nennt sich Volltilger-Darlehen und Sie profitieren dabei von niedrigeren Zinsen.

III.4. Fast 70 und überall Stufen oder: der Traum von der Barrierefreiheit

Die gestiegenen Zinsen treffen alle – wenn auch die einen härter als die anderen. Keinen Unterschied zwischen Arm und Reich gibt es jedoch beim Älterwerden. Und wir alle wissen: Die Zahl der alten Menschen in unserer Gesellschaft steigt. Die Babyboomer kommen ins Rentenalter, die Lebenserwartung ist höher als früher, die Geburtenrate niedrig. Ergo: Wir brauchen mehr und mehr Wohnraum, der dem Rechnung trägt. Und zwar barrierefreie Wohnungen und Häuser! Schließlich kommt noch etwas Weiteres hinzu: Viele wollen heute so lange wie möglich selbstbestimmt in den eigenen oder gemieteten Wänden wohnen bleiben – auch, aber nicht nur, weil Plätze in Alten- und Pflegeheimen rar und teuer sind und überall Pflegepersonal fehlt.

Andreas, gebürtiger Münchner und 62 Jahre alt, wollte die Situation nach der Wende nutzen und kaufte Anfang der 90er-Jahre in Görlitz ein Zweizimmerapartment. Mittlerweile ist der in Berlin tätige Lehrer gedanklich schon halb im Ruhestand. Ja, er ist entschlossen, Abzüge bei der Pension hinzunehmen und sich schon sehr bald von der Schule zu verabschieden. Die Wohnung in Sachsen hatte er einst als intelligente Anlage gesehen. Sie würde ihm monatliche Einnahmen bescheren – und er könnte somit, wenn er erst mehr Zeit hätte, seinem liebsten Hobby frönen: dem Reisen. So der Plan.

Inzwischen hat er daran mehr als nur ein paar Zweifel. Die Wohnung hat in den letzten Jahren oft leer gestanden. Und während in so vielen Städten Deutschlands die Mieten explodiert sind, hat Andreas davon nicht profitiert. Um nach dem Auszug eines Mieters einen neuen zu finden, hat er sogar einmal mit dem Mietzins runtergehen müssen. Mathematik ist eher nicht seins und so hat der Sohn des Deutsch- und Englischlehrers seinem Vater kürzlich vorgerechnet, was für ein Minusgeschäft diese Wohnung im Grunde ist. Schließlich fallen die Betriebskosten inklusive der Verwaltung auch bei Leerstand an und instand gesetzt werden musste ebenfalls schon einiges.

Stufen über Stufen

Hauptproblem der Wohnung aber ist ein anderes: Es gibt dort Stufen über Stufen – und das in einer Stadt, die als Seniorenhochburg gilt. Dritter Stock ohne Lift, eine altertümliche Badewanne und sogar ein Absatz zwischen Wohnzimmer und Küche – alles okay in einer jungen Stadt, aber nicht in Görlitz. Was also tun, fragt sich Andreas. Für ihn, der nur einmal in seinem Leben eine Immobilie gekauft hat, ist das nicht leicht zu beantworten. Er hat zwar nie selbst in seiner Görlitzer Wohnung gewohnt, doch es fühlt sich schon wie eine Niederlage an. »So, als hätte ich eine Aktie gekauft und würde sie bei niedrigeren Kursen wieder abstoßen«, hat Andreas zu seinem Sohn gesagt. Der sieht das nüchterner. Was mehr kostet, als es einbringt, das gehöre abgeschafft.

Okay, es fanden sich immer wieder Mieter, denen es egal war, ob das Apartment barrierefrei ist oder nicht. Der letzte aber blieb gerade mal ein Jahr – bevor er wegen eines besser bezahlten Jobs nach Nordrhein-Westfalen zog. »Super«, sagte Andreas zu sich selbst, und das war kein freudiger Ausruf, sondern pure Ironie. Er befürchtete einen erneuten wochen- oder monatelangen Leerstand und genauso kam es dann auch. So wären die anstehenden Renovierungen niemals möglich. Im Grunde auch egal, denn für den Einbau eines Lifts müssten alle anderen Wohnungseigentümer im Haus mitmachen – und das hat sich längst als aussichtslos erwiesen.

Andreas hat es nun endgültig satt, letzten Endes nur draufzuzahlen. Er inseriert die Wohnung und hofft, dabei zumindest ein wenig von den auch in Sachsen gestiegenen Preisen zu profitieren – obwohl er den Höhepunkt definitiv verpasst hat. Bisher gab es allerdings wenig Resonanz auf die Anzeige. Vielleicht sollte er es mit einem Makler versuchen, auch wenn der natürlich eine Provision bekommt. Möglich, dass eine professionellere Darstellung des Objekts doch ein paar Interessenten anlockt. Eventuell wird der Verkaufserlös ja reichen, in einer begehrteren Region ein Einzimmerapartment zu kaufen. 1 oder 2 Prozent Rendite wären Andreas genug. Hauptsache, keine Probleme mehr mit der Suche nach Mietern!

Und es klappt: Der beauftragte Makler findet einen Käufer, den der Zustand der Wohnung nicht schreckt. Letzten Endes profitiert der Lehrer davon, dass auch in Sachsen die Preise in den letzten Jahren geklettert sind. Nun überlegt er, was er mit dem Geld – Steuern muss er nicht zahlen, die Wohnung war ja schon Jahrzehnte in seinem Eigentum – anfangen könnte. Mit Investments auf dem Aktienmarkt hat Andreas es nicht so, auf der Bank will er die Summe aber auch nicht lassen. Also beauftragt er einen anderen Makler mit der

Suche nach einem Einzimmerapartment in Tübingen. Andreas stellt sich ein schon modernisiertes Gebäude oder einen Neubau vor – bei den vielen Studenten gibt es sicher eine große Nachfrage. – Und Andreas selbst: Der schaut sich schon mal nach einer bezahlbaren barrierefreien Mietwohnung in München um.

Seniorengerecht, altengerecht oder barrierefrei?

Was genau ist das eigentlich, barrierefreies Wohnen? Häufig werden Wohnungen auch als »seniorengerecht«, »altengerecht« oder »barrierearm« angepriesen. Darunter versteht allerdings jeder etwas anderes und die Begriffe sind weder geschützt noch genau definiert. Anders sieht das bei den Bezeichnungen »barrierefrei« und »rollstuhlgerecht« aus. Wird eine Wohnung als barrierefrei beschrieben, hat sie bestimmte Kriterien zu erfüllen. Interessant ist, dass man damit noch keine rollstuhlgerechte Wohnung hat. Die nämlich muss weitere Anforderungen erfüllen. Für beide Typen von Wohnungen gibt es DIN-Normen.

Die Liste der Kriterien für barrierefreies Wohnen ist lang. Sie reicht von mit wenig Kraftaufwand zu bedienenden Fenstern über rutschhemmende Bodenbeläge bis zu schwellenlosen Gehwegen. Für Sie als Eigentümer oder Käufer einer Immobilie wichtig: Je mehr Punkte auf der Liste Sie abhaken können, desto wertvoller ist die Wohnung. Denken Sie an den demografischen Wandel, an die Überalterung unserer Gesellschaft! Manche Dinge lassen sich mit relativ geringen Investitionen nachrüsten, anderes wäre so teuer, dass es sich kaum rentiert. Und da sprechen wir keineswegs nur von einem fehlenden Aufzug in einem mehrstöckigen Gebäude.

Das ist der Status quo. Wie weit sich die Bestimmungen in Zukunft verschärfen werden, weiß niemand. Die Wahrscheinlichkeit, dass sich etwas tut in dieser Richtung, ist zumindest hoch. Es ist daher lohnend, sich darauf vorzubereiten. Schärfen Sie Ihren Blick für das, was barrierefrei bedeutet. Berücksichtigen Sie Ihre Erkenntnisse beim Kauf, beim Mieten und bei einer Sanierung oder Modernisierung. Beispiel Bad: Vor den Armaturen sollte sich ein freier Raum von mindestens 120 mal 120 Zentimeter befinden. Mini-Bäder sind daher etwas für Studierende, aber nicht für ältere Menschen. Barrierefreie Modelle von WC, Dusche und Badewanne gibt es auf dem Markt. Nachrüsten könnten Sie hier mit Griffen an der Wanne und am WC sowie Hebevorrichtungen. Möglich ist es auch, eine nicht barrierefreie Wanne durch eine bodengleiche Dusche zu ersetzen. Beim Waschbecken empfiehlt sich eine Lösung, die das Unterfahren mit einem Rollstuhl sowie das Waschen im Sitzen erlaubt. Zu den nützlichen Details gehören große Spiegel mit Kippfunktion und Armaturen mit Bewegungssensor, wie es sie in öffentlichen Räumlichkeiten bereits häufig gibt.

In der Küche braucht man vor den Arbeitsflächen ebenfalls einen Raum von mindestens 120 mal 120 Zentimeter. Soll es rollstuhlgerecht sein, muss die Fläche sogar 150 mal 150 Zentimeter betragen. Alle unterfahrbaren Bereiche sollten eine Höhe von 65 bis 70 Zentimeter und eine Tiefe von mindestens 50 Zentimeter haben. Alternativ lassen sich ausziehbare Elemente integrieren. Eine durchdachte Anordnung von Herd, Spüle und Arbeitsflächen spart Kraft bei der Benutzung, eine ausziehbare Spülbrause macht das Abwaschen leichter. In der Küche und im Bad sollten Einhebel-Mischbatterien verwendet werden, die auf eine maximale Temperatur eingestellt sind, denn diese minimieren die Gefahr von Verbrühungen. Vor Verbrennungen schützt auch ein Induktionsherd.

Schranktüren, die sich zur Seite öffnen, sind eine häufige Ursache von Unfällen, weil die offen stehende Tür schlicht übersehen wird.

Besser für ältere Menschen sind Karussellauszüge und Schubläden. Die Dunstabzugshaube sollte per Fernsteuerung zu bedienen sein, glatte Arbeitsflächen erleichtern das Bewegen von schweren Töpfen. Rollcontainer lassen sich ohne viel Kraftaufwand von hier nach dort bewegen. Alle Griffe und Knöpfe sollten griffsicher sein, die Bodenbeläge rutschfest. Ganz wichtig sind eine gute Beleuchtung und das Vermeiden von Blendeffekten sowie gut erreichbare Lichtschalter und Steckdosen. Starke Farbkontraste sind überall in der Wohnung hilfreich.

Einer der Knackpunkte in Sachen Barrierefreiheit sind die Türen. Sie müssen mindestens 80 Zentimeter breit sein, damit auch Menschen mit Rollatoren keine Probleme haben, und mindestens 205 Zentimeter hoch. Soll es rollstuhlgerecht sein, wächst die Mindestbreite auf 90 Zentimeter – plus 50 Zentimeter Anfahrbereich. Dazu kommen weitere Merkmale wie ein farblicher Kontrast zur Umgebung oder eine bestimmte Höhe der Griffe und Türklinken. Die Bodenschwelle ist sehr niedrig oder gar nicht vorhanden. Logisch, dass all das leichter wird, wenn es schon beim Bau oder einer umfassenden Sanierung berücksichtigt wird.

Aber auch im Nachhinein kann einiges verbessert werden. So lässt sich die Türschwelle absägen, abmontieren oder mit einer Rampe »entschärfen«. Entsteht ein Freiraum unter dem Türblatt, kann dieses vom Fachbetrieb verlängert werden oder man klebt eine Bürstenbodendichtung an. Eine Türklinke in U-Form ist sinnvoller als ein runder Türknauf, bei Schiebetüren braucht es senkrechte Griffe. Zu achten ist zudem auf eine Höhe von 85 Zentimetern, die eine leichte Erreichbarkeit garantiert. Und auch in den Türbereichen ist gutes Licht unverzichtbar – möglichst gekoppelt an einen Bewegungsmelder.

Schlaf- und Wohnzimmer sind in der Regel weniger aufwendig komplett oder annähernd barrierefrei zu gestalten. Teppiche dürfen keine Stolperfallen sein, Betten, Sessel und die Couch nicht zu niedrig. Zu viele Möbel behindern, eine sparsame Möblierung schenkt Bewegungsfreiheit. Außerdem lässt sich heute mit moderner Technik eine Menge machen – von der Fernbedienung für Rollläden über die sich elektrisch öffnende Tür bis zum Smarthome, das mit zahlreichen Sensoren und automatischen Steuerungen ausgestattet ist.

Wenn nicht komplett barrierefrei gebaut wurde, verdienen vier Punkte besondere Aufmerksamkeit: die Küche, das Bad, die Technik inklusive der Beleuchtung und die Mobilität. So viel wie möglich sollte so kraftsparend zu bedienen und sicher wie möglich gestaltet werden. Dabei zählen natürlich, wenn es sich um eine Wohnung handelt, auch die Haustür und der Weg von dort zur Wohnungstür. Ebenso wie die Strecke von der Straße oder dem Parkplatz bis zum Haus dürfen keine Stufen oder starken Unebenheiten vorhanden sein – und natürlich ist eine altersgerechte Wohnung per Fahrstuhl erreichbar. All das versetzt Silver Ager in die Lage, länger selbstbestimmt zu leben, als das in überhaupt nicht angepassten Immobilien möglich ist.

Nachhaltig und generationsgerecht

Barrierefreies Bauen ist, genau betrachtet, auch nachhaltiges Bauen, das sich eben nicht in hoher Energieeffizienz erschöpft. Schließlich werden wertvolle Ressourcen verschwendet, wenn ein Haus nicht mehr bewohnt oder gar abgerissen wird, weil es die Bedürfnisse potenzieller Nutzer nicht erfüllt. In barrierefreien Wohnungen kann jeder leben, sie sind enorm flexibel. Sie reduzieren etwa durch Handläufe und gute Beleuchtung die Zahl der häuslichen Unfälle auch für diejenigen, die noch locker Treppen steigen und Schwellen überwinden können. Nicht zuletzt ist aus all diesen Gründen barrierefreies Bauen auch generationengerechtes Bauen.

III.5. Ökologischer Lifestyle auch beim Wohnen

Eine gute Dämmung, eine sparsame Heizung mit erneuerbaren Energieträgern und keine Stufen: Das werden die Minimalanforderungen für zukunftsfähige Wohnungen sein. Wer jedoch noch intelligenter investieren will, der denkt weiter: Zum ökologischen, nachhaltigen Lifestyle dürfte ebenso die Solaranlage auf dem Dach gehören, die einen Großteil des Strombedarfs im Haus deckt. Oder die E-Tankstelle in der Garage, die einen unabhängig macht von der öffentlichen Infrastruktur für Elektrofahrzeuge. Auch die Umgebung spielt eine Rolle: Wie weit entfernt hält der Bus, die U- oder S-Bahn und wie schnell komme ich damit in die Stadt? Gibt es einen Supermarkt um die Ecke? Macht es Spaß, von der Wohnung aus per Rad zum Kino zu fahren?

Intelligent umgehen mit einer Million

All das sind die Dinge, die heute zählen – vor allem wenn Sie eine Immobilie kaufen wollen und vielleicht sogar relativ viel Geld zur Verfügung haben. So wie Robert. Der erst 35-jährige Informatiker aus München hatte mit dem Investieren von Geld bisher nichts am Hut. Er verdient gut und kann sich ein angenehmes Leben finanzieren. Bislang war es ihm zu anstrengend, sich mit Dingen wie Rendite, Kapitalertragssteuer und gar dem Aktienmarkt zu beschäftigen. Okay, er hätte Fonds kaufen können. ETFs sind ja in aller Munde. Damit kann man auf den gesamten DAX setzen, ohne sich mit den einzelnen Unternehmen beschäftigen zu müssen. Doch Robert hat erlebt, wie die Ersparnisse seines Vaters während der letzten Finanzmarktkrise sich plötzlich halbierten. Klar, man hätte nach dem Einbruch nicht verkaufen müssen, doch wer konnte wissen, wann es wieder nach oben gehen würde? Nein, die Nerven für so etwas hat Robert nicht.

Nun befindet er sich jedoch in einer völlig neuen Situation. Vor Kurzem ist seine Großmutter gestorben und hat ihm fast eine Million Euro vererbt. »Wow«, ruft der Münchner zuerst aus. Doch schnell verfliegt seine Begeisterung, als er merkt, dass ihn diese Summe total überfordert. Die Aktienmärkte sind für ihn keine Option. In Start-ups investieren, die dann bankrott gehen? Nein, genauso wenig. Aber das Geld einfach auf der Bank lassen? Bei der Geldentwertung aktuell auch keine so grandiose Idee! Kunst oder Oldtimer? Alles viel zu komplex.

Eine Immobilie, das wär's vielleicht. Wenn er sich richtig erinnert, ist die Oma auch mit ihrem Häuschen reich geworden. Als sie vor einigen Jahren in eine Seniorenanlage umgezogen ist, hat sie es verkauft – und dann wohl das Geld aufs Sparbuch gelegt. Nun, die Zeiten dafür sind vorüber. Warum also nicht eine Wohnung? Robert freundet sich mit dieser Idee an, die ersten Treffen mit Maklern verlaufen allerdings ernüchternd. München ist ein teures Pflaster. Ein sehr teures Pflaster. Megateuer. Wer weiß, ob sich das rechnet oder er am Ende genauso auf die Nase fällt wie sein Vater mit den Aktien?

Sein Druck aber, etwas zu tun, ist sogar noch größer geworden. Noch einmal Verwahrentgelt zahlen, das möchte er wirklich nicht.

Mit Schrecken erinnert er sich an das freundliche Schreiben seiner Bank, sie müsse nun leider Geld dafür nehmen, dass Robert sein Vermögen bei ihr geparkt hat. Bei einer Million Euro und einem Satz von 0,5 Prozent kam da im Jahr einiges zusammen. Robert ist überzeugt, dass die Banker damit ihren Schnitt auf seine Kosten gemacht haben. Inzwischen gibt es das zwar nicht mehr, aber die Inflation ist immer noch da – und die Preise für Immobilien sind gesunken. Eine gute Gelegenheit also? Seine Oma hätte sicher auch gewollt, dass er anders handelt als sie, dass er etwas tut!

Metaverse: Arbeitsort der Zukunft?

Aber was soll es genau werden? Sich ein Haus im Umland von München zu kaufen, um selbst einzuziehen, dazu kann sich Robert nicht entschließen. Informatiker werden händeringend gesucht und wer weiß, wo ihn seine nächste Stelle hintreibt. Bleibt die Option, ein Objekt zum Vermieten zu erwerben. Besser eine Wohnung für private Mieter oder sich an einer Gewerbeimmobilie beteiligen? Robert fragt ein paar Experten, welche Risiken und Chancen es dabei gibt. Der Trend geht zum Homeoffice und vielleicht folgt in den kommenden Jahren wieder eine Pandemie: Ob eine Gewerbeimmobilie da das Richtige ist? Und wer kann ihm wirklich sagen, welche Lagen sich rechnen?

Ein wichtiges Stichwort hierzu ist »Metaverse«, das gerade einen Hype erlebt. In ein paar Jahren soll sich ein Großteil des Alltags, auch des beruflichen, darin abspielen – so lauten viele Prognosen. Mit einer Datenbrille und haptischen Handschuhen begeben wir uns in den digitalen Raum, der bald so universell zugänglich sein soll wie heute das Internet. Was den Job betrifft, entert unser Mitarbeiter-Avatar das Metaverse, plauscht dort mit Kollegen, Projekte werden von zu Hause erledigt – und das in einer anderen Qualität als heute im Homeoffice, denn es sind permanent alle mit allen verbunden. »Wer aber geht dann noch in ein Büro?«, fragt sich Robert. Okay, Friseursalons wird es weiterhin geben. Fußpfleger und Kosmetikerinnen auch. Aber sonst?

Immobilie für den Öko-Lifestyle

Also eher keine Gewerbeimmobilie. Auf der anderen Seite weiß ebenso niemand, was sich der Gesetzgeber ausdenken wird, um den Anstieg der Mieten zu stoppen. Zwar braucht Robert kein Darlehen, denn Eigenkapital hat er genug. Wo die Bauzinsen gerade stehen, kann ihm also egal sein. Trotzdem: Das Vermieten sollte schon eine Rendite bringen, die jedenfalls einen Teil der Inflation kompensiert. Am besten wäre es natürlich, wenn es auch ein Potenzial für eine Wertsteigerung gibt. So recherchiert Robert selbst und kommt auf die Metropolregion Nürnberg. Die Stadt wächst, die Immobilienpreise sind halbwegs moderat geblieben. Eine gute Idee! Altbau mit Gaskessel im Keller kommt jedoch keineswegs infrage. Roberts Oma hätte der wahrscheinlich gefallen, für ihn als Investor zählen andere Kriterien.

Robert fährt nach Nürnberg und schaut sich dort genau um. Einfach wie vor fünf Jahren irgendeine Immobilie kaufen, weil ja ohnehin fast alle teurer und teurer werden: Das ist nicht mehr drin. Heute geht es wie bei Aktien um Stock Picking, um ganz gezieltes Investieren in zukunftsträchtige vier Wände. Und weil Robert ein sehr strukturiert denkender Mensch ist, macht er sich erst einmal eine Liste. Seine Wunschwohnung muss in jedem Fall einen guten Energiestandard haben, mit mindestens 65 Prozent erneuerbaren Energien geheizt werden, barrierefrei sein, eine moderne Ausstattung aufweisen und in einem Stadtteil mit Zuzug liegen. Das sind die Basics, von denen der Informatiker und Erbe keinesfalls abrücken will.

Begnügen will er sich mit diesen Dingen aber nicht. Beruflich ist Robert an vorderster Front der Digitalisierung engagiert, als Immobilienkäufer möchte er auch heute schon das haben, was morgen Standard sein wird. So durchforstet er den Wohnungsmarkt in Nürnberg auf Angebote, die einen nachhaltigen, ökologisch korrekten Lifestyle ermöglichen. Klar, er weiß, dass er dafür tiefer in die Tasche greifen muss als für eine allenfalls heizungstechnisch sanierte Wohnung. Eine Photovoltaikanlage auf dem Dach, eine Wallbox zum Aufladen von Elektroautos und eine Bushaltestelle vor der Haustür stellt Robert sich vor. Und Smart Meter, mit denen sich der Energieverbrauch genau überwachen lässt. Er achtet sogar auf die Ausrichtung der Fenster und darauf, ob Bäume davor für Schatten sorgen. Schließlich werden die Sommer heißer und heißer. Da heißt es ebenso Energie fürs Kühlen wie fürs Heizen zu sparen.

Einfach wird es nicht sein, eine entsprechende Immobilie zu finden, das weiß Robert. Und tatsächlich erweist es sich nicht nur als schwierig, sondern als unmöglich. So macht der Möchtegernanleger aus seiner Liste kurzerhand zwei. Auf der ersten stehen die Basics und die Kriterien, bei denen er nicht nachträglich etwas verbessern kann – also zum Beispiel die gute Anbindung an Busse und Bahnen. Oder die Bäume im Garten. Auf der anderen notiert er alles, was sich mit eigenem Einsatz nachrüsten lässt. Die Wallbox beim mitgekauften Tiefgaragenstellplatz etwa oder auch Wärmeschutzfenster an der Nordseite.

Mit diesen bescheideneren Ansprüchen findet Robert zwei nebeneinanderliegende Wohnungen. Von der geerbten Million bleibt dabei genug übrig, um noch das eine oder andere zu verbessern. Okay, so richtig diversifiziert ist sein Immobilien-Portfolio damit nicht. Dafür hätte er vielleicht noch eine Wohnung in einer anderen Stadt suchen müssen. Seine Verhandlungsposition war aber perfekt, weil er gleich im Doppelpack vom selben Verkäufer gekauft hat. Das, was er sich so ersparen konnte, ist schon mal ein großer Startvorteil in seiner Karriere als erfolgreicher Vermieter. Und die Inflation macht Robert plötzlich noch weniger Sorgen als zuvor.

Ökologisch korrekt möblieren

Beim Nachrüsten seiner beiden Domizile hat Robert auch an eine »ökologische Möblierung« gedacht. Zumindest eine der Wohnungen möchte er nämlich voll ausgestattet vermieten. Dabei denkt er an Studierende als Zielgruppe – vielleicht ein Pärchen – oder auch junge Leute, die öfter einmal umziehen und sich nicht mit eigenen Möbeln belasten möchten. Oder Fachkräfte aus dem Ausland, die von immer mehr Unternehmen angeworben werden und die sich nicht unbedingt im Möbelhaus nach Bett, Schrank und Tisch umsehen wollen. Die Zeiten, in denen Menschen ihr ganzes Leben mit ererbten Stücken verbringen, sind ja wohl vorbei, ist Robert überzeugt.

Auf der anderen Seite bedeutet nachhaltig eben auch langlebig. Robert sucht deshalb unter anderem nach Massivholzmöbeln mit einem Zertifikat, das die Herkunft aus nachhaltiger Forstwirtschaft garantiert. Keinesfalls möchte er zur Abholzung von Regenwäldern beitragen. Auch hohe soziale Standards bei den holzverarbeitenden Betrieben sind ihm wichtig. Okay, das kostet mehr Geld als ein Billigregal aus Kunststoff, aber dafür überdauert es eben auch eine viel längere Zeit – zumal, wenn eine Reparatur leicht möglich ist. Bei einigen Möbelstücken hat sich Robert sogar für die Anfertigung durch einen Schreiner vor Ort entschieden. Er ist sich sicher, dass er damit bei vielen potenziellen Mietern punkten kann – und eine hochwertige Einrichtung auch eine höhere Miete rechtfertigt.

III.6. Gretchenfrage: neu oder alt?

Nicht ganz unabhängig von der Energieeffizienz, der Barrierefreiheit et cetera stellen sich viele Menschen die Frage: Sollen sie lieber eine alte Immobilie oder lieber eine neue kaufen – oder gleich selbst bauen? Eine pauschale Antwort darauf kann niemand geben. Vielleicht haben Sie sich auch schon einmal spontan in ein betagtes Häuschen oder eine stilvolle Altbauwohnung verliebt. Das ist ein Argument, sollte jedoch nicht das einzige sein. Vergessen Sie nie, wie viel Geld in die eigenen vier Wände fließt, und berücksichtigen Sie unbedingt Ihre Grenzen, was weitere Investitionen angeht. Anders ausgedrückt: Vermeiden Sie ein Fass ohne Boden. Das heißt nicht, dass eine Bestandsimmobilie, dass das tolle Haus im eingewachsenen Garten oder die Wohnung mit den wunderbaren Stuckaturen von vorneherein ausscheidet. Es heißt jedoch sehr wohl, dass Sie sich die Sache genau überlegen sollten.

Was also sind die Pluspunkte einer alten Immobilie? Zunächst gehört dazu der Preis, der in aller Regel unter dem eines Neubaus liegt, manchmal sogar weit darunter. Sie haben damit die Möglichkeit, etwas in einer fantastischen Lage zu erwerben, in der Sie ein moderneres Gebäude vielleicht nicht bezahlen könnten oder wollten. Ein weiterer Punkt: Häufig bestechen alte Wohnungen und Häuser mit einem Charme und einzigartigem Charakter, den Sie bei Neubauten vergeblich suchen. Zum einen wurde früher sehr individuell und kostenintensiv gebaut, was heutige Bauordnungen teilweise gar nicht mehr erlauben beziehungsweise was Bauherren mittlerweile zu teuer und aufwendig ist. Verschnörkelte Fassaden, Flügeltüren und Erker oder mit Stuck verzierte Decken zum Beispiel. Zum anderen ist da die lange Geschichte. Altbauten erzählen oft Geschichten, die zwar nicht niedergeschrieben sind, die man aber schon beim ersten Betreten spürt – oder auch hört in Form knarrender Dielenböden.

Altbauwohnungen haben zudem oft hohe Decken und große Fenster. Sie sind daher lichtdurchflutet und besitzen nicht selten eine fast herrschaftliche Anmutung. Damit sind wir allerdings auch schon bei den Nachteilen, denn hohe Räume lassen sich nur schwer heizen und treiben auf jeden Fall das Heizkostenbudget in die Höhe. Den gleichen Effekt haben riesige Fensterflächen – zumal solche, die nach Norden oder Osten orientiert sind. In Zeiten hoher Energiekosten sind das Argumente, die auch die schönste Optik vergessen machen können.

Ebenso relevant ist das Problem, bei einem Altbau die tatsächlichen Kosten abzuschätzen. Manche Verkäufer gaukeln Ihnen eine perfekt renovierte Immobilie vor, bei der Sie erst lange nach dem Kauf feststellen, was alles gar nicht so perfekt ist. Das kann eine bewusste Täuschung des vorherigen Eigentümers sein, der natürlich den Kaufpreis maximieren wollte, oder auch dessen Unwissen geschuldet sein. Es empfiehlt sich deshalb, das Gebäude gründlich von einem Fachmann untersuchen zu lassen, was logischerweise Zusatzkosten verursacht, aber die Kalkulation präziser macht.

Beispiele gefällig? Juristen unterscheiden bei Immobilien offene, versteckte und arglistig verschwiegene Mängel. Klar: Wenn ein Riss im Putz deutlich zu erkennen ist, dann fällt das unter »gekauft wie gesehen«. Auf so etwas muss Sie der Verkäufer oder der Makler nicht eigens hinweisen. Sind Sie so enthusiasmiert von Ihrem Traumhaus und deshalb auf beiden Augen »blind«, nehmen Sie einen Freund oder eine Bekannte mit zur Besichtigung, denn für einen offenen Mangel haftet niemand. Anders ist die Lage, wenn Sie nach Jahren Altlasten auf dem Grundstück entdecken, weil Sie vielleicht ein neues Beet anlegen wollen.

Bei solchen versteckten Mängeln wird es kompliziert. Es sind Mängel, die Ihnen bis zur Unterzeichnung des Kaufvertrags nicht auffallen konnten, von denen aber der Verkäufer weiß oder bei denen davon auszugehen ist, dass er sie vermutete. Noch schwieriger wird das Ganze, weil das deutsche Kaufvertragsrecht den Begriff »versteckter Mangel« gar nicht kennt. Dort kommen lediglich die Begriffe »Mangel« oder »Sachmangel« vor. Insofern muss zusätzlich das Bürgerliche Gesetzbuch (BGB) herangezogen werden und das definiert Mangel so: Er liege vor, wenn »die Kaufsache nicht die Beschaffenheit aufweist, die sie nach dem Willen der Parteien haben soll«.[65] Ein Mangel ist nach dem BGB also etwas, das abweicht von der Beschaffenheit, die zwischen Käufer und Verkäufer vereinbart worden ist. Leider ist nur nicht immer so klar, was als Vereinbarung gilt.

Bei den versteckten, den nicht sofort erkennbaren Mängeln wiederum können wir zwischen denen unterscheiden, die der Hauseigentümer selbst nicht kennt, und denen, die er unter den Teppich kehrt. Letztere sind arglistig verschwiegene Mängel, bei denen der Verkäufer seine Pflicht zur Aufklärung verletzt. Gelingt es Ihnen, Ihrem Vertragspartner ein solches Verschweigen nachzuweisen, können Sie auf Schadenersatz klagen, ja in vielen Fällen sogar auf einer Rückabwicklung des Kaufvertrags bestehen. – Ist doch super? Nun ja, das Problem liegt beim Nachweis. In der Praxis stellt es sich oft als schwierig heraus, den Verkäufer einer Täuschung zu überführen.

Genau hinschauen beim Altbau

Am besten ist es natürlich, Sie müssen nicht nachträglich einen Mangel an Ihrer neu erworbenen Immobilie feststellen. Um solche unliebsamen Entdeckungen zu vermeiden, sollten Sie mehr als nur genau hinschauen. Wie schon an anderer Stelle erwähnt, sollten Sie bei einem betagten Haus einen Sachverständigen hinzuziehen. Der wird vor allem auf folgende Dinge achten: Schimmelbefall, Wasserschaden, Feuchtigkeit im Keller, Altlasten wie ein alter Öltank im Garten oder vergrabener Sondermüll, Holzwürmer im Dachstuhl, Hausschwamm, anderes Ungeziefer, Asbest in der Dämmung, mit Farbe überdeckte Risse im Verputz.

Abgrenzung von Altbau und Neubau

Sind Ihnen die Risiken beim Altbau zu hoch, ist dessen Zauber ohnehin nicht Ihr Ding oder sind die infrage kommenden Objekte eher gesichtslose Standardbauten aus den 60er- oder 70er-Jahren? Dann werden Sie sich vermutlich für einen Neubau entscheiden. An dieser Stelle ein kurzer Exkurs, was mit diesen Begriffen eigentlich gemeint ist beziehungsweise welche Gebäude man als Altbauten bezeichnet. Die Anhänger absolut exakter Definitionen haben hierbei leider kein Glück, denn: Eine solche existiert nicht. Manche nehmen 1949 als Zäsur, aber dann wären Häuser von 1950 oder 1960 Neubauten, was wohl kaum eine sinnvolle Einordnung ist.

Der Bezug auf das Jahr 1949 ist darin begründet, dass sich vier Jahre nach dem Zweiten Weltkrieg vieles änderte. Der Westen Deutschlands erlebte ein Wirtschaftswunder. Es wurden enorm viele neue Gebäude errichtet, was angesichts der Zerstörungen ja auch dringend nötig war. Dazu kamen Innovationen bei den Baumaterialien wie Beton oder Verbundglas. Diese halfen dabei, rascher zu bauen und die Kosten zu senken. Innerhalb von sehr kurzer Zeit wandelte sich das Bild zahlreicher Städte stark – wobei wir allerdings nicht wirklich die ab 1949 überall aus dem Boden sprießenden Bauten meinen, wenn wir vom Altbau schwärmen. Energieeffiziente Neubauten sind es jedoch auch nicht.

Neubau: kaufen oder gleich selbst bauen?

Beschränken wir uns, wenn wir vom Neubau reden, auf Gebäude, die modernen Standards genügen. Wählen Sie ein solches, können Sie zum einen in der Regel sofort einziehen oder vermieten. Meist sind lediglich ein paar Anpassungen an Ihren Geschmack angesagt, müssen vielleicht die Wände neu gestrichen oder neues Parkett verlegt werden. Möglicherweise gibt es auch das eine oder andere Fenster, das Sie austauschen möchten, oder die Einbauküche sagt Ihnen nicht zu. Das sind im Vergleich zu einer Komplettrenovierung Peanuts – und das wiederum ist ein riesiger Vorteil gerade in Zeiten hoher Kosten für Handwerker.

Bleibt die Option eines »brandneuen Neubaus«. Was ich damit meine? Ein Ja dazu, selbst zum Bauherren zu werden. Okay, Sie kennen vermutlich den Spruch, man solle in seinem Leben einen Baum pflanzen, ein Buch schreiben (manchmal wird auch vom Zeugen eines Kindes geredet) und eben ein Haus bauen. Ich persönlich kenne allerdings viele, die manches davon ausgelassen haben und dennoch oder deshalb sehr zufrieden sind. Was ich damit sagen will: Der Hausbau ist nicht jedermanns Sache und auch nicht die jeder Frau. Überlegen Sie es sich also gut.

Zuallererst müssen Sie ein passendes Grundstück finden. Mögen Sie schattenspendende Bäume, haben Sie schon einmal ein Problem bei neu ausgewiesenen Baugebieten, in denen es außer Wiesen über Wiesen in der Regel nichts gibt. Sie werden Ihren Garten selbst anlegen oder anlegen lassen müssen. Was das kostet, wird manchmal vergessen oder zumindest unterschätzt. Achten Sie auch darauf, ob das Grundstück schon erschlossen ist, ob die Strom-, Gas- oder Fernwärme- und Wasserleitungen sowie der Kanal bis an die Grundstücksgrenze reichen. Ist das nicht der Fall, kann es unter Umständen richtig teuer werden. Wichtig ist auch die Topografie: In den Hang zu bauen, erfordert höhere Investitionen, als ein Haus auf ebenem Gelände zu errichten.

Zweiter Punkt: Soll es ein Fertig- oder ein Massivhaus sein? Fertighäuser sind meist billiger, verlieren aber auch schneller an Wert. Je nach Anbieter haben Sie zudem mehr oder weniger Möglichkeiten, zum Gestalter zu werden, sich bei der Realisierung Ihres Haustraums selbst zu verwirklichen. Verzichtbar ist eventuell das Hinzuziehen eines Architekten, sofern es sich um ein Haus »von der Stange« handelt. Ähnlich wie bei der Alternative Maßanzug versus Anzug von der Stange sind auch beim Haus die Kosten in der Regel niedriger, wenn Sie sich eine bereits durchgeplante und vielfach realisierte Lösung aussuchen. Sie können ins Musterhaus hineingehen und sehen ziemlich exakt das, was Sie kaufen. Hat das Grundstück eine ungewöhnliche Form und ist es geneigt oder liegt ein kompliziertes Baurecht vor, empfiehlt sich jedoch ein Architekt.

Apropos Kosten: Während Sie mit einem Altbau häufig die sprichwörtliche Katze im Sack kaufen und manchmal eine böse Überraschung erleben, wenn Mängel auftauchen, deren Beseitigung so richtig ins Geld geht, sollte die Kalkulation bei einem echten Neubau einfach sein, oder? Ja und nein. Ihr Bauunternehmen legt Ihnen vermutlich einen Vertrag mit einem Fixpreis vor. So weit, so gut. Doch lesen Sie – wie bei allen Verträgen – jeden Satz genau. Sie werden eventuell eine sogenannte Preisgleitklausel entdecken. Mit der sichern sich Baufirmen gegen einen Preisanstieg bei Baumaterialien ab oder auch gegen Probleme, die erst beim Bauen auftauchen. Die Klausel wird wirksam, wenn die ebenfalls im Vertrag festgeschriebene Zeitdauer überschritten wird, für die der Fixpreis gilt.

Von Kunden habe ich dazu eine Geschichte gehört, die deren Freunden passiert war: Ulrike und Hans hatten einen Vertrag für den Bau ihres Hauses zum Fixpreis abgeschlossen. Die Summe sollte allerdings nur garantiert sein, wenn die Firma innerhalb von sechs Monaten nach Vertragsunterzeichnung mit dem Bau würde beginnen können. Die Familie dachte, das müsste doch klappen. Tatsächlich aber ließ sich der Generalunternehmer für die verschiedenen Gewerke viel zu viel Zeit und auch der Architekt brauchte ewig – ebenso wie die Behörde, die für die Baugenehmigung zuständig war. Letzten Endes waren bereits über acht Monate ins Land gegangen, bevor das Bauunternehmen starten konnte – und das erhöhte prompt während der Bauzeit dreimal den Gesamtpreis.

Zwar sind Preisanpassungen nach oben trotz Preisgleitklausel nicht in beliebiger Höhe möglich. Sie müssen gut begründet werden und auch für den Bauherren nachvollziehbar sein. Trotzdem: Wollen Sie Streit vermeiden, dann achten Sie auf die Details eines Vertrags mit Fixpreis. Vor allem sollte das Zeitintervall, in dem das Bauunternehmen an diesen gebunden ist, lang genug sein. Lassen Sie sich dazu beraten und wählen Sie im Zweifel lieber einen Anbieter, der Ihnen Preisstabilität für einen längeren Zeitraum zusagt. Vor allem bei hoher Inflation ist das ein entscheidender Faktor.

Wenn Sie einen Kredit für Ihre Immobilie brauchen, werden Sie in vielen Fällen mit einem Neubau weniger Probleme haben beziehungsweise auf offenere Ohren beim potenziellen Kreditgeber stoßen. Wie viel Eigenkapital aufgebracht werden muss und wie die Zinsen fürs Darlehen ausfallen, hängt unter anderem von der Energieeffizienz des Gebäudes ab. Je höher die ist, desto weniger Geld müssen Sie einsetzen und desto niedriger wird der Zinssatz. Zudem lässt sich bei einem Neubau der Wert leichter abschätzen, während beim Altbau etwa die Möglichkeit versteckter Mängel zu Zurückhaltung führen kann.

All diese Vorteile sollten Sie aber nicht vergessen lassen: Bauen ist sehr teuer geworden! Die enorm gestiegenen Kosten für Materialien und Gewerke lassen durchaus den einen oder anderen daran zweifeln, ob sein neues Haus am Ende wirklich das wert sein wird, was er investiert hat. Wer weiß, ob es nicht in einiger Zeit zu einem Rückgang der Baustoffkosten kommt – und dann ein kurz zuvor gebautes Haus im Vergleich viel zu teuer erscheint. Das allerdings ist eine unbegründete Angst. Das Niveau dürfte hoch bleiben und angesichts von Klimaschutzmaßnahmen – Stichwort CO_2-Bepreisung – eher weitersteigen.

Interessant hierzu sind die Prognosen von Kiel Economics Research & Forecasting im Auftrag des Bundesinstituts für Bau-, Stadt- und Raumforschung. Danach sind die Baupreise im Jahr 2023 um satte 11 Prozent im Vergleich zum Vorjahr gestiegen. 2024 soll es zu einem leichten Absinken um 2 Prozent kommen, 2025 um weitere 4,2 Prozent sowie 2026 und 2027 zu einem Minus von 0,2 beziehungsweise 0,4 Prozent. Anders als bei früheren Prognosen wurde auch die ab 2022 aufgetretene Knappheit bei Baumaterialien berücksichtigt. Zu den weiteren Einflussfaktoren gehören die Baunachfrage und die Energiekosten.[66] Wenn die Vorhersagen eintreten, wird Bauen also in den nächsten Jahren etwas billiger. Vom Niveau vor der Preisexplosion sind und bleiben wir jedoch weit entfernt. Explosion? Laut Statistischem Bundesamt betrug das Plus bei Baupreisen für Wohngebäude im Mai 2022 17,6 Prozent gegenüber dem Mai 2021 – der stärkste Anstieg seit 52 Jahren.[67]

Individuelle Entscheidung

Letzten Endes müssen Sie die Gretchenfrage »Alt oder neu?« für sich ganz allein entscheiden – beziehungsweise gemeinsam mit Ihrem Partner oder Ihrer Familie. Kalkulieren Sie Ihre finanziellen Möglichkeiten. Überlegen Sie, wie viel Risikobereitschaft Sie haben. Sind Sie, ist einer von Ihnen ein geborener Gestalter? Soll es mit dem Einzug oder dem Vermieten möglichst schnell gehen oder haben Sie jede Menge Zeit? Sind Sie schon immer dem Charme stilvoller alter Gebäude erlegen? Oder faszinieren Sie die Optionen, die moderne Technik bietet? Ehrliche Antworten helfen Ihnen dabei zu erkennen, wonach Sie wirklich suchen – und das bewahrt Sie vor zahlreichen Besichtigungen, die völlig sinnlos sind, weil das Objekt Ihren Kriterienkatalog nicht erfüllt.

III.7. Anlagedruck oder: wohin mit all dem Geld?

Fast eine Million von der Oma – das ist schon eine Hausnummer und würde wohl viele Menschen zum Grübeln bringen, was sie am besten mit dieser Summe anfangen. So wie Robert. Echter Anlagedruck aber sieht anders aus. Wie genau, das weiß Nadine, Geschäftsführerin eines Family Office, welches das Vermögen wohlhabender Familien verwaltet. In den Jahren des Immobilienbooms tat sich in den Portfolios ihrer Mandanten einiges, stieg der Anteil von Häusern und Wohnungen auf das Doppelte.

Der Run auf Immobilien ist beziehungsweise war eine für Nadines Branche typische Entwicklung, wie die Studie »Immobilienvermögen in Family Offices« zeigt. Die hat die Engel & Völkers Investment Consulting (EVIC) in Zusammenarbeit mit Famos Immobilien im deutschsprachigen Raum durchgeführt: 2012, 2016 und 2021. Im Jahr 2021 waren danach 75 Prozent des Vermögens von Family Offices in Immobilien angelegt, während es fünf Jahre zuvor nur 36 Prozent gewesen waren. Wohnimmobilien hatten 2021 einen Anteil von 57 Prozent des verwalteten Vermögens.[68]

Wegen der Nullzinsen haben viele andere Anlageformen einfach nichts mehr abgeworfen, während bei Wohnungen und Häusern die Bäume geradezu in den Himmel wuchsen. Nun allerdings fragen sich Nadine und ihr Team, ob sie wirklich so gut aufgestellt sind – und vor allem fragt sie sich, wie sie »frisches« Geld anlegen soll. Investieren muss sie aber nicht nur für ihre Mandanten, sondern auch in ihr eigenes Unternehmen. Digitalisierung ist angesagt. Zum einen geht es dabei um eine komfortablere Customer Experience, zum anderen darum, Geschäftsprozesse zu automatisieren und Vermögensdaten zeitgemäß zu erfassen. Aber da ist noch etwas anderes: Nadine will KI, künstliche Intelligenz einsetzen, um das Potenzial von Immobilien präziser bewerten und auch die erzielbaren Mieten genauer bestimmen zu können. Und sie muss sich gegen Cyberkriminalität schützen.

Laut einer Veröffentlichung der Joh. Berenberg, Gossler & Co. KG zu Trends bei Family Offices waren Cybervorfälle das Geschäftsrisiko, das von den Befragten am häufigsten genannt wurde. Erst ganz am Ende – nach Naturkatastrophen, dem Ausbruch einer Pandemie, dem Klimawandel und anderem – kamen Marktveränderungen. Das Thema Nachhaltigkeit spielt laut dieser Untersuchung eine immer größere Rolle – so wollen viele Family Offices ihre Immobilien-Portfolios entsprechend neu aufstellen und bei den Bestandsimmobilien fassen sie eine energetische Sanierung ins Auge – mit dem Ziel, den Neubaustandard zu erreichen, also KfW Effizienzhaus 55 (Primärenergiebedarf von 55 Prozent eines Neubaus nach Gebäudeenergiegesetz) seit Anfang 2023 und KfW Effizienzhaus 40 ab Anfang 2025.[69]

Der Einbruch auf dem Immobilienmarkt durch die höheren Zinsen, die gestiegenen Baukosten und die strengeren Kriterien bei der Kreditvergabe bedeutet für Family Offices vor allem Chancen: Wer 100 Prozent Eigenkapital zu bieten hat, der bekommt nun attraktive Objekte zu sehr guten Konditionen. Für die Zukunft rechnen Nadine und ihre Kollegen zudem mit mehr Zwangsversteigerungen, was wiederum gute Möglichkeiten ergeben wird, die Immobilien-Investitionen auszubauen. Das sagt auch die Studie »Unsichere Zeiten – Herausforderungen für Family Offices in Krisenzeiten« der Roland Berger GmbH in Zusammenarbeit mit dem Institut für Familienunternehmen und Mittelstand der Wirtschafts- und Management-Hochschule WHU. Danach wollen sich 40 Prozent weiter bei Immobilienprojekten engagieren.[70]

Nadine konzentriert sich erst einmal darauf, ihr Unternehmen technologisch fit zu machen für die Zukunft. Sie findet es spannend, wie die Algorithmen entscheiden werden – und ob sich das mit ihrem Sachverstand und dem ihrer Mitarbeiterinnen und Mitarbeiter deckt. Nadine ist überzeugt: Investments werden nur noch in bestimmten Städten und bei bestimmten Objekten lohnend sein für ihre Klientel. Sie wird genauer hinschauen beziehungsweise eben auch die Hilfe von KI in Anspruch nehmen müssen. Renditen wie in den letzten Jahren sind vermutlich eher nicht mehr drin, doch Immobilien dürften ein wesentlicher Baustein im Vermögen gerade der Reichen und Superreichen bleiben.

Digitalisierung nutzen!

Im Family Office von Nadine brechen also neue Zeiten an. Die Inhaberin und Gründerin hat sich mit IT-Leuten und anderen Experten unterhalten und beschlossen, ihrem Unternehmen eine Transformation zu verordnen. Schließlich wird es auch bei den Kunden einen Generationenwechsel geben und die Jüngeren haben andere Erwartungen. So nimmt Nadine nun eine Stange Geld in die Hand, um künftig Immobilien nach neuesten Standards mithilfe von künstlicher Intelligenz bewerten zu können. Auch wird sie die IT-Infrastruktur ihres Betriebs auf die Höhe der Zeit bringen – und sich so einen Vorteil gegenüber Wettbewerbern verschaffen.

Dass Klienten vermehrt Immobilien abstoßen, das konnte Nadine bisher nicht beobachten. Es verwundert sie auch nicht, denn was die sehr vermögenden Familien besitzen, sind ausnahmslos Top-Objekte. Die erfahrene Unternehmerin glaubt, dass in dieser Immobilienklasse eher noch weitere Preissteigerungen kommen werden oder sich der Wert zumindest auf einem hohen Niveau stabilisiert. Schwieriger dürfte es bei neuen Investments werden, die meist nicht mehr die Renditen vergangener Jahre zu bieten haben. Auch deshalb der Einsatz von KI, denn Nadine weiß, sie wird künftig noch viel mehr das »Trüffelschwein« im Dienste ihrer Kunden sein müssen als bisher.

Zugute kommt Nadine, dass sie sich schon lange ausschließlich auf hervorragend sanierte Objekte in hervorragender Lage konzentriert, die technisch auf dem neuesten Stand sind. Und sie beobachtet und analysiert genau, wie sich die Rahmenbedingungen ändern. Zwar spielen Immobilien weiterhin eine große Rolle in den Anlageportfolios von Nadines vermögenden Kunden. Parallel rücken jedoch andere Investments verstärkt in den Fokus: Beteiligungen an erfolgversprechenden Start-ups zum Beispiel, Venture Capital genannt. Oder auch an Private-Equity-Fonds, bei denen es vor allem um mittelständische, nicht börsennotierte Unternehmen geht.

KI für jedermann?

Und was bedeutet das für Sie als Anleger, der Sie vielleicht auch Anladruck verspüren, auch wenn Ihr Vermögen nicht dem einer Familie entspricht, die sich ein Family Office leistet? Dafür schauen wir noch einmal detaillierter darauf, was KI jetzt schon vermag. Verwalter von sehr großen Vermögen fahnden ständig nach neuen Gelegenheiten für Rendite. Im Fokus dabei sind auch Immobilienprojekte – nicht nur Wohnimmobilien, sondern ebenso etwa Pflegeheime, große Gewerbeimmobilien, private Krankenhäuser, Seniorenresidenzen. Die Herausforderung dabei ist: Solche Objekte werden oft innerhalb von wenigen Stunden oder allenfalls innerhalb weniger Tage verkauft. Es heißt daher schnell sein, ohne Fehler zu machen.

Deshalb der Einsatz von KI, die sich ja nicht in Programmen wie ChatGPT erschöpft. Mit KI ist es möglich, in kürzester Zeit Immobilien präzise zu bewerten. Ist der geforderte Preis gerechtfertigt? Passt das Haus zu den individuellen Anlagekriterien? Wie sieht das Entwicklungspotenzial aus? Antworten darauf und auf viele weitere Fragen spuckt das Programm aus, ohne dass man jemanden benötigt, der sich vor Ort auskennt. Okay, werden Sie vermutlich einwenden, das sei ja nett, aber doch nur was für die wirklich großen Investments? Momentan schon, doch bei der Dynamik, mit der sich KI-Lösungen entwickeln, dürfte das nicht so bleiben. Es ist eher wahrscheinlich, dass bald jedermann, der Immobilien hat, kaufen oder verkaufen will, solche intelligenten Tools nutzen kann. Die Devise ist stets: Den Markt beobachten, sich informieren, am Ball bleiben!

III.8. Vermieten hat goldenen Boden?

Es gab Zeiten, in denen war die Mietrendite zwar wichtig, aber gekauft wurde vor allem wegen der Wertsteigerung. Solange eine Wohnung oder ein Haus zumindest im Gleichschritt mit der Inflation teurer wird, lässt sich so die Kaufkraft des Geldes erhalten – wenn man nicht allzu viel fürs Renovieren ausgeben muss oder diese Ausgaben einen entsprechend höheren Verkaufspreis rechtfertigen. Wie gesagt: Es gab diese Zeiten. Momentan allerdings haben wir es mit einer sehr unübersichtlichen Lage zu tun. Wenn Sie dieses Buch bis hierhin aufmerksam gelesen haben, kann es gut sein, dass Sie nicht so recht wissen, wie es denn nun eigentlich wirklich aussieht auf dem Immobilienmarkt. Und das ist genau der Punkt: *Den* Immobilienmarkt gibt es nicht mehr. Es gibt viele verschiedene Märkte und überall sind die Bedingungen andere.

Lange waren die Preise nahezu überall extrem geklettert, nun gehen sie vielerorts zurück. Es ist schwieriger geworden, ein Darlehen zu bekommen – vor allem eines mit bezahlbaren Konditionen. Die Zinslast drückt mehr und mehr, Eigentümer und Kaufinteressierte haben Angst, sich zu übernehmen. Es zählt nicht mehr nur die Lage, sondern viel mehr als früher der Zustand des Gebäudes. Der Blick in den Heizungskeller ist wichtiger als die Frage, ob das Wohnzimmer einen hochwertigen Parkettboden hat. Ob in der Garage schon eine Wallbox für E-Auto installiert ist, kann zum kaufentscheidenden Sahnehäubchen werden.

Attraktives passives Einkommen

Sebastian, 52, hat schon in seiner Kindheit erlebt, wie angenehm regelmäßige Mieteinnahmen sind. Seine Eltern besitzen zwei Wohnungen im Zentrum Stuttgarts. Heute wären die für sie unbezahlbar, aber damals, in den 60er-Jahren, haben sie sie locker anzahlen können und nach rund 30 Jahren waren die Darlehen komplett zurückgezahlt. So überlegte 2020 und 2021 vor allem der Vater, zumindest eine Wohnung zu verkaufen. Es war einfach zu verlockend: Der stark gestiegene Preis, nach all den Jahren keine Steuern mehr auf den Gewinn zahlen müssen und den einen oder anderen nicht so pflegeleichten Mieter hatte es auch gegeben.

Sebastians Mutter aber widersprach. »Was sollen wir mit dem Geld anfangen? Wir haben doch genug zum Leben.« So wurde die Entscheidung erst einmal vertagt und nachdem Ende 2022 die Preise anfingen zu fallen, war der Verkauf kein Thema mehr. Zwar würde immer noch ein sattes Plus herauskommen, doch es würde sich dennoch wie ein Verlust anfühlen – ähnlich wie bei einer Aktie, bei der man es verpasst hat, den Höhepunkt für das Abstoßen zu nutzen.

»Sicher wird es wieder aufwärts gehen auf dem Markt«, sagt der Vater – und untermauert das sogar mit allen möglichen Statistiken zur Entwicklung der Einwohnerzahl in Stuttgart, dem schleppenden Neubau und so weiter.

Das Hauptargument aber dafür, die Wohnungen zu halten, ist ein anderes: Anders als die Kaufpreise fallen die Mieten nicht. Ganz im Gegenteil. In Stuttgart und auch anderswo werden immer neue Höhen erreicht – eine Katastrophe für Mieter, vor allem für die einkommensschwachen oder diejenigen, die aus verschiedenen Gründen schlechte Karten auf dem Mietwohnungsmarkt haben. Für Vermieter dagegen sind die Zeiten rosig und es ist keine Änderung dieser Entwicklung in Sicht. Zudem möchten Sebastians Eltern die beiden Wohnungen sanieren und die Kosten dafür können sie von der Steuer auf die Vermietung komplett absetzen.

All die Diskussionen mit seiner Mutter und seinem Vater haben Sebastian dazu gebracht, selbst nach und nach in drei kleine Einzimmerapartments zu investieren. Als Single ohne Kinder und wegen seines eher bescheidenen Lebensstils konnte der gut verdienende Tierarzt nie sein gesamtes Geld verkonsumieren. Auf der anderen Seite ist seine Altersvorsorge nicht gerade üppig. Und Sebastian möchte spätestens mit 60 seine Praxis schließen, sich ein Wohnmobil kaufen und ein wenig um die Welt – oder jedenfalls durch Europa – fahren. Da wäre ein regelmäßiges passives Einkommen durch Mieteinnahmen schon sehr beruhigend.

Tatsächlich erwischte Sebastian für seine Käufe einen ganz guten Durchschnittspreis. Die erste Wohnung hat er noch vor der Himmelfahrt der Preise auf dem Immobilienmarkt angeschafft. Die zweite war zwar ziemlich teuer, doch wer wusste 2020 schon, ob es nicht noch ziemlich lange weiter nach oben gehen würde. Als er dann den dritten Kaufvertrag unterzeichnete, war die Summe wieder geringer. Weil er sofort zahlen konnte und keinen Kredit beantragen musste, hatte Sebastian eine perfekte Verhandlungsposition. Alle Mitbewerber scheiterten daran, dass ihnen die Banken das gewünschte Darlehen verweigerten.

Nun also hat der Tierarzt drei kleine Apartments – in Stuttgart, in Ulm und in Nürnberg. Alle nicht so weit voneinander entfernt, sodass er einmal im Jahr eine Tour macht und überall nach dem Rechten sieht. Den Rest erledigen sehr zuverlässige Hausverwaltungen und mit der Suche nach Mietern hat Sebastian bisher noch nie ein Problem gehabt. Die Studenten geben sich sozusagen die Klinke in die Hand. Zieht einer aus, weil er seinen Abschluss in der Tasche hat und woanders den ersten Job antritt, schlägt er einen Nachmieter vor. Und wenn das einmal nicht klappt, erledigt ein Makler die Neuvermietung. Sebastian ist hochzufrieden mit seinen Entscheidungen – vor allem weil die Mietrendite passt.

Mieten werden steigen

Ist Sebastian ein Einzelfall, hat er nur besonders viel Glück gehabt? Oder ist er ein typisches Beispiel? Abgesehen von ländlichen Regionen mit viel Leerstand eher Letzteres. Wer also dort kauft, wo die Nachfrage groß ist und steigt, kann damit rechnen, leicht und lukrativ vermieten zu können. Das liegt an der ungebrochen hohen Nachfrage nach Wohnraum, verbunden mit viel zu wenig Neubau. Wir haben in Kapitel I.2. schon das Ziel der Bundesregierung von 400.000 neuen Wohnungen pro Jahr angesprochen – und dass dieses weit verfehlt wird. Das bedeutet eine sich weiter und weiter öffnende Schere zwischen Angebot und Nachfrage.

Der Tiefpunkt dieser für Mieter dramatischen Entwicklung dürfte erst 2025 erreicht werden. Warum? Weil seit 2023 vor allem die Zahl der Baugenehmigungen und die Zahl der begonnenen Bauvorhaben stark zurückgehen. Wo man schon mit dem Bau angefangen hat, wird meist zu Ende gebaut. Das heißt: Wir haben es mit einer Zeitverzögerung zu tun. Aktuell gibt es noch viele Fertigstellungen, wenn auch längst nicht so viele, wie die Regierung versprochen hat. 2022 waren es 295.300 neue Wohnungen, also rund 26 Prozent weniger als geplant.[71] Das sieht schon recht katastrophal aus, es wird allerdings noch schlimmer kommen.

In den nächsten Jahren dürfte durchschlagen, was gerade bei den neuen Bauvorhaben passiert: Es werden noch einmal erheblich weniger neue Wohnungen pro Jahr bezugsfertig werden. Der Mietwohnungsmarkt ist vor allem für Geringverdiener schon lange sehr schwierig, die Chance auf einen Mietvertrag gering. Viele Wohnungssuchende haben eine wahre Odyssee hinter sich, bis sie endlich die Tür zu ihrem neuen Zuhause aufsperren können. Seit einiger Zeit haben auch Durchschnittsverdiener in zahlreichen Städten Schwierigkeiten. Künftig aber und mancherorts schon jetzt werden es selbst Gutverdiener nicht schaffen, eine Wohnung zu finden. Nicht überall natürlich, aber dort, wo die Menschen leben wollen, wo es Arbeitsplätze gibt, kulturelle Angebote et cetera.

Zu viel Bürokratie, zu wenig Bauland

Es wird vermehrt darüber diskutiert, wie sich dieser Zustand ändern oder zumindest die stetige Verschlechterung stoppen lässt. Im Fokus stehen etwa die unüberschaubar vielen Baunormen, die das Bauen in Deutschland ungeheuer kompliziert, langwierig und damit teuer machen. Brandschutz, Schallschutz, Klimaschutz und so weiter.

Alles für sich zumeist sinnvoll, in der Summe aber eine Überforderung für viele Bauherren. Dazu der Mangel an Bauland. Der ist wohl der begrenzende Faktor Nummer eins, wenn es darum geht, die Zahl der Neubauten nach oben zu schrauben. Kommunen weisen zu wenig Bauland aus, wobei sie sich in der Zwickmühle befinden.

Es besteht eine Art Wettbewerb um Fläche. Der Naturschutz hat Forderungen, Menschen wollen Naherholungsgebiete, erneuerbare Energien wie Photovoltaikanlagen brauchen ebenso Platz wie extensive Landwirtschaft. Es gibt zwar Konzepte zur Nachverdichtung in den Städten, zum Aufstocken von weiteren Stockwerken auf bestehende Häuser und Schließen von Baulücken: Aber auch das wird vermutlich nicht die Lösung sein. Zum einen reicht es nicht aus, zum anderen bewirkt der Klimawandel sich immer stärker aufheizende Innenstädte. Die Folge: Wir müssen dort eher Frischluftschneisen schaffen oder zumindest erhalten sowie für mehr Grün sorgen. Bäume kühlen durch Verdunstung, Häuser heizen!

Problem erkannt, Problem gebannt? Nun, das wird ein sehr langer Prozess. Die Baubürokratie ist ein wahres Dickicht, das sich nur nach und nach zurückschneiden lässt. Viele Normen und Vorschriften sind in Schleswig-Holstein andere als in Sachsen, in Bayern andere als in Rheinland-Pfalz. Das macht es unmöglich, quasi mit einem Federstrich die Dinge zu vereinfachen und zu vereinheitlichen. Zudem geht es oft um sehr komplexe Materie, für die Fachleute aus den verschiedensten Bereichen gebraucht werden, etwa Ingenieure. Und das wesentliche Nadelöhr, das Ausweisen von Bauland, ist allein Sache der Kommunen, die sich mit enorm vielen Ansprüchen konfrontiert sehen.

Expertinnen und Experten stellen allerlei Forderungen auf. Etwa nach einem Darlehen vom Staat für Häuslebauer, welches das nicht vorhandene Eigenkapital ersetzen könnte – zumindest für alle, die ihre erste Immobilie bauen oder kaufen wollen. Oder nach einer Anhebung gemäß der Inflation von bestehenden Fördermaßnahmen. Auch Fertigstellungsprämien für Neubauten werden angedacht. Das alles kostet allerdings viel Geld und es wird die strukturellen Defizite und prinzipiellen Hemmnisse nicht abbauen – die bürokratischen Hürden, die hohen Zinsen, die hohen Baukosten. Und so ist ein Boom beim Neubau nicht absehbar.

Mieten klettern um 6,3 Prozent

Schauen wir uns einmal an, wie sich die Mieten entwickeln. Betrachten wir hierzu die Ergebnisse einer Studie von Jones Lang LaSalle, eines Dienstleistungs-, Beratungs- und Investmentmanagement-Unternehmens im Immobilienbereich. Danach sind die Mieten in den acht deutschen Metropolen Berlin, Hamburg, München, Köln, Frankfurt, Düsseldorf, Leipzig und Stuttgart im zweiten Halbjahr 2022 im Schnitt um 6,3 Prozent gestiegen – verglichen mit dem zweiten Halbjahr 2021. Betrachtet wurden die Angebotsmieten, also die Mietpreise, zu denen Wohnungen gerade auf dem Markt sind. Die Kaufpreise stiegen im selben Zeitraum laut dieser Studie noch um 1,6 Prozent und fielen gegenüber dem ersten Halbjahr 2022 um 3,1 Prozent. Blickt man auf einen Zeitraum von fünf Jahren, sind die Preise jährlich um durchschnittlich 9,1 Prozent nach oben geschnellt, die Mieten um jährlich 3,7 Prozent.[72]

Während also lange das Kaufen mit größerem Tempo teurer wurde als das Mieten, ist es nun umgekehrt. Inzwischen sinken die Kaufpreise sogar vielerorts. Für alle, die jetzt etwas kaufen und vermieten, bedeutet das eine hohe Mietrendite. Natürlich muss man sich die Investition leisten können. Ein Weg dorthin ist die Reduzierung der Tilgung. In den Zeiten extrem niedriger Bauzinsen konnte man oft locker 3 Prozent Tilgung vereinbaren, heute ist es wie früher einmal wieder eher 1 Prozent. Rechnen Sie Zinsen und Tilgung zusammen, können Sie mit derselben Gesamtbelastung wie vor ein paar Jahren kalkulieren, zum Beispiel 4 Prozent pro Jahr.

Klar, insgesamt wird es teurer. Tilgen Sie weniger, zahlen Sie logischerweise länger ab. Damit kommt auch Ihr Alter ins Spiel. Möchten Sie eine Immobilie bis zur Rente abzahlen, dann geht das vielleicht heute mit 40 Jahren nicht mehr, mit 30 aber schon. Überlegen Sie also, welchen Lebensstil Sie haben, welche monatlichen Kosten – und dann, ob das zusammengeht mit einem Immobilienkauf, der Ihnen zum Beispiel über 30 Jahre eine beträchtliche monatliche Belastung beschert. Und: Rechnen Sie auch die Mieteinnahmen ein, wenn es um ein Objekt zur Vermietung geht. Die dürften steigen und einen relevanten Beitrag zur Tilgung des Darlehens leisten – zumal die Kreditzinsen von der Steuer absetzbar sind. Und für die fernere Zukunft winkt Ihnen wie den Eltern von Sebastian im fiktiven Beispiel ein attraktives passives Einkommen.

Kurz zusammengefasst: Wer jetzt was tun sollte

- **Geerbte Immobilie:** Haben Sie eine Wohnung oder ein Haus geerbt, schauen Sie sich genau an, ob Verkaufen oder Vermietung sinnvoller ist. Abhängig ist das vom Zustand und von der Nachfrage in der Region – sowohl auf Käufer- als auch auf Mieterseite.
- **Blick in den Heizungskeller:** Eine viel größere Rolle als früher spielt heute die Art des Heizens. Alte Gas- oder Ölkessel oder auch ineffiziente Stromheizungen mindern den Wert einer Immobilie stark.
- **Hohe Zinsen:** Seit der Zinswende der Europäischen Zentralbank 2022 steigen die Bauzinsen. Es muss daher genauer kalkuliert werden, ob ein Darlehen leistbar ist – und man notfalls bereit ist, Einbußen beim Lebensstil hinzunehmen.
- **Altersgerecht:** Nicht nur, wenn Sie selbst schon älter sind, sollten Sie beim Kauf barrierefreie Immobilien bevorzugen. Solche Wohnungen und Häuser werden eher im Wert steigen als andere, denn das Durchschnittsalter in Deutschland nimmt zu.
- **Ökologisch leben:** Mehr und mehr Menschen achten auf Zukunfts- oder, wie es oft auch genannt wird, Enkelverträglichkeit. Sie suchen nach Immobilien mit Solaranlage, einer mit erneuerbaren Energieträgern betriebenen Heizung, Wallbox in der Garage fürs E-Auto sowie einem Radweg und einer Bushaltestelle vor der Haustür.

Vermieten lohnt sich: Weil viel weniger neue Wohnungen geschaffen werden, als wir benötigen, dürften die Mieten weiter steigen. Ein starkes Argument für den Kauf, wenn Sie ein gutes passives Einkommen generieren möchten.

Kapitel IV:
Betongold heute und morgen

Sicher haben Sie den Begriff Betongold schon einmal gehört. Der kommt aus der Wirtschaftswissenschaft – natürlich aus der populären. Beton gilt als besonders stabiler Baustoff, Gold als besonders wertvoll. Mit Betongold ist daher gemeint, dass Immobilien wertstabil sind und das auch und vor allem in Krisenzeiten. Kluge Menschen investieren deshalb in Wohnungen und Häuser, um selbst darin zu wohnen, um sie zu vermieten, oder auch, um sie zu sanieren und wieder zu verkaufen. Egal ob jemand allein oder mit seiner Familie in die vier Wände einzieht oder ob er sich einen Mieter sucht: Er kann beides als Teil der privaten Altersvorsorge einkalkulieren. Denn in einem Fall spart er sich selbst die Mietkosten, im anderen hat er monatliche Einnahmen.

Was sicher ist: Das Grundstück beziehungsweise der Anteil daran, den Sie mit einer Immobilie erwerben, wird niemals völlig wertlos werden. Solange wir nicht den Mars oder einen anderen Planeten besiedeln, ist Grund und Boden ein endliches und in sehr vielen Regionen ein rares Gut. Ein Gebäude allerdings muss in Schuss gehalten werden, ansonsten verliert es sehr wohl an Wert und wird sogar, wenn ein Abriss nötig ist, zum Kostenfaktor. Als Vermieter haben Sie zudem immer das Risiko, dass es zu ein paar Monaten Leerstand kommt. Sie müssen dann die Nebenkosten tragen, haben aber keine Einnahmen. Es ist nie hundertprozentig klar, wie sich eine Region entwickelt – sie kann attraktiver und ebenso unattraktiver werden.

Streuen des Risikos: wichtig, aber kompliziert

Auch bei Immobilien ist deshalb Diversifizierung angesagt, sie ist nur viel schwieriger umzusetzen als etwa bei Aktien. Kaufen Sie Wertpapiere, können Sie das Risiko leicht minimieren, indem Sie einfach nicht die Hälfte des Vermögens in den einen Konzern und die andere Hälfte in einen anderen stecken, sondern einen Fonds kaufen, der – zum Beispiel – alle DAX-Unternehmen abbildet. Es gibt zwar auch Immobilienfonds, aber die sind komplexer als ein ETF auf einen Börsenindex, vor allem für Anleger ohne Fachwissen. Das Fondsmanagement entscheidet, welche Immobilien in den Fonds kommen oder auch wieder verkauft werden. Die Gebühren sind häufig hoch, Anteile an geschlossenen Immobilienfonds können mitunter zeitweise nicht zurückgezahlt werden.

Vor allem aber fehlt bei solchen Fonds das Gefühl, nun Eigentümer einer Immobilie zu sein, allein darüber bestimmen zu können. Deshalb bevorzugen viele den direkten Kauf einer Wohnung, eines Hauses oder auch einer Gewerbeimmobilie. Nachteil: Wer nicht über großes Vermögen verfügt, kann genau das, was eigentlich geboten ist, nicht tun. Er kann nicht diversifizieren. Oft ist nämlich nur Geld für genau ein Objekt vorhanden – und selbst zwei oder drei bedeuten genau das, was man bei Aktien tunlichst vermeidet: ein Klumpenrisiko, also eine zu starke Gewichtung einer Anlageklasse oder bei Aktien etwa einer Region oder Branche. Umso wichtiger ist es, zum einen keinesfalls das gesamte liquide Vermögen in Immobilien zu verwandeln und zum anderen sehr sorgfältig auszuwählen.

Genau hinschauen

Wir haben in den vorangegangenen Kapiteln bereits die wesentlichen Kriterien diskutiert: den Zustand des Gebäudes, die Energieeffizienz, Barrierefreiheit und so weiter. Unabhängig von diesen Anforderungen zählt, wann die nächsten Renovierungen fällig sind. Man spricht auch von der Restnutzungsdauer, die ein Haus ebenso hat wie etwa ein Auto. Und natürlich ist weiterhin relevant, in welcher Lage sich die Immobilie befindet. Wird es dort eher Zuzug oder Abwanderung geben? Sind viele Bauvorhaben geplant, die das Angebot vergrößern und damit den Wert der einzelnen Immobilie verringern? Wie steht es um die Wirtschaft in der Region? Sind begehrte Arbeitgeber vorhanden? Oder gibt es eine Universität oder andere Forschungseinrichtungen? Oder Behörden mit einem großen Bedarf an Arbeitskräften?

Das ist eine der wichtigsten Botschaften, die ich Ihnen mit diesem Buch vermitteln möchte: Immobilien sind nach wie vor ein unverzichtbarer Baustein bei der Vermögensbildung und der privaten Altersvorsorge. Allerdings dürfen Sie auf keinen Fall wahllos kaufen, sondern Sie müssen sich die Rosinen herauspicken. Je mehr Anforderungen der Gesetzgeber stellt, je höher die Ansprüche potenzieller Mieter oder auch derjenigen, die Ihnen die Immobilie vielleicht einmal wieder abkaufen sollen, desto wichtiger wird es, keinen Fehlgriff zu machen. Denn, um es noch einmal zu betonen: Wohnungen und Häuser lassen sich nun einmal nicht in so kleine Portionen stückeln wie die Beteiligung an Unternehmen über Aktien.

IV.1. Baufirmen gehen neue Wege

Dass wir in neuen Zeiten leben, ist auch bei den Baufirmen angekommen. Weltweit wird nach den besten Lösungen gesucht: nach Lösungen für nachhaltiges Bauen vor allem, aber auch für preisgünstigeres – und im optimalen Fall für beides zusammen. Beispiel: die Nokera AG aus Rüschlikon in der Schweiz. Deren Mission lautet laut eigener Website, lebenswerten und nachhaltigen Wohnraum in bezahlbarer Holzbauweise zu schaffen. Es sei an der Zeit, die größte Industrie der Welt zu verändern. Dafür habe man den Herstellungsprozess neu gedacht und setze das mit einer eigens entwickelten digitalen Prozesskette um.[73]

Digital, nachhaltig, preisgünstig: Klingt gut, aber ist das nicht eher die Quadratur des Kreises? Nokera sagt, die eigenen Gebäude würden langfristig große Mengen Kohlenstoff binden und so das Klima entlasten. Dazu kommen Solarpaneele, Blockheizkraftwerke und Wärmepumpen. Vor allem wirbt das Unternehmen aber mit einem hundertprozentig digitalisierten Prozess der Planung, Produktion und Montage. Das soll die Bauzeit verkürzen, Ressourcen sparen, die Produktivität erhöhen. Alles Dinge, die angesichts des Mangels an Wohnraum – und des noch größeren Mangels an nachhaltigen Immobilien – dringend nötig sind. Nokera will zur Linderung beitragen: Im neuen Werk in Magdeburg können 20.000 Wohnungen pro Jahr gefertigt werden!

Das Werk in Sachsen-Anhalt soll das weltgrößte für die serielle Fertigung von Holzhäusern werden. Tatsächlich ist die prognostizierte Zahl an neuen Wohneinheiten pro zwölf Monate sehr ambitioniert. Denken wir an die 400.000 Wohnungen, welche die Bundesregierung versprochen hat – ebenfalls pro Jahr –, erscheinen zwar 20.000

nicht viel, aber es sind doch immerhin 5 Prozent dieser Summe – und das aus dem Werk eines einzigen Unternehmens! Verglichen mit der Zahl der tatsächlich 2022 fertiggestellten Wohnungen wäre der Beitrag von Nokera sogar noch erheblich größer.

Change in der Bauindustrie

Sind Unternehmen wie Nokera die Ausnahme? Nein, wenn wir der Studie der Unternehmensberatung McKinsey mit dem Titel »The next normal in construction« Glauben schenken.[74] Danach verändert sich die Bauindustrie in immer höherem Tempo. Es werden vermehrt Fachkräfte fehlen, was heute schon in vielen Betrieben spürbar ist. Es wird aber auch nötig sein, günstiger zu bauen und gleichzeitig die sich verschärfenden Vorschriften – etwa in Bezug auf den Klimaschutz – einzuhalten. Dazu kommen weitere Dinge wie die Verpflichtung, mehr Sicherheit am Arbeitsplatz zu gewährleisten, die Digitalisierung und die Verbreitung von neuen Materialien – etwa leichteren, welche die Transportkosten reduzieren, und solchen mit einem geringeren CO_2-Fußabdruck.

Schauen wir uns einmal an, inwieweit dieser Change schon in der Wirklichkeit angekommen ist. Tatsächlich gibt es eine Menge Beispiele für Innovationen auf dem Bau. In Heidelberg etwa ist im Oktober 2023 das größte Gebäude Europas fertiggestellt worden, das aus einem 3-D-Betondrucker kommt.[75] Ein Gewerbebau mit 54 Meter Länge, 11 Meter Breite und 9 Meter Höhe – ein futuristisches Design und nach Aussagen des Bauherren ein positiver Beitrag zum nachhaltigen Bauen. Ein Haus, das gedruckt wird? Für alle, die das noch nie gesehen haben, mag es ziemlich schräg klingen.

Aber es funktioniert: Ein Baudrucker produziert die senkrechten Elemente, ein sogenannter Portaldrucker presst druckfähigen Mörtel heraus. Nur zwei Personen sollen nötig sein, um den Drucker zu bedienen, und für das gesamte Gebäude wurden nur 140 Stunden veranschlagt. Und damit nicht genug der Innovation: Der verwendete Hightech-Baustoff soll mit 55 Prozent weniger Kohlendioxidemissionen verbunden sein im Vergleich zu herkömmlichem Zement. Zudem sei er recycelbar, sagt der Hersteller.[76]

Projekte mit 3-D-Druckern gibt es mehrere. Und die Baubranche wartet mit anderen innovativen, wegweisenden Ideen auf. Zum Beispiel werden Möglichkeiten untersucht, die Sanierungsrate zu steigern, also bestehende Gebäude zu modernisieren, statt sie abzureißen. Und wenn ein Rückbau unumgänglich ist, kann das häufig auf nachhaltige Weise geschehen. Bei den Materialien wird mehr und mehr darauf geachtet, dass sie kreislauffähig sind. Das Credo ist also nicht mehr: produzieren und am Ende der Lebensdauer entsorgen, sondern: wiederverwerten. »Circular Economy« heißt das entsprechende Stichwort.

Konservativ oder Aufbruch ins Morgen?

Die Baubranche war bisher eher konservativ und ist es zumeist immer noch. Gebäude geben Sicherheit, werden oft über Generationen bewahrt und weitergegeben. Sie werden aber auch davon beeinflusst, welchen Lebensstil wir haben. Und der ändert sich zweifelsohne rasant aufgrund von Klimawandel, neuen Ansprüchen der jüngeren Generationen, Digitalisierung, New Work, künstlicher Intelligenz, Nachhaltigkeit, demografischem Wandel, Individualisierung und anderem mehr. Das wirkt sich aus auf die Art, wie wir wohnen und bauen. Bauwerke sind ja kein von der übrigen Entwicklung abgekoppelter Bereich. Bauunternehmen werden das zur

Kenntnis nehmen müssen – und viele tun das bereits. Sie werden künftig weniger traditionell agieren können und manche von ihnen vielleicht sogar Trends setzen.

Auch die Bauzeiten dürften – und müssen! – sich ändern, sprich verkürzen. Mehr Digitalisierung und KI könnten bei der Koordination von verschiedenen Gewerken und der Logistik helfen. Aktuell wird häufig viel Zeit mit unproduktivem Warten verschwendet, weil Bauteile später kommen als geplant, ein Kran nicht rechtzeitig da ist oder es an Abstimmung zwischen den vielen Beteiligten mangelt. Gleichzeitig steigen die Anforderungen: Wohngebäude sind nicht mehr nur vier Wände plus Dach mit einer Aufteilung in Schlafzimmer, Wohnzimmer, Küche, Bad sowie eventuell Keller und weitere Räume. Sie müssen viel energieeffizienter sein als früher, sich flexibel an verschiedene Wohnbedürfnisse anpassen lassen, aus gesundheitsverträglichen Materialien bestehen.

Im Detail schlagen Experten zum Beispiel intelligente Datenübertragung oder eine Verbesserung der Arbeitsvorbereitung durch digitale Plausibilitätskontrollen vor. Letztere erlauben es unter anderem, bei einer Ausschreibung von Leistungen die verschiedenen Bewerber schnell zu klassifizieren. Das passiert, indem mit entsprechenden Tools die Kompetenzen analysiert oder auch Fehler in den Angeboten erkannt werden können. Spannend ist auch die modellbasierte Planungsmethode auf Basis eines 3-D-Modells, genannt Building Information Modeling (BIM). Dabei werden komplexe Daten zu den einzelnen Gebäudekomponenten miteinander verknüpft, und das über den gesamten Bauprozess hinweg. Auf diese Weise lässt sich stets der aktuelle Zustand in 3-D abbilden. Es ist die nächste Stufe einer Entwicklung, die mit handgezeichneten Plänen begann und über die computerunterstützte Planung

(Computer Aided Design, kurz: CAD) führte. Auch Vorhersagen zum Lebenszyklus des Gebäudes und die nötigen Wartungen sind möglich. Und die 3-D-Modelle sind erweiterbar um Informationen zu Zeitplanung, Nachhaltigkeit und Kosten. Eine völlig neue Welt der Bauplanung, die das Bauen ins digitale Zeitalter hievt.

Was bedeutet das alles für Sie, der Sie höchstwahrscheinlich selbst kein Bauunternehmen in die Zukunft führen wollen oder müssen? Es bedeutet, dass Sie beim Kauf einer Immobilie darauf achten sollten, was heute schon möglich ist. Und wenn Sie neu bauen, suchen Sie Anbieter, die das umsetzen! Zu den *Early Adopters* zu gehören, zahlt sich vielleicht nicht in allen Bereichen aus, doch in Sachen Immobilien tut es das ganz gewiss. Gerade weil die Objekte einen so langen Lebenszyklus haben, weil sie viele Jahrzehnte stehen und genutzt werden, haben die damit zusammenhängenden Entscheidungen eine enorme Tragweite.

Kaufen Sie sich ein T-Shirt, das Sie morgen aus bestimmten Gründen nicht mehr tragen wollen, ist das kein Weltuntergang. Sie entsorgen es vielleicht einfach, was zwar nicht die beste Lösung ist, aber auch nicht besonders dramatisch. Bei einem Auto sieht es schon ein wenig anders aus. Viele Menschen schaffen sich keinen Verbrenner mehr an, weil dessen Tage vermutlich gezählt sind. Das Investment ist hier dennoch nicht mit dem in ein Haus oder in eine Wohnung zu vergleichen – in der Regel. Möglicherweise ist Letzteres für Sie ein einmaliges Ereignis. Und schon wegen der damit verbundenen Nebenkosten – wie Grunderwerbssteuer, Notar, Eintragungsgebühr – sollten Sie Ihre Entscheidung nicht kurze Zeit später bereuen oder gar rückgängig machen wollen.

IV.2. Was nachhaltiges Bauen und Sanieren bedeutet

Bei nachhaltigem Bauen denken wohl die meisten zuallererst an die Heizung und danach an die Dämmung. Beides sind tatsächlich wichtige Faktoren. Ohne eine effiziente, sparsame Wärmeerzeugung und eine gute Isolierung sind Gebäude längst nicht mehr zukunftsfähig. Für den Neubau gibt es dafür Standards, aber was ist mit dem Bestand? Ich rate Ihnen zu einer energetischen Sanierung Ihrer vier Wände. Die anzupacken, ist unbedingt nötig, um den Wert der Immobilie zu erhalten – und sie spart Ihnen langfristig Kosten und erhöht den Wohnkomfort. Denn die Energieverschwender werden bald kaum noch Nachfrage haben. Mit hoher Wahrscheinlichkeit sind Sie allerdings kein Fachmann, keine Fachfrau. Was also genau können und sollten Sie tun?

Nun, eine energetische Sanierung eines Gebäudes ist häufig ein Mammutprojekt. Widerstehen Sie dabei der Versuchung, den dritten Schritt vor dem ersten zu machen, und beachten Sie die Wechselwirkungen zwischen verschiedenen Maßnahmen. Eine neue Heizung etwa ist oft erst nach einer Verbesserung der Dämmung sinnvoll, denn dann kann sie kleiner dimensioniert werden. Soll das Projekt Sanierung klappen, und das möglichst kosten- und zeiteffizient sowie mit guten Ergebnissen, gehen Sie systematisch vor. Eine Anleitung mit praxisnahen Tipps finden Sie im Abschnitt »Immer einen Schritt voraus« im Anhang.

Künftige Generationen entlasten – durch nachhaltige Baustoffe

Eine supermoderne Heizung wie eine Wärmepumpe der neuesten Generation, Wärmeschutzfenster und so weiter: Beim Thema Nachhaltigkeit sehen die meisten Menschen Dollarzeichen – in den Augen der Anbieter dieser Produkte. Das aber ist nur die halbe Wahrheit, denn zum einen sparen Sie während der Lebensdauer einer effizienten Heizung und gut isolierender Fenster jede Menge Heizenergie. Zum anderen sind da noch die Baustoffe. Üblicherweise verschlingt der Bau eines Hauses jede Menge Beton und für den braucht man Sand, der zusehends knapp wird. Es werden sogar bereits Strände abgebaggert, um den wachsenden Hunger der Bauindustrie nach Sand zu stillen. Zudem wird vermutlich auch die Entsorgung solcher Materialien immer teurer werden.

Warum also nicht von früheren Generationen lernen, um die künftigen zu entlasten? Das Stichwort dafür lautet kreislauffähig. Holz als Baumaterial ist genau das und bindet für viele Jahrzehnte klimaschädliches Kohlendioxid. Und Holz eignet sich für enorm viele Anwendungen: etwa für die tragenden Teile des Hauses, für eine Dämmung aus Holzspänen oder für die Verkleidung von Wänden und Decken. Muss das Gebäude abgerissen werden, braucht man das Holz nicht auf eine Sondermülldeponie zu fahren wie zum Beispiel Beton mit einem Wärmedämmungs-Verbundsystem. Stattdessen kann es kompostiert oder zur Wärmegewinnung verbrannt werden.

Andere alte und vermutlich bald wieder sehr angesagte Baustoffe sind Hanf und Stroh. Beides wächst fast überall, und das sehr schnell, Pestizide und Dünger sind kaum nötig. Innovative Unternehmen beschäftigen sich bereits mit der Herstellung von diversen Bauprodukten aus Hanfstängeln. Die Ideen reichen von Dichtungsbändern über Platten zur Schallabsorption sowie Trittschalldämmung und Dämmwolle bis hin zu tragenden Elementen aus Hanfholz. Sogar Hanfkalk gibt es bereits, für den die holzigen Hanfteile mit Kalk vermengt werden. Anwender schwärmen vom tollen Raumklima, weil Hanfkalk Wasser aufnehmen kann.

Stroh wiederum wird vor allem zusammen mit Lehm verwendet. Seit mehreren Tausend Jahren bauen Menschen Lehmhäuser mit genau dieser Mischung. Sie sind extrem langlebig und bestehen ausschließlich aus natürlichen Rohstoffen. Chemikalien wie Lösungsmittel werden nicht benötigt. Was also könnte besser in unsere Zeit passen? Wer einmal in einem Lehmhaus gewohnt hat, ist oft begeistert. Gerüche werden gebunden, Wasser wird eingelagert und nach und nach wieder abgegeben. Es ist daher weder zu feucht noch zu trocken. Lehmoberflächen lassen sich zudem vielfältig gestalten und es macht Spaß, sie anzufassen. Ein Erlebnis für die Sinne!

Bauen mit einheimischem Holz ist eine von vielen Optionen für mehr Nachhaltigkeit.

Es ließen sich Seiten über Seiten füllen mit den kreativen Einfällen in Sachen nachhaltiges Bauen mit neuen Baustoffen. So gibt es etwa Strohballenhäuser, die ebenfalls für ihr Raumklima und das Wohngefühl gepriesen werden. Und so weiter und so weiter. Da dieses Buch sich aber nicht an Architekten oder andere Experten richtet, machen wir an dieser Stelle einen Punkt in Sachen Baumaterialien. Mitnehmen können Sie, dass in der Bauindustrie einiges in Bewegung geraten ist und sich noch viel mehr ändern wird. Wollen Sie eine Immobilie kaufen oder selbst bauen, sollte zumindest deren Nachhaltigkeit ein wichtiges Kriterium sein. Die nämlich wird sich über kurz oder lang auszahlen.

Grüne Fassaden

Zur Nachhaltigkeit im weiteren Sinne zählen auch begrünte Fassaden. Die nämlich sorgen im Winter für eine verbesserte Wärmedämmung und im Sommer für Kühlung. Außerdem schützen sie die Bausubstanz, was diese langlebiger macht. Weitere Pluspunkte kommen der Gesundheit zugute: Pflanzen binden Schadstoffe und verbessern das Raumklima. Und nicht zuletzt sind auf einer »lebenden« Fassade eine Menge Tiere unterwegs – etwa Schmetterlinge, Hummeln, Spinnen oder auch Vögel. Ein Biotop, das dem Artenschutz dient und eine Naturoase mitten in der Stadt sein kann.

Viele kennen mit Efeu oder Wildem Wein bewachsene Garagen und Hauswände. Andere für Fassaden geeignete Arten sind Geißblatt, Blauregen, Waldrebe, Wildreben, Kletterrosen oder Kletterhortensien. Je größer die Flächen, desto sinnvoller ist es, sich dabei von einem Fachunternehmen beraten zu lassen. Grundsätzlich unterscheidet man in den Boden gesetzte von in Töpfen wurzelnden Pflanzen, wobei Letztere gegossen werden müssen. Sogenannte Selbstklimmer tun, was ihr Name ausdrückt: Sie ranken sich ohne jede Hilfestellung empor. Gerüstkletterpflanzen brauchen dagegen eine Kletterhilfe. In jedem Fall sollte man darauf achten, dass sich nichts ungehemmt ausbreitet, denn sonst könnte schon einmal die

Regenrinne zuwuchern oder ein nicht ausreichend isoliertes Garagendach undicht werden.

IV.3. Das Eigenheim als Kraftwerk

In der Energiekrise wurde es uns schmerzlich bewusst: Wohnen kostet! Nicht nur Miete, Müllabfuhr und Wasser schlagen zu Buche, sondern auch der Stromverbrauch und vor allem das Heizen. Logisch, denn Deutschland ist nun einmal ein Land, in dem es über viele Monate im Jahr so kalt ist, dass normale Häuser auf vielleicht ein paar Grad über null oder sogar auf Minustemperaturen auskühlen werden. Normale Häuser? Ja, solche, wie wir sie über Jahrhunderte gebaut haben. Doch Häuser können sich genauso ändern wie Menschen. Dank neuer Bauweisen, innovativer Technik, perfekter Dämmung und Entlüftung sinkt der Energiehunger vieler Neubauten drastisch.

Schon seit längerer Zeit kann man Niedrigenergie- oder Passivhäuser bauen. Sie sind so gut gedämmt, dass kaum Wärme aus dem Gebäudeinneren nach außen entweicht. Natürlich muss dennoch die Luft ausgetauscht werden, wollen die Bewohner nicht unter Sauerstoffmangel leiden. Dabei aber strömt nicht einfach die warme Heizungsluft nach außen, sondern ihr wird zuvor die Energie entzogen und auf die kalte Frischluft übertragen. Wärmequellen braucht allerdings auch ein solches Haus. Genutzt wird die Einstrahlung der Sonne, etwa durch große Fenster nach Süden oder auch ein gläsernes Dach, sowie die Wärme, welche die im Haus lebenden Menschen und vorhandene elektrische Geräte abgeben. So kann die Heizung sehr klein dimensioniert werden und sie wird nur an sehr kalten Wintertagen benötigt. Gleichzeitig müssen die

Fenster an heißen Tagen, von denen es immer mehr geben wird, gut abzudunkeln sein.

Häuser als Energieerzeuger

Mit Niedrigenergie- oder Passivhäusern ist schon sehr viel gewonnen. Aber es geht noch besser. Heute lassen sich Häuser bauen, die in der Summe keine Energie verbrauchen, sondern sogar welche produzieren, sogenannte Plusenergiehäuser. Auch sie haben Heizungen und beziehen zeitweise Strom aus dem Netz, doch übers Jahr gemittelt geben sie mehr Energie ab, als sie benötigen. Das funktioniert selbstverständlich nur mit jeder Menge Hightech und einer optimierten Bauweise. Der Lohn: mehr Unabhängigkeit vom aktuellen Preis für Strom und dem für Öl, Gas oder Holz.

Plusenergiehäuser sind keine triviale Angelegenheit. Wollen Sie eins errichten, müssen Sie sehr kompakt bauen, dürfen sich zum Beispiel keine Erker oder Gauben gönnen. So wird die Oberfläche minimiert und damit der Verlust an Wärme. Das Haus wird zudem optimal ausgerichtet. Nach Süden hin hat es Fenster, nach Norden ist es eher völlig geschlossen. Ein weiterer Teil des Konzepts ist die Zonierung: Räume, in denen geschlafen wird, sind an der Nordseite zu finden, die Wohnräume gehen nach Westen oder Süden. Diese Prinzipien werden schon wegen des Klimawandels immer sinnvoller.

Auch die Haustechnik ist in einem Plusenergiehaus eine besondere, denn ihr Energiebedarf wird in die Bilanz eingerechnet. Waschmaschinen, Geschirrspüler und Co haben die höchste Effizienzklasse, Licht kommt ausschließlich von LED- und Energiesparleuchten. Nicht nur bei der Lüftung wird Wärme zurückgewonnen, sondern auch aus dem Abwasser. Und die Bewohnerinnen und Bewohner müssen sparsam leben, was ihren Energieverbrauch angeht. Mit einem Smart Meter können sie jederzeit sehen, was gerade konsumiert und was erzeugt wird.

Alle Energiequellen nutzen

Apropos Energieerzeugung: Unverzichtbar sind Solarkollektoren zur Wärmegewinnung und Photovoltaik zur Stromproduktion. Den Strom, der gerade nicht benötigt wird, speichert man in Batterien oder er wird ins öffentliche Netz eingespeist. Dazu kommen Klein-Windkraftanlagen, etwa auf dem Balkon. Wo vorhanden, wird Geothermie genutzt. Ansonsten setzt man auf Wärmepumpen oder biogene Brennstoffe. Ergo: keine fossilen Energieträger wie Öl, Gas oder gar Kohle. Wer würde seit dem Beginn der Energiekrise nicht gerne in so einem Haus wohnen? Und wer würde bezweifeln, dass so einem Haus die Zukunft gehört. Es ist mit Sicherheit eine IMMER-bilie!

Häuser, die kleine Kraftwerke sind, spielen auch in den Konzepten für intelligente Stromnetze eine Rolle. Heute schon wird in manchen Regionen zu bestimmten Zeiten zu viel, zu anderen zu wenig Strom erzeugt. Je mehr wir auf erneuerbare Quellen wie Sonne und Wind setzen, desto unkalkulierbarer wird die Energieversorgung. Das heißt, wir müssen sie anders managen als früher. Einige wenige Großkraftwerke, die immer genau für den aktuellen Bedarf Strom produzieren? Das war einmal. In der Energiewelt von morgen wird es keine scharfe Trennung zwischen Verbrauchern und Erzeugern mehr geben. Häuser zum Beispiel werden dann beides sein. Ausgestattet mit Speichern, können sie überschüssigen Strom aus dem Netz aufnehmen oder Strom in dieses einspeisen, wenn das nötig ist.

Interessant für Sie als Immobilieneigentümer: Plusenergiehäuser ermöglichen neue Geschäftsmodelle für Vermieter. Sie bekommen nicht mehr nur Geld für den Wohnraum, während sich die Bewohnerinnen und Bewohner ihren Strom beispielsweise vom örtlichen Stadtwerk holen. Nein, Sie können auch den Strom von der Photovoltaikanlage auf dem Dach Ihres Gebäudes an die Mieter verkaufen. Natürlich haben Sie höhere Investitionen und es gilt zu errechnen, was sich an innovativer Technik in einem Mietobjekt lohnt – beziehungsweise wann sich der Einsatz amortisiert. In jedem Fall werden zukunftsfitte Häuser für immer mehr Mieter immer attraktiver – und das dürfte sich in der erzielbaren Mietrendite widerspiegeln. Es wandeln sich aber nicht nur die Ansprüche an das Gebäude selbst, auch unsere Art zu wohnen verändert sich.

IV.4. Vom Co-Working zum Co-Living

Hier wohnen, dort arbeiten. Hier Single-Wohnungen, Einfamilienhäuser et cetera, dort Gewerbe. Einst wurde strikt getrennt, wo wir essen, schlafen, fernsehen und wo wir uns für den Job aufhalten. Das ist vorbei. Seit der Pandemie boomt das Homeoffice, hat sich das Büro gleich neben dem Wohn- oder Esszimmer etabliert. Es ist gekommen, um zu bleiben. Immobilien, die das Arbeiten zu Hause erleichtern, liegen im Trend, werden wertvoller. Beachten Sie diesen Aspekt, wenn Sie sich verschiedene Objekte anschauen und etwas kaufen möchten. Es ist durchaus möglich, dass wir uns wieder den Zeiten annähern, in denen Wohnen und Arbeiten bei fast allen unter demselben Dach stattfanden – und das gilt für zahllose Berufe, in denen lediglich ein Schreibtisch, ein Notebook und ein Internetanschluss gebraucht werden.

Auch das sogenannte Coworking ist beliebt. Dafür werden Räume geschaffen, die ein Mittelding zwischen Wohnung und Firmensitz sind: Co-Working-Spaces. Freiberufler, digitale Nomaden, die Mitarbeiterinnen und Mitarbeiter von Start-ups teilen sich meist große Flächen, die offen und häufig inspirierend gestaltet sind. Alle bringen nur ihr Notebook mit. Drucker und Scanner, WLAN, Beamer, Schreibtische, Besprechungsecken, eine Küchenzeile gibt es vor Ort. Vielleicht finden Sie Räumlichkeiten, die sich an einen Anbieter von Co-Working-Spaces vermieten lassen. Oder Sie ziehen selbst so etwas auf – als Alternative zum Investment in eine herkömmliche Wohn- oder Gewerbeimmobilie!

Co-Working-Spaces könnten Wegbereiter für Co-Living-Konzepte werden.

Moderne Wohngemeinschaften

Noch spannender sind neue Konzepte fürs Wohnen mit Menschen, mit denen man nicht in einer Partnerschaft lebt und die nicht zur

Familie gehören. Co-Living nennt sich das gemeinschaftliche Wohnen für eine bestimmte Zeit. Möglicherweise haben Sie als Studentin oder Student in einer WG gelebt und denken nun daran zurück. Co-Living aber ist für alle Altersgruppen möglich. Bei manchen dieser Gemeinschaften werden gezielt sowohl ältere Menschen als auch jüngere, Familien mit Kindern und Singles gesucht. Ein wenig erinnert das an frühere Großfamilien oder auch Dörfer, in denen die Einwohnerinnen und Einwohner viel enger zusammenlebten als heute.

Co-Living kann sich beziehen auf ein Mehr-Generationen-Wohnprojekt, für das es wiederum diverse Optionen gibt. Zum Beispiel eine Wohnanlage mit zahlreichen Wohnungen unterschiedlicher Größe sowie gemeinsam genutzten Räumen und Flächen. Eine der Ideen dabei: Die Mieterinnen und Mieter unterstützen sich gegenseitig, profitieren voneinander. Die 70-jährige Alleinstehende etwa passt öfter auf die Kleinkinder ihrer Nachbarn auf, die wiederum sie zum Arzt fahren, da sie kein Auto mehr hat, oder ihr bei größeren Einkäufen helfen. Alt und Jung unter einem Dach! Wie viel zusammen gemacht, wie viel geteilt wird, das variiert von Projekt zu Projekt.

Mehr-Generationen-Wohnen wird meist von einigen wenigen initiiert, die dann Menschen suchen, die zueinander passen. Manche gründen eine Genossenschaft, an der jeder Anteile erwirbt. Für Sie als Immobilieneigentümer ist das spannend, wenn Ihre Immobilie sich für ein solches Projekt eignet. Alternativ könnten Sie dann auch Co-Living anderer Art anbieten, nämlich nach einem an das Co-Working angelehnten Konzept: Sie stellen verschiedene Unterkünfte sowie Gemeinschaftsflächen zur Verfügung – und Sie richten diese komplett ein, schaffen also Möbel, Staubsauger und Geschirr an, schließen einen Vertrag für die Stromversorgung ab sowie einen fürs Internet, kaufen eine Waschmaschine und vielleicht auch ein Fahrrad pro Wohneinheit. Wohnen »all inclusive«, für das der Mieter nur noch einen Koffer mit Kleidung und einen Laptop braucht.

Wer nicht weiß, wie lange er in einer bestimmten Stadt sein wird, für den sind solche Angebote optimal. Er ist enorm flexibel, braucht bei einem Umzug keine Möbelpacker zu bezahlen und keinen Transport zu beauftragen. Er genießt hohen Komfort, ohne selbst dafür sorgen zu müssen. Vor allem den Millennials kommt das entgegen, denn die wollen sich häufig nicht festlegen – weder auf den Job, den sie gerade haben, noch auf den aktuellen Wohnort. Aber natürlich braucht es Menschen, die solchen Wohnraum zur Verfügung stellen. Eine Chance für Sie, wenn Sie ein passendes Objekt besitzen.

Bieten Sie Co-Living an, achten Sie auf Mietverträge, die individuell gestaltet werden können. Solche »von der Stange« sind eher nicht geeignet. Stellen Sie sich auf eine hohe Fluktuation ein und suchen Sie sich – eventuell zusammen mit anderen Wohnungseigentümern, mit denen Sie Ihr Konzept umsetzen – eine innovative Hausverwaltung. Vielleicht wird das eine oder andere Apartment von mehreren Menschen zu verschiedenen Zeiten genutzt und es braucht dafür smarte Systeme für den Zugang. Bei größeren Objekten gibt es sogenannte Community Manager, die zum Beispiel für das Internet zuständig sind oder aktiv werden, um ein Gemeinschaftsgefühl aufzubauen.

Entwickeln Sie ein Geschäftsmodell, mit dem Sie in Ihrer Region Vorreiter sind. Wir müssen es uns immer wieder klarmachen: Sowohl die Arbeitswelt als auch unsere Art zu wohnen transformieren sich.

Die kommenden Generationen haben andere Bedürfnisse als ihre Eltern und Großeltern. Flexibilität heißt das Zauberwort, während lebenslange Ortsgebundenheit wohl ein aussterbendes Modell ist. Vermieterinnen und Vermieter sollten sich frühzeitig umorientieren, also den Blick beispielsweise auf Co-Living, modernes Design, Hightech bei der Ausstattung richten – und immer mehr auch auf eine nachhaltige Energieversorgung. Denken Sie an das Konzept Employer Branding, die Darstellung eines Unternehmens als attraktiven Arbeitgeber. Möglicherweise wird es bald auch ein Vermieter-Branding geben!

Co-Housing, Cluster, Collaborative Living

Vielleicht wollen Sie auch selbst in ein Co-Living-Projekt ziehen. Oder Ihre Eltern. Oder Ihre Kinder. Schauen wir uns die verschiedenen Optionen näher an. Eine davon ist das Co-Housing. Hier haben wir einen Komplex an Wohnungen, der sich zum Beispiel mitten in einer Stadt befindet. Sie leben in einer im Grunde normalen Wohnung, haben Ihre eigene Küche, Ihr eigenes Bad, können hinter sich abschließen. Daneben haben Sie Gemeinschaftsflächen in unmittelbarer Nähe Ihres Zuhauses. Manchmal sind die gestaltet wie früher Plätze im Dorfzentrum. Dort wuschen einst Menschen ihre Wäsche am Brunnen, heute treffen sie sich »nur« noch, um miteinander zu reden und Neuigkeiten auszutauschen. Hier können sich Kinder wieder zufällig begegnen, statt sich erst über die sozialen Medien zu verabreden. Es gibt möglicherweise auch Büros zum Anmieten, Spielplätze oder ein Haus für gemeinsame Aktivitäten. Das alles bietet viel Privatsphäre und zugleich viel Vernetzung!

Deutlich mehr in Richtung Miteinander bei reduziertem eigenem Bereich gehen die sogenannten Cluster-Wohnungen. Auch da haben Sie private Bereiche, aber vielleicht nur ein Schlafzimmer, eine kleine Kochecke und ein Bad. Zumeist wird in der großen Küche gekocht, die allen gehört, und auch das Wohnzimmer wird mit den anderen Bewohnerinnen und Bewohnern geteilt. Fast wie in der WG in Studentenzeiten. Der Garten, wenn vorhanden, wird ebenso von sämtlichen Mietparteien genutzt. Das ist sicherlich nicht jedermanns Sache, doch im Hinblick auf Ressourcenschonung und Verdichtung innerhalb der Stadt ein intelligenter Ansatz.

Noch gewöhnungsbedürftiger, noch radikaler ist das Konzept des Collaborative Living. Hier haben Sie extrem wenig Privates und extrem viel Gemeinschaft. Die genaue Ausgestaltung hängt vom jeweiligen Projekt ab, doch typischerweise fehlt etwa das eigene Badezimmer, eventuell wird es ersetzt durch eine dem eigenen Schlafzimmer angegliederte Toilette. Dafür haben Sie ein großes Bad zur Mitbenutzung zur Verfügung, das vielleicht eher einer Wellnessoase ähnelt. Sauna, Whirlpool, Massageliege – alles ist möglich. Bei konsequenter Umsetzung wird auch das Arbeiten aus dem individuellen Bereich ausgelagert in einen Co-Working-Space. Und wenn Sie einmal Besuch von Freunden bekommen, können Sie für eine bestimmte Zeit das Gästezimmer mieten. Klar, für Eremiten ist diese Art des Wohnens nicht geeignet, sie bietet aber Vorteile. Sie müssen sich schlicht um viel weniger kümmern als bei einer »normalen« Mietwohnung. Und vereinsamen werden Sie sicher nicht.

Bei Co-Housing, Cluster-Wohnungen oder Collaborative Living können Sie als künftiger Bewohner häufig in der Phase der Realisierung mitreden, also selbst Vorschläge machen. Auf diese Weise entstehen Komplexe, in denen nicht nur mehr oder weniger intensiv gemeinsam gelebt wird, sondern diese werden auch teilweise gemeinsam entworfen. Oft zahlen die Bewohner vor ihrem Einzug einen höheren Betrag als Einmalzahlung und profitieren danach von einer entsprechend verringerten monatlichen Miete. Auch Projekte mit Sozialwohnungen gibt es oder solche, bei denen einkommensabhängig unterschiedlich hohe Mieten anfallen. Immer ist auch eine soziale Komponente vorhanden, denn für solche Wohnformen entscheidet sich nur, wer das Miteinander liebt – und zwar nicht nur auf den Partner oder die eigene Familie bezogen.

Als *Early Adopters* werden sich eventuell in Zukunft all jene bezeichnen können, die heute schon Co-Living praktizieren. Manche tauschen auch ihre Wohnung für einen bestimmten Zeitraum gegen eine andere, was sich bisher vor allem für den Urlaub etabliert hat. Zwei Wochen auf Mallorca in privaten Räumen, während man deren Eigentümern die eigenen vier Wände in Hamburg zur Verfügung stellt. Kein Hotel, sondern ein paar Tage so wohnen wie die Einheimischen. Gut möglich, dass sich dieser Trend auch auf das dauerhafte oder eben nicht so wirklich dauerhafte Wohnen überträgt. Stellen Sie sich zum Beispiel vor, Sie wollen eine Zeit lang in München arbeiten und jemand aus München in Berlin, wo Sie wohnen. Statt auf dem überlaufenen Mietwohnungsmarkt zu suchen, könnten Sie einfach die beiden Domizile auf Zeit tauschen.

Wohnen wird dezentral

Das Zukunftsinstitut spricht bereits vom dezentralen Wohnen. Im Netzzeitalter hätten wir durch soziale Medien das Teilen und Tauschen gelernt und verinnerlicht. Nun würden sich diese kollaborativen Kulturtechniken auch auf das Wohnen übertragen.[77] Gemeint ist damit, dass immer mehr Menschen das Nutzenkönnen wichtiger ist als Eigentum. Wir teilen Autos über Carsharing-Systeme, warum nicht auch Wohnungen oder große Teile davon? Manche Varianten der Co-Living-Konzepte reduzieren den privaten Wohnraum auf das täglich absolut Nötige, während andere Wohnfunktionen geteilt werden.

Verrückt oder sinnvoll? Das muss letztlich jeder für sich selbst entscheiden, doch klar ist: Viele Menschen verwenden nur Teile ihrer Wohnung und andere selten bis gar nicht. Wer beruflich ständig auf Achse ist, geht oft lieber ins Restaurant, statt am Abend in der Küche zu stehen. An den meisten Tagen jedenfalls. Und wenn er alle paar Wochen Gäste einlädt und groß auftischt, dann reicht dafür eine Gemeinschaftsküche, die er für diesen Tag reserviert. Da gibt es dann einen riesigen Kühlschrank, in dem zum Beispiel auch viele Flaschen Wein auf Trinktemperatur gebracht werden können. Und eventuell auch einen tollen Tisch für zehn Personen, der in einem normalen Esszimmer keinen Platz fände.

Wohnqualität könnte künftig nicht mehr an der Größe der Wohnung bemessen werden und auch nicht an der Ausstattung. Zwei Bäder, drei Stockwerke, Designermöbel, ein riesiger Garten für einen Alleinlebenden: Das alles wollen viele gar nicht mehr – unabhängig von der Frage, ob sie es sich leisten können. »Mein Haus, mein Auto, mein Boot« wird vielleicht ein Spruch von gestern sein, weil diese Dinge keine Statussymbole mehr darstellen. Klar, das ist noch Zukunftsmusik, doch die Entwicklung scheint in Richtung Sharing Economy zu gehen. Die Wohnqualität ist dann hoch, wenn man flexible Nutzungsoptionen hat, während die Belastung durch Eigentum reduziert wird.

Hannes zum Beispiel ist überzeugter Single, 35 Jahre alt und hat einen Job, bei dem er täglich ins Büro gehen kann oder auch von zu Hause arbeiten kann. Bis vor einiger Zeit lebte der Münchner in einem schicken Loft mit großer offener Küche und 130 Quadratmeter Wohnfläche. Der Blick über die Dächer Münchens hinweg, der an klaren Tagen bis zu den Alpen reicht, war fantastisch. Der Vermieter ließ sich das aber auch entsprechend bezahlen. Hannes hatte einen Indexmietvertrag und durch die anziehende Inflation schoss seine Miete in die Höhe. Am Hungertuch musste er deshalb nicht nagen, denn sein Gehalt war und ist weit überdurchschnittlich. Irgendwann fragte sich der Architekt trotzdem: Wozu diese teure Wohnung? Er ist abends so gut wie immer unterwegs und oft wochenlang wegen beruflicher Projekte in anderen Städten.

Inzwischen ist Hannes aus seinem Loft ausgezogen. Er hat sich für ein Wohnprojekt am Stadtrand entschieden. Dort kann er nach der Arbeit im angrenzenden Wald joggen gehen und mit der S-Bahn erreicht er in kurzer Zeit das Zentrum. Sein Apartment besteht aus nur zwei Zimmern, die ihm absolut genug sind. Es hat sich hier eine Community gebildet, die sich gegenseitig unterstützt. Hannes genießt es, sozial mehr in seine Nachbarschaft eingebunden zu sein, während er früher die anderen Bewohnerinnen und Bewohner des Mietshauses gar nicht kannte. Ab und zu passt er sogar auf die kleinen Kinder einer jungen Alleinerziehenden auf, wenn die in ihr Unternehmen muss. Eine völlig andere Lebenswelt, was Hannes spannender findet, als er sich das je hätte vorstellen können. Er ist sehr zufrieden mit seiner neuen Wohnsituation.

Ein dicker Pluspunkt: Sollte sich Hannes verlieben und mit seiner Freundin zusammenziehen oder Nachwuchs bekommen, muss er nicht ausziehen. Der Wohnkomplex ist so konstruiert, dass sich bei Bedarf weitere Räume hinzunehmen oder einfach zwei Wohnungen zusammenlegen lassen. Es gibt einen Kindergarten, in den auch Kinder von »außerhalb« gehen, einen Dachgarten für gemeinsame Feiern oder eine gemütliche Lesestunde am Abend und sogar eine Mini-Wohnung, die man für einen pflegebedürftigen Angehörigen anmieten kann. Ganz besonders liebt Hannes den Workspace, den er nun meist dem Homeoffice und dem Büro im Unternehmen vorzieht. Hier kann er sich mit anderen austauschen, muss es aber nicht. Dadurch findet er so viel Inspiration und so viel Rückzug, wie ihm gerade guttut.

Kollaboratives Wohnen ist nicht lediglich ein moderner Begriff für die gute alte Wohngemeinschaft. In einer WG ging und geht es oft in erster Linie um Wohnen in einer Art Ersatzfamilie – abgesehen einmal von sogenannten Zweck-WGs, die eher aus Pragmatismus heraus entstehen –, es wird gemeinsam gekocht, auch Bad und WC werden in der Regel geteilt. Oft werden Einkaufspläne zusammen erstellt, ebenso Aufgaben wie das Putzen verteilt. Bei kollaborativen Lösungen soll der Einzelne so viel privaten Raum haben, wie er gerade benötigt – und den entsprechend erweitern können, wenn sich seine Ansprüche ändern. Die gemeinsamen Bereiche werden nicht zwangsläufig gemeinsam genutzt – zumindest nicht regelmäßig –, sondern eher von den verschiedenen Mietparteien abwechselnd.

Möglich, dass kollaboratives Wohnen den vielerorts extrem engen Mietwohnungsmarkt entspannen kann. Es könnte dazu beitragen, die Wohnfläche pro Person zu senken und damit weitere Zersiedelung zu begrenzen. Dazu ist ein Bewusstseinswandel nötig, doch der schreitet bereits voran. Ob sich diese Wohnformen durchsetzen, hängt zudem von den Rahmenbedingungen ab. Wenn das Heizen immer teurer wird, überlegen sich die Menschen, ob sie wirklich so viele Räume brauchen wie bisher. Das ist nicht anders als beim Auto: Die Verknappung von Parkraum in den Innenstädten animiert dazu, den eigenen

Wagen abzuschaffen und auf Carsharing umzusteigen. Letztlich geht es um die Erfüllung des Bedürfnisses nach Mobilität, was so oder so geschehen kann – beim Wohnen ist das nicht grundsätzlich anders. Gilt hier also künftig das Motto »Weniger ist mehr«? Wenn ja, führt uns das unmittelbar zum nächsten Punkt, den Mini-Häusern.

IV.5. Tiny, mobile, modular …

Neben neuen Wohnformen liegen auch neue Arten von Häusern im Trend. Für viele Menschen ist zwar das frei stehende Einfamilienhaus immer noch das Nonplusultra, der ultimative Traum. Andere – und deren Zahl steigt – wollen sich damit nicht mehr belasten. Genügt nicht auch weniger Raum? Ist nicht Flexibilität wichtig – und warum dann an einen Ort gebunden sein und jahrzehntelang einen Kredit abzahlen? Solche Überlegungen führen direkt zum Tiny House. Das ist Wohnen auf minimalistische Art! Auch Tiny Houses sind zumeist frei stehend, doch wie der Name schon sagt: winzig. Eine exakte Definition gibt es nicht, in der Regel werden Sie maximal 45 Quadratmeter zur Verfügung haben.

45 Quadratmeter: Das ist nicht viel, erfüllt aber offenbar für viele Menschen das Grundbedürfnis Wohnen – und das Motiv, nachhaltiger zu leben, spielt dabei eine Hauptrolle. Das Credo lautet: *Simplify your life!* Wer wenig Platz hat, verbraucht weniger Ressourcen sowohl für das Gebäude selbst als auch für Möbel, Dekoobjekte et cetera. Beim Design ist Kreativität gefragt. Ungenutzter Raum? Fehlanzeige! Jeder Quadratzentimeter erfüllt einen Zweck und bei den Einrichtungsgegenständen heißt das Motto Wandlungsfähigkeit. Unter den Absätzen der Treppe, sofern eine solche vorhanden ist, lassen sich etwa Schubladen anbringen. Tische sind oft – wie in

einem Camper – hochklappbar und vielleicht auf der Unterseite als Wandregal gestaltet. Ein Stuhl kann zum Bett werden oder zur Spielfläche für Kinder.

Ein genauso wichtiger Punkt wie der Minimalismus aus Prinzip sind natürlich die Kosten. Tiny Houses sind logischerweise günstiger als Eigenheime mit 100 oder mehr Quadratmetern. Ein wichtiges Argument in Zeiten höherer Zinsen, das jedoch nur dort zieht, wo der Preis fürs Grundstück nicht den weitaus größten Anteil der Gesamtkosten ausmacht. Und: Wer als Paar in ein Mini-Haus ziehen möchte, muss sich darüber im Klaren sein: Privatsphäre gibt es in einem solchen Zuhause kaum. Für Wände und Türen kann schlicht kein Platz verschwendet werden. Im Grunde ist ein Tiny House näher dran am Dauer-Camping als an traditionellen Immobilien – mit einem Unterschied: Sie brauchen auch dafür ein Grundstück beziehungsweise, positiv ausgedrückt, Sie werden Eigentümer von Grund und Boden. Die Klientel, der so etwas gefällt, ist altersmäßig bunt gemischt und insgesamt eher innovativ und umweltbewegt.

Sieht so die Zukunft des Wohnens aus? Beispiel für ein Tiny House.

Und wer das materiell reduzierte Leben nur einmal ausprobieren möchte, findet mittlerweile auch Tiny Houses auf Plattformen für Ferienhäuser. Wollen Sie kaufen und vermieten, kann das eine lukrative Idee sein – vorausgesetzt, Sie finden eine entsprechende Immobilie in einer attraktiven Region. Hier muss das Grundstück nicht extrem teuer sein, denn begehrte Urlaubsorte sind ja auch ländliche Gegenden, in denen der Kauf noch erschwinglich ist. In den Ballungsräumen werden Sie so etwas hingegen kaum finden. Hier ist der Grund und Boden der limitierende Faktor – und dabei ist relativ egal, wie groß Sie bauen oder kaufen möchten.

Wohnen auf vier Rädern

Eine besondere Form der Tiny Houses sind die auf Rädern, die Mobile Homes. Quasi überdimensionierte Wohnwagen, mit denen wir im Grunde das Thema Immobilie verlassen. Diese beweglichen Häuschen dürfen Sie in Deutschland nicht einfach irgendwohin stellen. Einen Dauerstellplatz auf einem Campingplatz zu mieten, ist möglich, aber nicht gerade die Idealvorstellung der meisten potenziellen Mobile-Home-Käufer. Die möchten lieber naturnah und ungestört leben, brauchen also wechselnde feste Plätze für ihre rollenden vier Wände. Und damit unterliegen sie hierzulande dem Baurecht! Das wird geregelt mit Flächennutzungs- und darauf basierenden Bebauungsplänen.

Letztere enthalten auch Bestimmungen zur Größe der erlaubten Häuser – mit Unter- und Obergrenzen! Es wird die Dachneigung festgelegt, manchmal sogar die Farbe der Fassade. Ob man da von deutscher Regulierungswut spricht oder so etwas sinnvoll findet: In den allermeisten Fällen wird das Mobile Home oder auch das immobile Tiny House die Bedingungen nicht erfüllen. Letzteres wiederum darf nirgendwohin gestellt werden, wo es nicht an die Wasser-, Abwasser- und Stromversorgung angeschlossen werden kann. In Gebieten mit Bebauungsplan ist das gesichert, außerhalb davon nicht. Ohne das Ganze bekommen Sie aber keine Baugenehmigung.

Heute hier, morgen dort? Im Mobile Home wird es möglich!

Ein Mobile Home einfach auf die große Wiese stellen, die zum Haus Ihrer Eltern gehört? Fürs Wochenende ist das okay, fürs dauerhafte Bewohnen jedoch nicht erlaubt. Ebenso ist es nicht möglich, zum Beispiel mit Freunden ein Grundstück zu kaufen, zu teilen und dort zwei Mobile Homes zu positionieren. Ohne Bebauungsplan, ohne Baugenehmigung läuft in Deutschland gar nichts, ob mobil oder nicht! Es kann nicht einmal die Gemeinde allein entscheiden, ob Mobile Homes auf ihrem Gebiet stehen dürfen. Sie muss sich an den Flächennutzungsplan beispielsweise des Landkreises halten.

Der sagt, wo sich Gewerbegebiete, Wohngebiete, Grünflächen, Wasserflächen, Straßen, Versorgungseinrichtungen und so weiter befinden. Jeder Quadratmeter ist verplant!

Häuser zusammenpuzzeln

In dieses Kapitel gehört auch die Idee der Modulbauweise. Die passt zur flexiblen Lebensweise vieler junger, aber auch älterer Menschen – und sie kann dazu beitragen, dass weniger Gebäude einfach abgerissen und entsorgt werden. Verschiedene Module, meist aus Massivholz, lassen sich auf mehrere Arten zusammenbauen. So ist es möglich, dass jeder sich seine ganz persönlichen Wohnbedürfnisse erfüllt. Zudem ist ein solches Haus nicht für die Ewigkeit gebaut, sondern wandelbar. Es kann verkleinert oder vergrößert beziehungsweise einfach nur verändert werden. Sogar ein Abbau und Wiederaufbau an anderer Stelle ist möglich. Schon vor Jahrzehnten gab es mitwachsende Schreibtische für Kinder, jetzt also wachsen auch die Häuser mit oder sie schrumpfen. Ganz nach Bedarf. Immobilien wie ein Setzkasten!

Immer nur Neues zu bauen, das wird künftig nicht mehr funktionieren. In den Ballungszentren wohnen immer mehr Menschen, in den einzelnen Haushalten immer weniger. Die Ansprüche ans Wohnen diversifizieren sich stärker und stärker. Bestehende Strukturen etwa in den Innenstädten dürften seltener als früher durch neue ersetzt und häufiger umgebaut werden. Modulhaus-Anbieter offerieren Lösungen wie die Überbauung eines eingeschossigen Geschäfts, wodurch Wohnungen, Büros oder auch Studentenwohnheime entstehen, ohne dass weitere Fläche benötigt und versiegelt wird. Kein neues Konzept, doch eines, das in Zukunft häufiger als bislang umgesetzt werden wird.

Tiny House, Mobile Home, Modulhaus: Ein Exkurs, der zeigt: Die Wünsche, was das Wohnen angeht, ändern sich. Flexibilität wird mehr und mehr großgeschrieben. Doch bis wir alle quasi unser Schneckenhaus mit uns herumtragen und damit durch die Welt ziehen, wird es noch einige Zeit dauern. Beziehungsweise ist wahrscheinlicher, dass wir das nie erleben werden. Schließlich wird der Kampf um Fläche härter, kommen sich immer mehr Ansprüche an deren Nutzung in die Quere. Und unsere Erdkugel dehnt sich nun einmal nicht aus. An manchen Meeresküsten wird Land gewonnen, an anderen geht welches verloren. Eine zweite Erde haben wir nicht.

IV.6. Wie Silver Ager wohnen wollen

Mini-Häuser sind tendenziell eher etwas für die jüngere Generation. Ein immer größerer Anteil der Bevölkerung in Deutschland und vielen anderen Ländern gehört nicht zu dieser Gruppe. Ich rede von den Silver Agern, auch bezeichnet als Best Ager, Generation Gold, Generation 50plus, Golden Ager, Third Ager, Master Consumer et cetera. Manche sprechen vom Megatrend Silver Society, der Auswirkungen in fast allen Lebensbereichen hat. So wird oder wurde geunkt, dass der Konsum zurückgehe, mit drastischen Folgen für Wachstum und Aktienkurse. Spürbar ist die Überalterung bereits auf dem Arbeitsmarkt, auf dem zunehmend Fachkräfte fehlen. In manchen Orten lohnt sich das Betreiben von Schulen oder Kindergärten nicht mehr.

Apropos Konsum: Die Befürchtungen, dieser werde einbrechen, werden heute von weniger Menschen geteilt als noch vor zehn Jahren. »Damals« meinten viele, Werbung für Menschen ab 50 lohne sich nicht – außer für spezielle Produkte wie Reiniger für dritte

Zähne. Die meist jungen Marketing-Experten waren weit entfernt von dieser Zielgruppe, verstanden sie nicht und hatten auch keine Lust, sie zu verstehen. Mittlerweile arbeiten aufgrund des demografischen Wandels auch in diesem Bereich Ältere. Vor allem aber sind »die Alten« keine homogene Gruppe mehr. Viele von ihnen haben progressive Ansichten entwickelt beziehungsweise sich von diesen nie verabschiedet, wollen ihr Geld ausgeben, reisen, Hobbys ausüben.

Zu beachten ist dabei die Verlängerung der nach der Verrentung verbleibenden Lebenszeit. Inzwischen ist zwar auch das reguläre Renteneintrittsalter gestiegen, die Lebenserwartung aber in den letzten 50 oder 100 Jahren sehr viel stärker. So stellt sich die Frage: Was anfangen mit vielleicht 20, 30 oder mehr Jahren Ruhestand? Begriffe wie Selbstwirksamkeit, Sinn, Autonomie haben Konjunktur. Oder mehr als das: Sie werden vermutlich zentral bleiben, sind also nicht lediglich eine Modeerscheinung. Man spricht auch von einer sozio-kulturellen Verjüngung, welche die demografische Alterung in gewisser Weise ad absurdum führt. Kaum jemand möchte noch als Seniorin oder Senior tituliert werden. Zusätzlich zu den erwähnten Bezeichnungen wie Best Ager und Silver Ager tauchen solche wie Silverpreneur oder Greyhopper auf. Die einen setzen auch in fortgeschrittenem Alter auf Selbstverwirklichung im Beruf, die anderen beginnen noch einmal ein neues Leben.

Menschen ab 50 sind heute zu wesentlich mehr Veränderungen bereit als jemals zuvor. Das bezieht sich auch aufs Wohnen und was dabei eine große Rolle spielt: Viele wollen nicht nur, sie können sich auch eine neue Wohnsituation leisten. Vielleicht möchten die eigenen Kinder das Haus, in dem sie groß geworden sind, für ihre Familien adaptieren. Die Eltern wiederum haben vielleicht eine Menge Geld von ihren eigenen Eltern geerbt. Die Babyboomer sind eine Erbengeneration! Bedeutet: Sie haben nicht immer, aber oft die Mittel, sich in fortgeschrittenem Alter eine Immobilie, häufig die zweite, zu kaufen. Die mag kleiner sein als das ehemalige Familienheim, doch möglicherweise auch feiner.

Spezielle Ansprüche ans Wohnen

Und was heißt das für den Wohnungsmarkt? Die Silver Ager haben mit Sicherheit spezifische Anforderung an Immobilien, die mit ihren Bedürfnissen zusammenhängen. Da ist natürlich das Thema Barrierefreiheit, mit dem wir uns bereits in Kapitel III.4. beschäftigt haben. Ein ebenerdiger Eingang, möglichst nur eine Ebene, breite Türen und bei einer Etagenwohnung ein Fahrstuhl gehören zu den Basisanforderungen. Auch sollte die Dusche ohne Stufe zugänglich sein. Diese Dinge sind zwar oft noch gar nicht notwendig, doch wer mit Mitte 50 oder in höherem Alter umzieht, achtet darauf. Schließlich möchte er nicht nach ein paar Jahren erneut das Domizil wechseln müssen oder zumindest frei entscheiden können, ob er noch bleiben möchte.

Mit einer barrierefreien Ausstattung ist es jedoch nicht getan. Silver Ager wünschen sich oft mehr Sicherheit als ihre Kinder oder Enkel. Eine Alarmanlage ist daher genauso ein Pluspunkt wie eine Gegensprechanlage und manche wollen sogar eine Überwachungskamera für das gesamte Grundstück. Ein weiterer, häufig übersehener Punkt: Ältere Menschen bevorzugen pflegeleichte Immobilien. Der Garten, sofern vorhanden, sollte nicht zu groß sein und die meisten haben auch keine Lust, jede Menge Äpfel und Walnüsse zu ernten. Im Innenbereich sind fugenlose, leicht zu reinigende Böden gefragt.

Ist die Wohnung möbliert, wünschen sich die Silver Ager meist robuste Möbel, etwa aus Massivholz oder mit einer Versiegelung. Manche setzen auf Minimalismus, also eher wenige Gegenstände und keine aufwendige Dekoration.

Wer nicht oder nicht mehr im eigenen Haus lebt, sucht oft nach Wohnungen, zu denen Gemeinschaftseinrichtungen gehören – beispielsweise ein Raum, der für Treffen der Hausgemeinschaft genutzt werden kann, ein Fitnessstudio im Keller oder eine Sauna. Wird der Garten von der Hausverwaltung gepflegt, ist auch eine solche Grünfläche gern gesehen. Alles das bietet Möglichkeiten zur Freizeitgestaltung vor Ort und zum Knüpfen von Kontakten zu Mitbewohnerinnen und Mitbewohnern – wichtig, um sozial, geistig und körperlich aktiv zu bleiben.

Gute Nahversorgung und Flexibilität

Ein sehr wichtiges Kriterium gerade für Silver Ager, aber nicht nur für die, ist die Qualität der Nahversorgung. Ein Supermarkt, eine Apotheke, Arztpraxen in fußläufiger Entfernung erleichtern das Leben enorm – insbesondere dann, wenn man kein Auto mehr hat oder keines mehr haben will. Ebenso entscheidend ist eine gute Anbindung an Busse und Bahnen. Bequem und umweltfreundlich in die City zum Shopping oder zum Theater fahren zu können, das unter anderem qualifiziert eine Wohnung als Silver-Ager-gerecht und nachhaltig. Die Spritkosten werden hoch bleiben oder steigen und der Klimawandel beschäftigt heute Menschen jeden Alters. Und: Auch wer über 50 ist, will oft – nicht nur der Gesundheit wegen – Fahrrad fahren. Ein Radweg vor der Haustür und ein Radkeller kommen daher gut an.

Ein weiteres Stichwort für alle Altersgruppen ist Flexibilität. Während die Jüngeren diese so ausleben, dass sie öfter einmal den Arbeitgeber wechseln und deswegen oder aus anderen Gründen umziehen, möchten Ältere eher ihr Zuhause umgestalten. Am Ort zu bleiben, hat den Vorteil, keine neuen Freundeskreise aufbauen zu müssen, die gewohnten Wege gehen zu können – und die Familie in der Nähe zu wissen, wegen der man vielleicht erst an den aktuellen Wohnort gezogen ist. Dennoch ändern sich auch bei einem Silver Ager die Bedürfnisse. Der eine hat ein neues Hobby angefangen und braucht dafür Platz, die andere möchte nach dem Tod des Partners Räume untervermieten. In Zukunft dürften daher flexibel anpassbaren Immobilien besonders gefragt sein. Solche, in denen sich Räume problemlos umgestalten lassen, eine zweite Küche eingebaut werden kann oder auch ein zweites Badezimmer.

Lebensentwürfe entscheiden

Auf eine gute Nahversorgung, Barrierefreiheit und so weiter legen viele ältere Menschen Wert. Aber: Best Ager unterscheiden sich voneinander genauso, wie das Jugendliche oder 40-Jährige tun. In Sachen Wohnen lohnt es sich deshalb, nach Lebensentwürfen zu differenzieren. Implenia, ein multinational führender Bau- und Immobiliendienstleister aus der Schweiz, , hat sechs Gruppen identifiziert: unternehmungslustige Gesellige, fitte Gesundheitsbewusste, vorsichtige Zurückgezogene, erfolgreiche Etablierte, urbane Individualisten und traditionsbewusste Verwurzelte.[78] Logisch, dass sich diese sechs Segmente auch hinsichtlich der Wohnbedürfnisse unterscheiden. Doch schauen wir uns zuerst an, welche Prioritäten Best Ager ab etwa 55 Jahren hinsichtlich ihres Lebens insgesamt haben:

Sie kümmern sich vorrangig um ihre Gesundheit und ihr Wohlbefinden, Familie und Angehörige sind ihnen wichtig, sie genießen die kleinen Freuden, gehen Hobbys nach, verreisen, machen etwas mit Freunden, entschleunigen. Relativ weit unten auf der Liste stehen berufliche Betätigung, ehrenamtliches Engagement oder Aktivitäten mit Nachbarn oder auch der Besuch von Kulturveranstaltungen. All das sind Ergebnisse einer von Implenia Real Estate Products im Jahr 2022 zusammen mit Milani Design & Consulting sowie marketmind durchgeführten Studie. Basis dafür: die Befragung einer repräsentativen Stichprobe in Deutschland und der Schweiz. Zusammenfassend wird konstatiert, dass Best Ager heute in der Mehrheit sehr aktiv sind, mit ihrem Alter anders als Senioren früherer Zeiten umgehen und digitale Affinität zeigen.

Und was heißt das alles in puncto Wohnen? Ihre Lebensqualität, die für Best Ager eine große Bedeutung hat, wollen diese auch in ihren eigenen vier Wänden möglichst maximieren. Die unternehmungslustigen Geselligen, die in Deutschland 19 Prozent aller Best Ager ausmachen sollen, lieben Ballungsräume. Sie wünschen sich eine Gemeinschaft, in der sie sich aufgehoben fühlen, und haben die höchste Bereitschaft zum Umzug unter allen Gruppen. Den fitten Gesundheitsbewussten (23 Prozent) ist ein privater Außenraum, etwa ein eigener Garten, wichtig. Sie wollen praktisch wohnen, und das an einem Ort, an den ihre Gäste gerne kommen.

Die vorsichtigen Zurückgezogenen (12 Prozent) sind sehr sensibel, was altersgerechtes Wohnen angeht. Sie denken vermutlich eher früh darüber nach, wie es mit der Barrierefreiheit aussieht. Dagegen sind die erfolgreichen Etablierten (13 Prozent) sehr offen für neue Trends. Sie lieben es auch, auf großem Fuß zu wohnen, mögen repräsentative Immobilien und brauchen mehr

Wohnfläche als andere. Die urbanen Individualisten (13 Prozent) zeigen sich, wie der Name schon sagt, als höchst individuelle, inhomogene Gruppe. Das spiegelt sich in der Gestaltung ihrer Wohnungen und Häuser, die ihren ganz eigenen Vorstellungen entspricht. Die traditionsbewussten Verwurzelten (20 Prozent) wiederum fokussieren sich stark auf ihre Familie. Zu dieser Gruppe gehören besonders viele Frauen und es wird nach einer naturnah gelegenen Immobilie gesucht.[79]

Interessant sind auch weitere Details der Studie, die wiederum alle Best Ager betreffen: Viele von ihnen wollen umziehen, setzen das aber nicht in die Tat um. Sie bräuchten dafür ein attraktives, auf ihre Bedürfnisse – die davon abhängen, zu welcher Gruppe sie gehören – angepasstes Angebot. Wohngemeinschaften oder Senioren-Residenzen können sich nur wenige Best Ager als Wohnform für sich vorstellen. Die Nachbarschaft sollte gut funktionieren, während nur eine Minderheit tatsächlich etwas mit ihren Nachbarn unternehmen will. Eine Mischung der Generationen beim Wohnen findet nur weniger als ein Drittel gut.

Bei der Lage schauen die Best Ager wie schon erwähnt auf den Anschluss an den öffentlichen Verkehr sowie das Angebot an Arztpraxen, Apotheken und Geschäften in der Nähe. Eher konservativ ist diese Alterskohorte oder jedenfalls die Mehrheit beim Design: Minimalismus und eine sehr technische Anmutung kommen weniger gut an als Eleganz, Natürlichkeit und Gemütlichkeit. Beim Thema Smarthome, der Vernetzung und Automatisierung der Haustechnik, reagieren Best Ager nüchtern. Sie haben nichts gegen neue Technologien, aber sie wollen wissen, welcher Nutzen genau dahintersteht. Mit anderen Worten: Spielereien braucht niemand, durchdacht designte nützliche Hilfen dagegen werden angenommen.

Begrüßt werden auch Dienstleistungen, die den Best Agern mehr Sicherheit, mehr Komfort und mehr Entlastung im Alltag bieten – gerade weil sie bis ins hohe Alter unabhängig leben wollen. Zum Wohnen der Zukunft dürften daher auch Services gehören, die mit dem Angebot der Wohnung selbst verwoben werden. Es geht mehr als einst nicht nur darum, ein Dach über dem Kopf zu haben, es geht um das ganzheitliche Wohnerlebnis. Konkret sind da Dienstleistungen zu nennen, die in Alten- und Pflegeheimen normal sind: etwa ins Haus gelieferte fertige Mahlzeiten oder ein regelmäßiger Besuch eines Arztes.

Gegenseitige Unterstützung in Form einer engen Gemeinschaft mit den anderen Hausbewohnern ist weniger gefragt. Silver Ager sind eben meist aktiv und haben weiter entfernt lebende Freunde. Sharing von Autos oder E-Bikes akzeptiert bisher ebenfalls nur ein kleiner Prozentsatz der älteren Menschen.[80] Möglicherweise aus dem Grund, dass es für sie in ihrem gesamten Leben als Erwachsene stets selbstverständlich gewesen ist, ein eigenes Auto zu haben, das entsprechend ständig verfügbar ist. Diese Einstellung könnte sich allerdings ändern – zum einen, wenn andere Generationen älter werden, und zum anderen aufgrund von Maßnahmen gegen den Klimawandel. Immobilien, welche sich zumindest leicht an Sharing-Systeme anschließen lassen, dürften perspektivisch an Attraktivität gewinnen.

IV.7. Teilverkauf im Alter

Nicht wenige Silver Ager sitzen in Häusern, in denen sie gerne bleiben möchten, brauchen aber Geld. Oder sie hätten gerne Geld, um herumzureisen, der Enkelin ein Auto zu schenken, vielleicht mit einem Hobby anzufangen, das ihnen bisher zu teuer gewesen ist oder für das die Zeit gefehlt hat. Ist das Haus ein paar Hunderttausend Euro wert und würden zum Beispiel 200.000 Euro schon genügen, um sich den einen oder anderen Wunsch zu erfüllen, gibt es dafür eine Möglichkeit: den Teilverkauf. Der gewinnt durchaus Fans, zumindest beackern den Markt bereits eine ganze Anzahl an Anbietern. Teilverkauft wird nicht an Privatleute, sondern an professionelle, darauf spezialisierte Firmen. Das heißt natürlich auch: Die Konditionen unterscheiden sich und es ist nicht leicht, den Überblick zu behalten und das optimale Angebot herauszufiltern. Und: Frei von Risiken ist das Ganze auch nicht.

Was ist nun ein Teilverkauf? Es wird dabei nur ein Anteil der Immobilie – in der Regel zwischen 10 und 50 Prozent – verkauft, meist an eine Kapitalgesellschaft. Christine und Gerhard, beide Mitte 60, etwa haben sich für einen Verkauf von 50 Prozent entschieden. Sie haben auch nach dem Teilverkauf ihr ganzes Haus mit seinen 140 Quadratmeter Wohnfläche zur Verfügung. Das war ihnen wichtig, denn die Kinder und Enkel kommen oft zu Besuch, Gerhard braucht einen Hobbyraum, Christine hat sich eine kleine Wellnessoase geschaffen. Einschränkungen wollten sie nicht hinnehmen – und deshalb kamen ein vollständiger Verkauf und anschließender Umzug in ein kleineres Domizil nicht infrage.

Natürlich ist es mit dem Teilverkauf nicht getan. Das Ehepaar muss nun ein Nutzungsentgelt für den Anteil der Immobilie zahlen, der verkauft worden ist. Die Selbstnutzung ist über ein im Grundbuch eingetragenes Wohnrecht abgesichert. Hierbei haben Christine und Gerhard darauf geachtet, dass ihr Wohnrecht auch bei einer Insolvenz des Käufers bestehen bleibt. Letzteres bieten nicht alle potenziellen Teilaufkäufer an. Manchmal gibt es nur ein Wohnrecht im zweiten Rang. Auch ist die Dauer der Vereinbarung unterschiedlich lang. Am Ende der Frist müssen neue Konditionen ausgehandelt werden. Eventuell kann die Immobilie auch zurückgekauft werden, was meist nur bei einem bereits veräußerten Anteil geschieht, oder aber der Verkauf des restlichen Teils ist möglich.

Wie aber den Wert der Immobilie bestimmen? Die ist ja nicht an der Börse notiert. Dafür mussten Christine und Gerhard einen Gutachter beauftragen. Das Nutzungsentgelt ist Vereinbarungssache zwischen Verkäufer und Käufer – ähnlich wie bei einer Mietzahlung. Es gibt dafür diverse Modelle, die man unbedingt vergleichen sollte. Eine Kopplung an den Verbraucherpreisindex führt bei hoher Inflation zu einem ebenso hohen Anstieg der monatlichen Kosten. Langfristige Verträge haben den Vorteil, dass sich die Kosten besser planen lassen. Sie bedeuten allerdings auch – und darüber sollte man sich im Klaren sein –, dass ein großer Teil der ausbezahlten Summe im Laufe der Jahre wieder an das Unternehmen zurückgeht, das einen Teil der Immobilie gekauft hat.

Und wer erhält den Zustand des Hauses? Dass Heizkosten und Strom, Abwasser und Müllabfuhr et cetera weiterhin Christine und Gerhard bezahlen, ist ohnehin klar. Doch was ist, wenn die Heizungsanlage ersetzt werden muss, neue Fenster nötig sind, das Parkett in die Jahre gekommen ist? Sämtliche Renovierungen und Modernisierungsmaßnahmen bezahlen weiter die ehemaligen Voll- und nun Halbeigentümer. Dasselbe gilt, wenn sie Umbauten vornehmen wollen. Wie das im Detail geregelt ist, hängt vom jeweiligen Unternehmen ab. Auch diesbezüglich sollten Sie verschiedene Optionen vergleichen, Vor- und Nachteile auflisten. Wegen der Komplexität ist es ratsam, einen Rechtsanwalt hinzuzuziehen.

Ändern sich die Wünsche, wird etwa ein Alteigentümer krank und muss deshalb umziehen, kann er den noch in seinem Eigentum befindlichen Teil seiner Immobilie verkaufen oder vermieten. Versterben die ehemaligen Alleineigentümer, wird zumeist die gesamte Immobilie verkauft. Üblich ist dafür eine von einem Notar beglaubigte Vollmacht für den Teilaufkäufer, die über den Tod der Alteigentümer hinaus Gültigkeit hat. Deren Erben können sich somit nicht gegen den Verkauf wehren. Meist lässt sich das Unternehmen, dem bereits ein Teil der Immobilie gehört und das diese letztlich als Ganzes verkauft, diese Aktion vergüten: Eine vertraglich festgelegte Durchführungsgebühr, die bis zu 5,5 Prozent des Verkaufspreises betragen kann, wird vom Erlös abgezogen. Ein eventuell eingeschalteter Makler wird zusätzlich bezahlt.

Das sind eine Menge Unwägbarkeiten! Und die Liste ist noch nicht vollständig. Teilaufkäufer wollen ja nicht letztlich ein Minus hinnehmen müssen und bauen deshalb eine Wertsicherungsklausel in die Verträge ein. Auf die gilt es als Verkäufer besonders zu achten und sie sollte auch in die Überlegungen einfließen, ob der Teilverkauf wirklich eine attraktive Option ist. Die Klausel besagt, dass ein bestimmter Prozentsatz des Teilkaufbetrags festgelegt wird, häufig um die 17 Prozent. Diesen Prozentsatz bekommt der Teilaufkäufer bei einem Verkauf der Gesamtimmobilie zusätzlich zu seinem ehemaligen Kaufpreis. Er trägt somit kein Risiko eines Wertverlusts. Beispiel: Ein Haus wird auf 400.000 Euro geschätzt und Unternehmen XY kauft 50 Prozent, wendet also 200.000 Euro auf. Die Wertsicherungsklausel legt 17 Prozent fest. Zehn Jahre später beim Verkauf werden nur 380.000 Euro erzielt. XY erhält dann dennoch 200.000 plus 17 Prozent, also 234.000 Euro. Dem Alteigentümer bleiben lediglich 146.000 Euro.

Alternativen: Umkehrhypothek, Leibrente und Co

Das mag ein wenig unfair erscheinen, weil nur die Verkäufer das Risiko eines Wertverlusts tragen. Und dafür, dass sie in ihrem Haus oder ihrer Wohnung zumindest während der Vertragslaufzeit bleiben dürfen, zahlen sie das Nutzungsentgelt. So mancher wählt dennoch den Teilverkauf, weil der eben auch Vorteile bietet: im gewohnten Umfeld bleiben und eine Menge Geld, das ausgegeben werden kann. Doch es gibt auch Alternativen, zum Beispiel die Umkehrhypothek: Der Eigentümer bekommt ein Darlehen – auf einmal oder in monatlichen Raten – und für die Bank, also den Darlehensgeber wird im Grundbuch eine Grundschuld eingetragen. Tilgung oder Zinsen für den Kredit fallen zunächst nicht an. Klingt verlockend: Liquidität, aber keine laufende Belastung. Ja, nur muss das gesamte Darlehen am Ende der Vertragslaufzeit auf einmal zurückgezahlt werden – plus Zinsen. Stirbt der Kreditnehmer, haben die Erben diese Summe sofort zu berappen.

Wie hoch das Darlehen maximal sein kann, hängt natürlich davon ab, was die Immobilie wert ist – wobei hier ein gewisser Prozentsatz abgezogen wird. Mit entscheidend sind auch die Laufzeit des Vertrags oder das Alter des Kreditnehmers, aus dem sich seine durchschnittliche Restlebenszeit ergibt. Weil das Risiko für die Bank hoch ist, wird dies zudem auch der Zinssatz sein. Und dann heißt es rechnen: Sagen wir, das Haus ist 400.000 Euro wert. Minus 25 Prozent Abschlag, der einen eventuellen Wertverlust ausgleicht, macht 300.000 Euro. Hat der Eigentümer im Schnitt noch 15 Jahre zu leben und läuft der Vertrag bis zu seinem Lebensende, werden die für diese 15 Jahre anfallenden Zinsen entsprechend kalkuliert. Letztlich verleihen wird der Kreditgeber nur so viel, dass diese Summe plus Zinsen die 300.000 Euro nicht übersteigt.

Eine weitere Möglichkeit, mehr Liquidität zu gewinnen, ist die Leibrente: Sie verkaufen Ihr Haus, können aber darin wohnen bleiben und erhalten zusätzlich zu Ihrer gesetzlichen Rente eine weitere monatliche Zahlung. Dafür muss wie beim Teilverkauf oder der Umkehrhypothek der Marktwert ermittelt werden, von dem anschließend ein Risikoabschlag abgezogen wird. Denn: Die Leibrente bekommen Sie bis zu Ihrem Tod, was bedeutet: Es handelt sich genau genommen um eine Wette. Sterben Sie früher, als nach der durchschnittlichen Lebenserwartung zu erwarten wäre, hat der Käufer ein gutes Geschäft gemacht. Je länger Sie leben, desto ungünstiger ist es für ihn. In jedem Fall kann er die Immobilie erst nach Ihrem Tod für sich nutzen.

Natürlich bekommen Sie als Leibrente nicht einfach den Wert des Hauses minus Risikoabschlag aufgeteilt auf die voraussichtliche Anzahl der Ihnen verbleibenden Lebensmonate. Das Wohnrecht ist ja auch ein monetärer Wert, der berücksichtigt werden, also vom Kaufpreis abgezogen werden muss. Dafür haben Sie wie ein Mieter in der Regel den Vorteil, sich nicht mehr um die Instandhaltung und Modernisierung kümmern zu müssen. Das erledigt und bezahlt der Käufer. Und weil der nicht viele Jahrzehnte auf die vollständige Verfügungsgewalt über die Immobilie warten möchte, verlangt er meist ein Mindestalter des Verkäufers von 65 bis 70 Jahren. Perfekt für viele Silver Ager.

Wer eine Leibrenten-Lösung in Erwägung zieht, sollte darauf achten, dass alle wesentlichen Punkte eindeutig vertraglich geregelt werden. Dazu gehören neben dem Wohnrecht, der Höhe der Leibrente, dem Zahlungsrhythmus und der Dauer der Zahlungen (normalerweise bis zum Lebensende) zusätzliche Vereinbarungen: etwa eine Anpassung gemäß dem Verbraucherpreisindex. Oder die Festlegung, wer was darf und wer wofür verantwortlich ist. Auch die Frage, was bei einem frühzeitigen Tod passiert, sollte beantwortet werden. Und ebenso die, ob es bei vorzeitiger Aufgabe des lebenslangen Wohnrechts einen finanziellen Ausgleich für den Verkäufer geben soll.

Optionen des Nießbrauchs

Eine weitere Option ist der Nießbrauch. Auch hier wird die Immobilie verkauft, doch der Alteigentümer hat wesentlich mehr Rechte als bei der Leibrente. Er darf nicht nur in den vier Wänden wohnen, er darf sie auch vermieten. Vielleicht überlegen Sie jetzt, wie beides gleichzeitig gehen soll. Nun, stellen Sie sich vor, Sie haben noch ein weiteres Domizil etwa in Italien. Vielleicht möchten Sie dort den Winter verbringen und Ihr Haus in Deutschland währenddessen vermieten. So etwas ist befristet erlaubt, wenn feststeht, dass zu einem bestimmten Zeitpunkt wieder Eigenbedarf besteht. Haben Sie mit Nießbrauchrecht verkauft, steht es Ihnen auch frei, Teile des Hauses unterzuvermieten.

Man unterscheidet verschiedene Formen des Nießbrauchs. So gibt es den Quotennießbrauch, bei dem nur ein bestimmter Anteil des Nutzungsrechts an der Immobilie auf jemand anderen übertragen wird. Beim Bruchteilsnießbrauchrecht wird das Nutzungsrecht auf mehrere Personen aufgeteilt. Spannend ist das zum Beispiel bei einem Ferienhaus, das dann jede dieser Personen in einem festgelegten Zeitraum bewohnen kann. Silver Ager mit Ambitionen, sich ihren Traum vom Leben im Süden zu erfüllen, können sich Mitkäufer suchen – und so die Verantwortung und die Kosten mit Gleichgesinnten teilen. Da die meisten ohnehin nicht das ganze Jahr fern von zu Hause verbringen wollen, ist das eine zeitgemäße Lösung, die zur Sharing Economy passt.

Der Vorbehaltsnießbrauch schränkt das Nutzungsrecht für den Verkäufer auf einen bestimmten Zeitraum ein – etwa die nächsten fünf Jahre. Beim nachrangigen Nießbrauch gibt es zwei oder mehr Nießbrauchnehmer, die einander nicht gleichgestellt sind. Für Familien interessant ist der Zuwendungsnießbrauch: Ein Paar kann den Nießbrauch an seiner Immobilie einem Kind schenken oder vermachen. Hier wird also nicht die Immobilie selbst verkauft oder verschenkt. Das Kind erhält damit nicht das volle Nutzungsrecht, sondern nur ein eingeschränktes, das es auch an andere weitergeben darf.

Ein Steuersparmodell wird Nießbrauch dann, wenn Eltern zum Beispiel zwei Immobilien haben und eine davon ihrem Kind schenken, selbst aber das Nießbrauchrecht behalten. Der Wert dieses Rechts wird dann vom Wert des Hauses abgezogen, sodass weniger oder keine Schenkungssteuer anfällt. Auch Immobilien, die mehr als 400.000 Euro wert sind – der Freibetrag für Kinder – lassen sich so steuerfrei übertragen. Zudem kann der Freibetrag alle zehn Jahre erneut ausgeschöpft werden. Eine Möglichkeit, ganze Portfolios von Immobilien nach und nach in die Hände der Nachkommen zu geben, ohne dass der Fiskus mitverdient.

Verkauf plus Rückmietung

Das ehemals eigene Zuhause lebenslang mieten, ohne gekündigt zu werden? Auch das ist eine Idee, die viele Best Ager haben. Längst ist das dazu passende Modell auf dem Markt: der Rückmietverkauf. In diesem Fall wird die Immobilie verkauft und gleichzeitig ein notariell abgesichertes Wohnrecht bis zum Tod vereinbart. Die Alteigentümer zahlen Miete, müssen jedoch anders als »normale« Mieter keinen Eigenbedarf des neuen Eigentümers befürchten. Ein Konzept, das auch als *Sale-and-Rent-Back*, *Sale-Lease-Back* oder *Sale and lease back* bezeichnet wird – und das nicht nur in Deutschland Anhänger gewinnt.

Von der Umkehrhypothek bis zur Rückmietung: Auch Silver Ager, deren Vermögen zu fast 100 Prozent in ihrer Immobilie gebunden ist, können mit diesen Instrumenten Geld lukrieren – ohne dass sie ausziehen müssen. Sie haben so mehr Geld fürs tägliche Leben, können sozusagen ein Stückchen von ihrem Haus oder ihrer Wohnung »abbeißen«. Dafür müssen sie Eigentumsrechte aufgeben, doch das fällt mit einer veränderten Einstellung zum Eigentum immer mehr Menschen leichter als früher. Ob Immobilie oder Auto: Es kommt heute mehr auf den praktischen Nutzen an als auf ein Statussymbol. Zumindest lautet eine – aus meiner Sicht plausible – Theorie, dass sich unsere Gesellschaft in diese Richtung entwickelt.

IV.8. Boden bleibt knapp

Dass Boden nur begrenzt zur Verfügung steht, macht ihn überhaupt erst wertvoll. Das ist letzten Endes genauso wie bei Gold oder Edelsteinen. Experten schätzen, dass wir bereits 75 Prozent des gesamten Goldvorkommens der Erde abgebaut haben und in 20 Jahren Schluss damit ist.[81] Sobald jedoch irgendwo ein bisher unbekannter Goldschatz entdeckt würde, der, sagen wir einmal, doppelt so groß wäre wie alles bisher gebunkerte Gold, was würde dann passieren? Klar, der Goldpreis fiele ins Bodenlose. Manche Luxusgüterhersteller haben das Problem, dass zu viele Menschen sich ihre Produkte leisten können, sodass diese ihre Exklusivität verlieren. Hier hilft es, sie teurer zu machen, um den Kundenkreis zu verkleinern.

Die Gesamtfläche auf der Erde ist definitiv begrenzt. Ein großer Anteil davon, wie die Ozeane oder das Hochgebirge, lassen sich nur eingeschränkt nutzen. Sie dienen der Schifffahrt, dem Tourismus und sind Lebensräume für zahlreche Tiere und Pflanzen. Ja, es gibt Ölförderplattformen auf See und Offshore-Windparks. Vielfältiger aber sind die Nutzungsansprüche für andere Flächen. Hier konkurrieren Landwirtschaft und Naturschutz, es sollen mehr und mehr Windparks und Solarfreiflächenanlagen entstehen, wir brauchen Straßen und Erholungsräume und so weiter und so weiter. Insbesondere der Umbau der Energieversorgung weg von Großkraftwerken und hin zu dezentralen kleinen Energieerzeugern benötigt sehr viel Fläche.

Wohnen als Grundbedürfnis

Dazu kommen Industriebetriebe, Behörden, Arztpraxen, Krankenhäuser, Theater, Kinos, Geschäfte, Tankstellen ... die Liste ließe sich endlos fortsetzen. Jede Menge Konkurrenz also für die Bebauung mit Wohnhäusern. Wohnen aber ist ein Grundbedürfnis und wird das immer bleiben. In der bekannten Bedürfnispyramide nach Maslow bilden die physiologischen Bedürfnisse die unterste Stufe, also die Basis, ohne die gar nichts geht. Um sie zu befriedigen, sind Wasser und Nahrung sowie Sauerstoff nötig. Aber auch eine Behausung als Schutz vor Wind und Wetter gehört dazu.

Wir alle wohnen auf irgendeine Art und Weise. Selbst der Wohnungslose unter der sprichwörtlichen Brücke hat sich eine Art Unterkunft geschaffen. Ohne jeden Schutz kann zumindest in unseren Breitengraden niemand lange überleben. Für unsere Gesundheit braucht es mehr als eine notdürftige Bleibe, wenn man sich die Definition der Weltgesundheitsorganisation anschaut.

Danach nämlich ist Gesundheit ein Zustand des vollständigen körperlichen, geistigen und sozialen Wohlergehens und nicht nur die Abwesenheit von Krankheit oder Gebrechen.[82] Und wer wollte bestreiten, dass vier Wände und ein Dach über dem Kopf nötig sind, um sich auf diese Weise wohlzufühlen?

Wohnen als Grundrecht

Weiter geht der UN-Sozialpakt, in dessen Artikel 11, Absatz 1 es heißt: »Die Vertragsstaaten erkennen das Recht eines jeden Menschen auf einen angemessenen Lebensstandard für sich und seine Familie an, einschließlich ausreichender Ernährung, Bekleidung und Unterbringung, sowie auf eine stetige Verbesserung der Lebensbedingungen. Die Vertragsstaaten unternehmen geeignete Schritte, um die Verwirklichung dieses Rechts zu gewährleisten, und erkennen zu diesem Zweck die entscheidende Bedeutung einer internationalen, auf freier Zustimmung beruhenden Zusammenarbeit an.«[83]

Eine angemessene Unterkunft also, nicht lediglich das gerade erwähnte Dach über dem Kopf. Was »angemessen« bedeuten soll, wird ebenfalls definiert. Laut dem Deutschen Institut für Menschenrechte werden sieben Kriterien angelegt: gesetzlicher Schutz der Unterkunft, Verfügbarkeit von Diensten, Bezahlbarkeit des Wohnraums, Bewohnbarkeit der Räume, diskriminierungsfreier Zugang zu Wohnraum, geeigneter Standort und kulturelle Angemessenheit.[84] Das sind, wenn wir die einzelnen Punkte genau betrachten, schon ziemlich strenge Anforderungen. Wie das Recht auf Wohnen im Detail auszulegen ist, dazu hat der UN-Fachausschuss für wirtschaftliche, soziale und kulturelle Rechte Dokumente verfasst. Bereits ohne diese zu analysieren, sagt einem der gesunde Menschenverstand, dass ein ernst genommenes Recht auf Wohnen so einiges erfordert.

Gesetzlich geschützt, was das Wohnen betrifft, ist jemand zum Beispiel mit einem Mietvertrag, durch den ihm nicht von heute auf morgen gekündigt werden kann – ja in der Regel kann dieser in Deutschland nur in seltenen Fällen beendet werden. Zu den verfügbaren Diensten zählen Heizenergie, Strom, Trinkwasser. »Bezahlbarkeit des Wohnraums« ist selbsterklärend und in den Ballungsgebieten häufig für einen großen Teil der Menschen nicht mehr gegeben. Bewohnbarkeit heißt, dass Kälte, Hitze et cetera abgehalten werden, aber es müssen zum Beispiel auch Fenster vorhanden sein. Ohne Tageslicht und die Möglichkeit zum Lüften gibt es kein angemessenes Wohnen.

So eine Sache ist es mit dem diskriminierungsfreien Zugang und dem geeigneten Standort. Die Enge auf dem Wohnungsmarkt in Deutschland hat zur Folge, dass sehr wohl viele Bewerberinnen und Bewerber faktisch diskriminiert werden: kinderreiche Familien, Geringverdiener, Selbstständige mit sehr unregelmäßigem Einkommen oder auch Hundehalter. Sich den Standort aussuchen, etwa nach der Nähe zum Arbeitsplatz oder der Schule der Kinder, das können diese Gruppen meist gar nicht. Und die kulturelle Angemessenheit? Wenn man dabei etwa an bestimmte Mindestwohnflächen oder auch Baumaterialien denkt, ist das für viele absoluter Luxus.

Immobilien verlieren nie ihren Wert

Endlichkeit von Grund und Boden, tendenziell steigende Ansprüche in Sachen Wohnen und vor allem die zunehmende Konkurrenz um Flächen, all das bedeutet ganz klar: Immobilien werden niemals ihren Wert verlieren. Sie werden im Gegenteil voraussichtlich an Wert gewinnen. Denn es kommt ein weiterer Aspekt hinzu, den wir bisher nur kurz erwähnt haben: Die Zahl der Menschen, die in Deutschland Wohnraum benötigen, wird vermutlich steigen. Schon jetzt sind diverse Kommunen mit der Unterbringung der vielen – aus verschiedenen Ländern und Gründen – Geflüchteten überfordert. Und wenn wir uns die Prognosen anschauen, dürfte sich diese Entwicklung verschärfen.

Laut Statista schätzt die Weltbank die Zahl der Klimaflüchtlinge bis zum Jahr 2050 auf 216 Millionen.[85] Damit sind hier allein Binnenflüchtige gemeint, die sich innerhalb ihres Landes oder ihrer Region eine neue Bleibe suchen müssen. Daneben dürfte es auch Fluchtbewegungen von Menschen geben, die versuchen werden, in von der Erderwärmung weniger betroffene Gebiete zu gelangen – etwa nach Europa. Zudem ist es wahrscheinlich, dass mehr Dürreperioden, ein steigender Meeresspiegel, Wasserknappheit und so weiter zu Konflikten um Ressourcen führen. Es wird wohl mehr Kriege geben – und damit wiederum mehr Flüchtende. Und jeder dieser Menschen braucht Wohnraum.

Ein weiterer Aspekt ist das Anwerben von Fachkräften, das in Deutschland vorangetrieben werden soll. Viele Branchen, viele Betriebe suchen bereits händeringend nach Personal. Der demografische Wandel schlägt voll zu, die Babyboomer gehen nach und nach in Rente, während viel weniger junge Leute neu auf den Arbeitsmarkt kommen. Ältere Menschen bleiben zugleich länger in den eigenen vier Wänden als früher. Es gibt kaum noch Großfamilien, in denen sie aufgenommen werden, dafür mobile Pflegedienste. Das heißt: Häufig wohnen ältere Paare oder Alleinstehende auf sehr vielen Quadratmetern, sie machen sozusagen keinen

Wohnraum frei. Das verkompliziert die Lage auf dem Wohnungsmarkt, während die hoffentlich ins Land strömenden Fachkräfte die Nachfrage nach oben treiben.

Megatrend Urbanisierung

Aber hat nicht die Coronapandemie zur Flucht aufs Land geführt? Tatsächlich wurde in dieser Zeit vom sogenannten *Urban Peak* geredet, dem angeblich erreichten Maximum der Zahl an Menschen, die in Städten leben. Diese Ballungszentren waren besonders anfällig für die Ausbreitung von Corona, Lockdowns dort besonders schmerzlich spürbar. Aber es zeigte sich auch das Gegenteil: Städte entwickelten Strategien, um mit den Einschränkungen fertigzuwerden. Die Zukunftsinstitut GmbH spricht von urbaner Resilienz. Städte seien und blieben Magnete für kreative Köpfe und die wiederum seien die essenziellen Treiber von Innovation und Fortschritt. Und weiter: »Ein differenzierter Arbeitsmarkt und das individuelle Freiheitsversprechen sowie der Reiz kultureller und sozialer Diversität werden auch in Zukunft mächtige Pull-Faktoren der Städte sein, die den Zustrom in urbane Räume auch in den nächsten Jahrzehnten nicht versiegen lassen.« Die Urbanisierung werde daher weiter zunehmen.[86]

Abschied vom Einfamilienhaus?

Natürlich gibt es gleichzeitig auch den Donut-Effekt: Durch riesige Einkaufszentren auf der grünen Wiese und die Wohnsiedlungen, die schon vorher da waren oder in der Folge errichtet werden, veröden die alten Ortszentren. Geschäftsimmobilien können nicht mehr vermietet werden und stehen leer. Viele Kommunen tun etwas dagegen, entwerfen Strategien zur Belebung ihrer Kerne. Motto: Krapfen statt Donut. Befeuert wird die gegenläufige Entwicklung womöglich durch den Abschied vom traditionellen allein stehenden Einfamilienhaus. Wie, das soll es nicht mehr geben? Ja, es gibt tatsächlich hier und da Überlegungen, künftig keine Wohngebiete für diese Art von Immobilien mehr auszuweisen.

Warum das so ist? Weil Grund und Boden knapp ist, weil wir viele neue Wohnungen brauchen und weil Mehrfamilienhäuser für die gleiche Anzahl an Bewohnern viel weniger Platz benötigen als ein paar Einfamilienhäuser! Zudem muss so weniger Fläche versiegelt werden. Auch die Anbindung an Busse und Bahnen lohnt sich eher, wenn mehr Menschen auf derselben Fläche leben. Dasselbe gilt für den Bau von Nahwärmenetzen mit den entsprechenden Anlagen, etwa Blockheizkraftwerke. Und nicht zuletzt: Günstiger ist es auch! Der Klimawandel beziehungsweise unser Kampf dagegen könnte also ziemlich drastische Konsequenzen haben. Jahrzehntelang war es der Traum sehr vieler deutscher Familien: das Eigenheim mit Garten, einem Zaun drumherum und viel Abstand zum Nachbarn. Ist dieser Traum nun ausgeträumt, nicht nur wegen der hohen Kosten?

In diese Richtung denkt zumindest die Stadt Münster – und andere Städte könnten folgen. Mit der Formulierung in der Bauleitplanung: »Es werden keine freistehenden Einfamilienhäuser vorgesehen«,[87] hat die Stadt in Nordrhein-Westfalen bundesweit für ein großes Medienecho gesorgt. Zwar wird diese Art von Häusern nicht verboten, sie soll jedoch in Zukunft die Ausnahme sein. Auch die Zahl der Doppelhäuser und Reihenhäuser wird nach den aktuellen Plänen zurückgefahren. Stattdessen setzt man in Münster auf Modell-Quartiere am Stadtrand mit Mehrfamilienhäusern, die besonders platzsparend sind. Um dennoch eine hohe Wohnqualität zu schaffen, sind große Dachterrassen und Gemeinschaftsgärten vorgesehen. Sollten die Entscheidungen von Münster Schule machen, heißt das auch: Die Einfamilienhäuser, die schon stehen, dürften noch begehrter werden.

Nähe zu Arbeitsplätzen zählt

Ein weiterer Faktor bei der Frage, wo und wie künftig gewohnt wird, ist die Arbeitsmarktlage in der Region. Die sollten Sie als Investor unbedingt berücksichtigen. Dort, wo jetzt Betrieben die Fachkräfte fehlen, werden eventuell Anwerbeprogramme bald zu einem enormen Zuzug führen. Zuzug aber bedeutet Bedarf an Wohnraum und der führt zu steigenden Preisen für Häuser und Wohnungen. Klar, das muss nicht so kommen. Niemand weiß, wie erfolgreich wir beim Buhlen um Fachkräfte aus dem Ausland sein werden. Setzen Sie auf eine steigende Nachfrage auf dem Wohnungsmarkt, ist das ein wenig wie beim Investieren an der Börse: Den Kursverlauf kann Ihnen niemand exakt vorhersagen, es gibt immer nur Wahrscheinlichkeiten.

Eine der wichtigsten Erkenntnisse in Sachen IMMERbilie lautet deshalb: Es ist schon komplexer als einst und es wird eher noch komplexer werden. Der alte Slogan »Lage, Lage, Lage« taugt nicht mehr – das haben wir bereits festgestellt. Sie müssen sich vielmehr eine Liste machen, auf der die Dinge stehen, die heute und in Zukunft über den Wert Ihrer Immobilie bestimmen – egal ob sie Ihnen nun bereits gehört oder ob Sie ein Auge darauf geworfen haben und über einen Kauf nachdenken.

Schlicht bei jedem Haus, jeder Wohnung davon auszugehen, man müsse sie nur halten und einigermaßen pflegen, dann wäre sie eine ideale Geldanlage: Das funktioniert nicht mehr. Weil sich die Regionen auseinanderentwickeln, weil der Gesetzgeber mehr Anforderungen stellt als früher, weil sich die Ansprüche der Menschen ändern. All das spielt zusammen, wenn wir es genau betrachten. Auf dem Weg zur Klimaneutralität verlieren ländliche Räume eher an Attraktivität. Sie erfordern nämlich viel größere Mobilität, man braucht im Häuschen auf dem Land in der Regel ein Auto. Gleichzeitig zwingen immer neue Gesetze Hauseigentümer zu umfassenden Sanierungen – ebenfalls wegen des Klimawandelns beziehungsweise weil dieser gebremst werden muss. Und nicht zuletzt ist die jüngere Generation, aus der die künftigen Immobilienkäufer kommen werden, sensibler, was Nachhaltigkeit betrifft.

Ergo: Sie können weiterhin eine Menge mit Immobilien verdienen – wenn Sie wissen, worauf Sie achten müssen. Immobilien sind auch künftig eine gute Geldanlage und eine gute Altersvorsorge – wenn Sie nicht Ihren persönlichen Vorlieben den Vorrang geben, sondern nach den Anforderungen des Marktes entscheiden. Nicht jedes ehemalige Betongold wird morgen noch die Bezeichnung verdienen. Manches dürfte zu Betonsilber oder gar -bronze werden. Dafür können Sie, wenn Sie geschickt auswählen, heute Bronze kaufen und in ein paar Jahren oder auch Jahrzehnten zu Gold machen. Es stecken also enorme Chancen in Immobilien und das wird immer so bleiben. Wir alle wollen wohnen und der Boden ist begrenzt. Immobilien sind also kein Trend und ein einzelnes Objekt ist keine absolut sichere Bank. Stockpicking heißt das Motto: gezielte Auswahl nach definierten Kriterien!

IV.9. Was Experten sagen

Meinungen zur Entwicklung des Immobilienmarktes gibt es unendlich viele. Zwei Top-Experten haben mir ihre Sicht der Dinge geschildert. Zum einen **Thomas Maier** von der ATHOS KG, einem Family Office:

Hatten wir auf dem Höhepunkt der Preise eine Immobilienblase in Deutschland?
Thomas Maier: Nein, es war keine Blase. Insofern ist auch keine geplatzt. Wir haben nun inzwischen vielmehr eine notwendige Marktbereinigung gesehen – verursacht durch höhere Zinsen, nach wie vor hohe Grundstückspreise und nur geringfügig nachgebende Baukosten. Die Marktteilnehmer müssen wieder lernen, mit geringeren Margen umzugehen, und sie werden mit mehr technischer Kompetenz arbeiten müssen. Das Zinsniveau wird langfristig bei 3 bis 4 Prozent bleiben.

Was bewirken die vielen Geflüchteten?
Maier: Sie führen zu einer zumindest teilweisen Verdrängung in den Teilsegmenten sozialer Wohnungsbau und günstiger Mietwohnungsbau, weil dort die Nachfrage steigt. Leider schafft es die Politik nicht einmal annähernd, die versprochenen 400.000 neuen Wohneinheiten pro Jahr herzustellen.

Wie wird es bei den Baukosten weitergehen?
Maier: Durch eine gesunkene Gesamtnachfrage gibt es schon jetzt wieder deutlich mehr Kapazitäten im Baubereich. Allerdings wirken sich die hohen Energiekosten bei Subunternehmen so stark aus, dass es zunächst nur geringfügig nachlassende Baupreise geben wird. Die Margen bei Bauunternehmen bleiben gering und führen zu Insolvenzen.

Wird Deutschland in puncto Immobilien noch als sicherer Hafen für Immobilieneigentümer wahrgenommen?
Maier: Ja, aber nur in den Ballungsräumen und guten innerstädtischen Lagen.

Wird es eine Abgabe auf Immobilienbesitz geben, welche die heutige Grundsteuer in den Schatten stellt?
Maier: Nein, das ist aus meiner Sicht aufgrund der Stärke unseres Grundgesetzes nicht zu erwarten. Auch die Grundsteuerreform wird wegen zu erwartender Ungleichbehandlungen (Stadt versus Land) zu vielen Klagen führen und unter Umständen korrigiert werden müssen.

Welche Folgen haben die hohen Energiepreise für Immobilieneigentümer und potenzielle Käufer?
Maier: Die Auswirkungen auf Eigentümer und potenzielle Käufer werden durch die Möglichkeiten einer teilweisen Weitergabe an Mieter und energetische Maßnahmen nicht dramatisch werden. Die aktuellen EU-Vorschriften hinsichtlich der Sanierung von älteren Häusern sind zwar volkswirtschaftlich unvorteilhaft, werden aber, wenn sie bestehen bleiben, zu einer Nachfrage- und Preissteigerung bei spezialisierten Firmen führen. Spezialisierte Investoren werden diesen Markt für sich entdecken. Wenn ein Eigentümer dieser Häuser nicht die finanziellen Mittel für eine Sanierung hat, wird der Wert sinken.

Wie sieht es mit Baudarlehen aus?
Maier: Die Banken laufen wie immer dem Trend hinterher und verschärfen diesen somit. Bei sinkenden Immobilienpreisen müssen sie aus regulatorischen Gründen ihre Anforderungen für eine Kreditvergabe deutlich erhöhen. Höhere Bonitätsanforderungen und mehr Eigenkapital werden in den nächsten Jahren Standard bleiben.

Wird das Modell familiäres Eigenheim der Vergangenheit angehören?
Maier: Ich sehe eher eine Umkehr der Landflucht der letzten 30 Jahre und eine stärkere Orientierung zurück aufs Land, um dort bei günstigeren Landpreisen ein Eigenheim zu erwerben.

Soll man sein Betongold nun auf den Markt werfen, weil es künftig nicht einmal mehr Betonbronze sein wird?
Maier: Das ist auch eine Frage der Alternativanlagemöglichkeiten. Bei langfristigem Anlagehorizont ist ein Teil der Wertanlage in Immobilien immer richtig, egal zu welchen Markteintrittsbedingungen.

Zum Teil andere Prognosen beschreibt **Patrick Rost**, Inhaber eines Family Office:

Hatten wir eine Immobilienblase in Deutschland?
Patrick Rost: Die beiden von mir hauptsächlich bearbeiteten Märkte sind München und Landshut. In beiden Märkten sind die Preise zehn Jahre lang enorm gestiegen. Von einer Immobilienblase würde ich dennoch nicht sprechen, weil nicht nur die an diesen Standorten vorhandene Liquidität die Preise getrieben hat. Maßgeblich sind meiner Meinung nach die geografische Lage und die wirtschaftliche Stärke – und somit die tatsächliche Attraktivität im Vergleich zu anderen Regionen. Die lockere Geldpolitik wirkte zweifelsohne wie eine Art Katalysator, der grundlegende Faktor war sie nicht.

Was bewirken die vielen Geflüchteten?
Rost: Je nach der Anzahl und geografischen Verteilung der Sicherheit suchenden Kriegsflüchtlinge führt das natürlich zu einem erhöhten Bedarf an Wohnraum im niedrigen bis mittleren Preissegment. Prinzipiell könnte der Staat hier gegensteuern, indem er die Geflüchteten gezielt dort ansiedelt, wo die Wohnraumsituation wesentlich entspannter ist als in den sehr angespannten Hotspots.

Wie wird es bei den Baukosten weitergehen?
Rost: Die sind vor allem wegen der gestiegenen Rohstoffkosten explodiert. Da sich die Rohstoffmärkte auf absehbare Zeit wahr-

scheinlich nicht merklich entspannen werden, werden die Baukosten tendenziell eher weitersteigen als sinken. Gleiches gilt für den Mangel an Fachkräften ... entweder der Bauherr nimmt mangelhafte Qualität oder entsprechend höhere Preise in Kauf.

Wird Deutschland in puncto Immobilien noch als sicherer Hafen für Immobilieneigentümer wahrgenommen?
Rost: Meiner Meinung nach ja.

Wird es eine Abgabe auf Immobilienbesitz geben?
Rost: Ich gehe davon aus, dass es auf absehbare Zeit eine solche Abgabe nicht geben wird. Eine rein immobilienbezogene »Vermögenssteuer« würde rein rechtlich wohl auch nicht durchsetzbar sein, da das Immobilieneigentümer gegenüber Eigentümern sonstiger Vermögensgegenstände diskriminieren würde.

Was bedeuten die höheren Zinsen?
Rost: Sie stellen die Stabilität der Immobilienfinanzierungen auf den Prüfstand. Gerade bei Anschlussfinanzierungen wird sich eine höhere Eigenkapitalquote als vorteilhaft erweisen.

Welche Folgen haben die hohen Energiepreise für Immobilieneigentümer und potenzielle Käufer?
Rost: Entscheidend ist, ob es sich dabei um eine temporäre Angespanntheit handelt oder das hohe Niveau zur neuen Normalität wird. Dies bleibt abzuwarten. Tendenziell werden bei konstant hohen Energiepreisen schlecht gedämmte Wohnräume mit Sicherheit an Attraktivität verlieren. Trotzdem werden Altbau-Immobilien in Hotspots keinen Preisverfall erleiden, da der Bedarf und somit die Nachfrage nach Wohnraum anhaltend hoch sind.

Wie sieht es mit Baudarlehen aus?
Rost: Tendenziell werden eigenkapitalstarke Investoren zunehmend bevorzugt werden.

Wird das Modell familiäres Eigenheim der Vergangenheit angehören?
Rost: Je nachdem welchen Standort man betrachtet, ist das Eigenheim für Normalverdiener schon heute nicht mehr leistbar. Diese Entwicklung wird sich meiner Meinung nach fortsetzen.

Soll man sein Betongold nun auf den Markt werfen, weil es künftig nicht einmal mehr Betonbronze sein wird?
Rost: Panik ist nicht geboten. Der Immobilienmarkt in Deutschland ist stabil. Gewinne zu realisieren, hat aber auch noch nie geschadet. Bei guter Gelegenheit spricht nichts gegen einen Verkauf. Wichtig ist es, sich vorab damit zu beschäftigen, wie die gewonnene Liquidität reinvestiert werden soll.

Kurz zusammengefasst: Bronze, Silber, Gold

- **Kreative Wege in der Bauwirtschaft:** Nachhaltiges, klimafreundliches Bauen nimmt einen immer höheren Stellenwert ein. Viele Baufirmen orientieren sich an neuen Standards, setzen auf energieeffizient und umweltschonend hergestellte Baustoffe sowie Wiederverwertbarkeit.
- **Zukunftsfähigkeit:** Sowohl bestehende Gebäude als auch Neubauten werden weniger Energie als bisher verbrauchen dürfen. Umsetzbar ist das über Heizungen mit hohem Wirkungsgrad, erneuerbare Energieträger, gute Dämmung, Wärmeschutzfenster und vieles mehr.
- **Häuser als Energieproduzenten:** Mit einer Photovoltaikanlage, Solarkollektoren, kleinen Windrädern kann ein Gebäude zum Energieproduzenten werden.
- **Trend Co-Living:** Nach den Co-Working-Spaces kommen die Co-Living-Konzepte. Von Mehrgenerationenhäusern bis zum gemeinsamen Wohnen auf Zeit diversifiziert sich unsere Art des Wohnens. Kollaborative Konzepte, bei denen manche Räume nur bei Bedarf gemietet werden, gewinnen an Bedeutung.
- **Mini-Häuser statt Villa:** Ob Tiny Houses und Mobile Homes nur eine vorübergehende Modeerscheinung sind, wird sich zeigen. Ihre Fans argumentieren mit Schonung von Ressourcen und mehr Flexibilität.
- **Silver Ager:** Sie haben ganz spezielle Ansprüche ans Wohnen und wollen vor allem oft ihre Immobilie zu Geld machen, ohne ausziehen zu müssen. Das ermöglichen Lösungen wie Teilverkauf, Leibrente oder Nießbrauchrecht.

Knappheit macht Immobilien wertvoll: Boden steht nur begrenzt zur Verfügung, denn unsere Erde ist endlich. Weil er zudem immer vielfältiger genutzt wird, sorgt das für Wertstabilität oder Wertzuwachs von Immobilien – allerdings nicht überall und nicht für jedes Objekt.

Kapitel V:
Wie Sie vom Immo-Markt profitieren

In den letzten vier Kapiteln haben wir das Thema Immobilien von nahezu allen Seiten beleuchtet – und es wurde klar: Bei Wohnungen und Häusern wird so gut wie kein Stein auf dem anderen bleiben. Der Klimawandel, die Energiekrise, die Inflation, die steigenden Baukosten, der demografische Wandel, neue Wohntrends und vieles mehr sind Faktoren, die Bauen und Kaufen stark beeinflussen. In allererster Linie werden sie sich auf die Preise auswirken und die Lage wird komplexer. Sie müssen genauer hinschauen als früher, wollen Sie in dieser Branche Geld verdienen beziehungsweise gut anlegen.

Da sind die gestiegenen Bauzinsen, die eine Finanzierung teurer machen. Egal ob Sie bauen oder eine bestehende Immobilie kaufen wollen. Sie werden sicher präziser rechnen, denn bei großen Summen machen ein paar Prozent eine Menge aus. Dann sind da die Heizkosten, deren Bedeutung uns allen seit dem Winter 2022/2023 bewusst geworden ist. Und da sind die Eingriffe des Staates, der Klimaneutralität in Deutschland erreichen will und deshalb unter anderem die Wärmewende ausgerufen hat. Es soll zwar weiter technologieoffen zugehen in den Heizungskellern, doch ob von diesem Bekenntnis viel übrig bleiben wird? Keine fossilen Energien mehr ab 2045, dieses Vorhaben stellt viele Immobilienbesitzer vor große Herausforderungen.

Auch wenn ich mich damit wiederhole, möchte ich an dieser Stelle nochmals betonen: Immobilien dürften künftig ein wenig dem Aktienmarkt ähneln. Es wird Verliererregionen geben und auch einzelne Häuser, die aufgrund mehrerer Kriterien keiner mehr will. Was aber ebenso klar ist: Es bieten sich Ihnen weiterhin enorme Chancen, denn gewohnt wird immer. Stellt sich also die Frage, wie Sie vorgehen sollten, wie Sie am besten Ihr aktuelles Immobilien-Portfolio analysieren, wie Sie die Möglichkeiten für neue Käufe einschätzen können. Antworten darauf möchte ich Ihnen in diesem abschließenden Kapitel geben.

Als Immobilienmakler bin ich seit über 30 Jahren in Sachen Häuser und Wohnungen unterwegs – und das vor allem in Regionen, die zu den begehrtesten in Deutschland gehören, am Starnberger See sowie in München und Umgebung. Ich habe in dieser Zeit einige Veränderungen gesehen, die Preise sind meist gestiegen und in manchen Phasen auch gesunken. Einen solch drastischen Wandel wie derzeit hat es allerdings noch nicht gegeben. Der Immobiliensektor macht damit keine Ausnahme, denn alle Bereiche unseres Lebens sind von einer umfassenden Transformation gekennzeichnet. Eine so rasche und tiefgreifende Veränderung hängt diejenigen ab, die auf *Business as usual* setzen – und sie lässt die profitieren, die rechtzeitig auf das Neue reagieren und entsprechend handeln. Also profitieren Sie (auch) künftig von Immobilien!

V.1. Immobilien sind alternativlos

Wie Sie sicher schon gemerkt haben, bin ich ein absoluter Fan von Immobilien. Meinen Beruf habe ich nicht zufällig gewählt, er ist für mich Berufung. Jenseits aller rationalen Überlegungen liebe ich

Häuser und Wohnungen und vermittle ich Menschen gerne genau die vier Wände, die zu ihnen passen. Als Anlageform sind Immobilien für mich alternativlos – wegen der enormen Chancen, die sie bieten, aber eben auch, weil sie wie kaum ein anderes Asset Spaß machen. Mal ehrlich: Was verbinden Sie mit einem Aktien-ETF? Zu dem haben Sie sicher keine emotionale Beziehung. Auch Wertpapiere einzelner Unternehmen, die zudem extrem riskant sind, bieten keinen Mehrwert in Form einer persönlichen Bindung.

Genauso sieht es bei Festgeld und Ähnlichem aus. Okay, Beteiligungen an Firmen können durchaus mit Emotionen verknüpft sein. Ebenso der Kauf teurer Uhren oder eines Oldtimers. Bei all diesen Dingen aber müssen Sie sich wahnsinnig gut auskennen und viel Zeit investieren. Daneben bleiben Edelmetalle. Gold im Tresor ist für viele ein Schatz, den sie gerne ab und zu anschauen. Allerdings kauft man heute in der Regel kein physisches Gold mehr und wenn, dann wird es wohl eher im Safe einer Bank gelagert. Letztlich ist es – zumindest für mich – lediglich eine Beimischung im Vermögen, aber nichts, woran mein Herz hängt.

Immobilien dagegen können Sie nicht nur anfassen, sie haben Individualität, sie haben oft eine Historie, sie bieten Menschen ein Dach über dem Kopf, in ihnen spielen sich Tausende von Geschichten ab. Vielleicht wohnen Sie selbst in dem Haus, das Sie sich gekauft haben, oder Sie vermieten es. In jedem Fall tut sich etwas in der Immobilie, sie verändert sich, sie wird neu eingerichtet, passt sich an die jeweilige Zeit an. Das mag für manche Anlegerinnen und Anleger keine Rolle spielen, aber für Sie ja möglicherweise schon? Immobilien sind nichts Anonymes, sie erlauben Ihnen zumindest, eine Beziehung zu ihnen aufzubauen. Für mich gehören sie schon allein deshalb in mein Portfolio.

Wertsteigerung wahrscheinlich

Halten Sie sich lieber an die monetären Aspekte, sind Immobilien ebenfalls unverzichtbar. Seit jeher gelten sie als Anlageform, die sicherer und profitabler ist als die meisten anderen. Gerade wenn die Zeiten von Unsicherheit geprägt waren, es Abstürze an den Finanzmärkten gab oder ein ständiges Auf und Ab, erwiesen sich Immobilien meist als besonders stabil. Wollten und wollen vermögende Menschen ihr Geld anlegen, setzten und setzen sie sehr häufig auch auf Immobilien. Die sind zwar, wie es der Name ausdrückt, nicht mobil, aber wir schauen in diesem Buch auf Deutschland. In einem der sichersten Länder dieser Erde ist es kein Nachteil, diese Form des Vermögens nicht woandershin mitnehmen zu können – obwohl etwa Überlegungen zur Vermögenssteuer diesen Aspekt ein wenig relativieren.

Klar, ein Daytrader belächelt vielleicht die Immobilien-Investoren. Wenn man doch mit Spekulationen an einem Tag oder sogar in ein paar Stunden riesige Gewinne machen kann, warum dann Kaufverträge abschließen, Provisionen, Grunderwerbssteuer, den Notar und so weiter bezahlen? Und es lässt sich nicht bestreiten: Kaufen Sie eine Immobilie, starten Sie gleich einmal mit einem dicken Minus, weil eben all diese Kosten anfallen – und sich natürlich der Wert des Hauses oder der Wohnung nicht innerhalb kurzer Zeit um denselben Betrag erhöht, den Sie in Form der Kaufnebenkosten berappen müssen. Aber: Immobilien zeichnen sich durch langfristige Wertsteigerung aus, auch wenn das – darüber haben Sie in diesem Buch schon einiges erfahren – längst nicht mehr für alle gilt. Doch werden alle Daytrader reich? Nein, selbstverständlich nicht. Ich wage sogar zu behaupten, dass die meisten – zumindest die Laien unter ihnen – über einen längeren Zeitraum betrachtet Geld verlieren.

Langfristig denken!

Immobilien sind also etwas für langfristige Anleger. Und sollten wir das nicht alle sein? Auf die staatliche Rentenversicherung kann sich heute niemand mehr verlassen, private Vorsorge ist daher angesagt. Weil der Wert von Häusern und Wohnungen nicht so sehr von kurzfristigen Schwankungen betroffen ist wie der von Aktien, gilt: Wann Sie Ihr Investment tätigen, wann Sie »einsteigen«, hat keine so große Bedeutung. Wer etwa kurz vor der Finanzkrise infolge der Lehman-Pleite oder kurz vor dem Platzen der Dotcom-Blase sein Vermögen an der Börse investiert hatte, der musste lange warten, um wieder auf plus/minus null zu sein. Bei Immobilien hat es solche Einbrüche nicht gegeben und deshalb ist der Zeitpunkt des Kaufs weniger relevant.

Doch obwohl diese Dinge fast jeder weiß, scheuen viele vor einer Anlage in Immobilien zurück. Warum ist das so? Nun, nach meiner Erfahrung hat das vor allem mit vier Aspekten zu tun: Erstens bedeutet schon eine Wohnung und meist noch mehr ein Haus eine riesige Einmal-Investition. Für zahlreiche Menschen ist diese die größte ihres Lebens. Logisch, dass sie deshalb lange überlegen, häufig zu lange zögern, attraktive Objekte verpassen. Ein wenig ist das wie bei der Suche nach einem Partner oder einer Partnerin in Flirtportalen. Es gibt eine derartige Menge an Optionen, dass es schwerfällt, sich ernsthaft auf eine einzulassen. An der nächsten Ecke beziehungsweise nach dem nächsten Klick könnte ja eine noch bessere Alternative auftauchen. So fehlt quasi der Mut, alles auf eine Karte zu setzen. Man bleibt Single – oder eben ohne Immobilie.

Der zweite Punkt: In Sachen Immobilien ist fast jede und jeder Laie. Sie wahrscheinlich auch. Sie können versteckte Baumängel nicht erkennen. Sie wissen nicht, ob der Preis gerechtfertigt ist, selbst wenn Vergleiche im Internet möglich sind. Auch bei mehreren Besichtigungen entgeht Ihnen vielleicht das eine oder andere, was für die Wertentwicklung wichtig ist. Haben Sie allerdings dieses Buch bis hierhin aufmerksam gelesen, gehören Sie immerhin schon zu den Halb-Profis. Sie haben sich eventuell sogar eine Liste mit den Punkten gemacht, auf die Sie besonders achten sollten – vor allem auf den energetischen Zustand des Gebäudes, auf die Dämmung und auf die Heizung. Aber auch auf die Infrastruktur in der Nähe oder auf Barrierefreiheit. Die Lage ist ebenfalls immer noch relevant, doch längst nicht mehr allein ausschlaggebend.

Ein weiteres oft vorgebrachtes Argument gegen Immobilien lautet etwa so: »Das ist doch nur was für Reiche, jedenfalls nicht für mich.« Ja, natürlich fällt es Menschen mit viel Geld leichter, die Entscheidung für den Kauf einer Immobilie zu treffen. So mancher ist allerdings nur deshalb in dieser komfortablen Lage, weil frühere Generationen in seiner Familie in Häuser und Wohnungen investiert haben. Wer die geerbt hat, ist meist besser dran als derjenige, der ein Sparbuch unter der Matratze entdeckt beziehungsweise ein Festgeldkonto übertragen bekommt. Nicht wenige vermögende Familien verdanken ihren Reichtum der Weitergabe von Immobilien. Ich muss dabei oft an einen Ausspruch des römischen Philosophen Seneca denken: »Nicht weil es schwierig ist, wagen wir es nicht, sondern weil wir es nicht wagen, ist es schwierig.« – Also wagen Sie es! Informieren Sie sich gut, aber verzichten Sie nicht auf Immobilien!

Lassen Sie sich dabei auch nicht vom vierten Einwand bremsen, dem ich ebenfalls oft begegne. Dem nämlich, dass Immobilien nicht so leicht handelbar seien wie etwa Aktien oder Anleihen. Das stimmt, sie haben keinen fixen aktuellen Börsenkurs. Sie wissen nicht, was Sie tatsächlich für Ihr Haus bekämen, wenn Sie es jetzt anbieten würden. Das kann aber auch ein Vorteil sein, denn wenn Sie es geschickt vermarkten, erzielen Sie eventuell mehr als gedacht. Allerdings, das ist nicht wegzudiskutieren, lässt sich eine Immobilie nicht innerhalb weniger Sekunden zu Geld machen. Nahezu sein gesamtes Vermögen in Betongold zu stecken, ist daher sicher keine gute Idee. Das heißt aber eben nicht, dass Sie es völlig sein lassen sollten – es sei denn, Sie sind 80 und möchten nur noch um die Welt reisen.

Guter Inflationsschutz

Sicher haben Sie schon davon gehört, dass Immobilien ein guter Inflationsschutz seien – und ich kann Ihnen dazu nur sagen: Das stimmt. Auch wenn die etwa Anfang 2023 trotz hoher Inflation gefallenen Preise für Häuser und Wohnungen dagegen zu sprechen scheinen. Hier gab es Sondereffekte wie die stark gestiegenen Bauzinsen, die sich drastisch erhöhenden Baukosten oder die Energiekrise. Doch zum einen war der Wertverlust in den meisten Regionen nicht so drastisch wie die Geldentwertung. Zum anderen gilt im Allgemeinen: Wenn Dienstleistungen und Waren teurer werden, werden das auch Immobilien. Nicht zu vergessen sind zudem die Mieteinnahmen. Vermieten Sie eine Immobilie und haben dabei auf einen Indexmietvertrag geachtet, steigen Ihre Einnahmen parallel zur Inflation.

Apropos Mieteinnahmen: Immobilien, die Sie vermieten, bescheren Ihnen einen stetigen Cashflow. Ein zusätzliches Einkommen neben dem, was Sie in Ihrem Job bekommen oder was Ihnen als Rente Monat für Monat überwiesen wird. Bei Aktien gibt es Dividenden, die ähnlich wirken, doch wie hoch diese ausfallen, können Sie nie vorhersagen, denn das wird auf den jährlichen Hauptversammlungen der jeweiligen Unternehmen entschieden. Klar, Sie müssen Ihre vier Wände in Ordnung halten, immer wieder in sie investieren. Wie viel, das hängt stark von ihrem Zustand ab. Ein brandneues Apartment in einem Niedrigenergiehaus benötigt viel weniger Aufwand als ein altes Häuschen von 1960. Es kommt deshalb heute mehr denn je darauf an, was für eine Immobilie Sie kaufen. Bevor wir darauf näher eingehen, noch kurz ein paar Worte zu weiteren Aspekten, die für Immobilien sprechen.

Streuung und Steuervorteile

Innerhalb des Assets Immobilien zu streuen, ist, wir haben es schon angesprochen, schwierig bis unmöglich – es sei denn, Sie haben ein sehr großes Vermögen. Während Sie zum Beispiel 10.000 Euro locker auf Aktien oder Anleihen mehrerer Unternehmen aufteilen oder die Diversifikation eines Fonds nutzen können, bekommen Sie für diese Summe nicht einmal ein Apartment. Intelligente Streuung heißt deshalb: Stecken Sie lediglich einen relevanten Anteil – meine Empfehlung sind zwischen 40 und 50 Prozent – Ihres Geldes in Immobilien. Das kann durchaus bedeuten, dass Sie es mit einer Wohnung bewenden lassen müssen, möglicherweise sind es auch zwei oder mehr, die dann nicht alle im selben Haus und möglichst auch nicht in derselben Stadt liegen sollten.

Immobilien und andere Anlageklassen haben meist eine geringe Korrelation, das heißt: Wenn es einen Einbruch auf den Finanzmärken gibt, werden Sie also kaum Ähnliches in Ihrem Immobilien-Portfolio erleben. Dazu kommen steuerliche Vorteile. Zumindest bislang ist der Gewinn beim Verkauf einer Immobilie in Deutschland nach zehn Jahren steuerfrei – auch wenn Sie vermieten. Zinsen für einen Baukredit oder auch Kosten für die Instandhaltung können Sie steuerlich geltend machen, sie mindern also Ihre Steuerlast. Denselben Effekt hat die Abschreibung der Immobilie, etwa jährlich

2 Prozent des ursprünglichen Kaufpreises über 50 Jahre. Je nach Ihrem persönlichen Steuersatz werden Sie damit vermutlich weniger Steuern auf Mieteinnahmen zahlen als die Abgeltungssteuer von 25 Prozent plus Solidaritätszuschlag auf Kursgewinne bei Aktien oder Anleihen sowie bei Dividenden und Zinsen. – Alles in allem lautet das Fazit: An Immobilien ging und geht kein Weg vorbei.

V.2. Wann und was verkaufen?

Sie sind bereits Immobilieneigentümer? Dann zunächst einmal herzlichen Glückwunsch! Sie haben offenbar irgendwann die Entscheidung getroffen, in eine Anlageklasse zu investieren, die sich über Jahrhunderte bewährt hat. Sie lieferte stabile Wertzuwächse, sichere Mieterträge … Moment mal: lieferte? Und was ist mit heute, mit morgen, mit übermorgen? Sie sind vielleicht verunsichert, weil die Preise auf dem Immobilienmarkt in letzter Zeit in vielen Regionen gesunken sind. Nach dem Lesen der ersten Kapitel dieses Buches ist Ihre Unsicherheit vielleicht sogar gewachsen. Okay, wir haben gezeigt, dass Immobilien unbedingt dazugehören. Aber das trifft ja auch fürs Essen und Trinken zu. Es kommt nur darauf an, was man isst und trinkt.

Bei Immobilien ist das genauso. Nicht bei allen lohnt es sich, sie zu behalten. Selbst dann, wenn Sie – was angesichts der Entwicklung der letzten Jahre unwahrscheinlich ist – beim Verkauf ein Minus machen sollten: Zögern Sie nicht mit dem Abstoßen, wenn die nötigen Investitionen zu hoch wären und sich niemals amortisieren würden. Das ist ähnlich wie bei einer Partnerschaft, die von Anfang an nicht wirklich funktioniert hat: Es bringt nichts, daran festzuhalten, auf Besserung zu hoffen, wenn die Voraussetzungen dafür einfach nicht gegeben sind. Sie verschenken nur wertvolle Zeit – und die

Möglichkeit, mit einem anderen Partner glücklich zu werden beziehungsweise mit einer anderen Immobilie Geld zu verdienen oder zufrieden darin zu leben. Auch eine Aktie, um in der Welt der Geldanlage zu bleiben, im Portfolio zu lassen, obwohl das Unternehmen längst den Bach runtergegangen ist, ergibt keinen Sinn. Der Verlust beim Verkauf tut weh, ja, doch diesen Stich müssen Sie aushalten.

Vor allem dann, wenn Sie mehrere Immobilien oder lediglich eine vermietete besitzen, sollte Verkaufen immer auch eine Option sein. In diesem Fall ist auch der Beweggrund hinfällig, nicht aus den eigenen vier Wänden ausziehen zu wollen. Sie haben vielleicht dennoch eine emotionale Beziehung zu Ihrer Wohnung oder Ihrem Haus aufgebaut, aber permanent Geld verlieren möchten Sie damit sicher nicht, oder? Treffen Sie deshalb rationale Entscheidungen. Schauen Sie sich jedes Objekt genau an, sammeln Sie Informationen, holen Sie sich möglichst professionelle Hilfe – und rechnen Sie! Nur so werden Sie mittel- und langfristig Verluste vermeiden und Ihre Gewinne maximieren. Immobilien als Anlageform erfordern gute Strategien!

Die Marktlage ins Visier nehmen

Analysieren Sie zunächst den Markt vor Ort. Dafür sollten Sie sich einige Zeit nehmen. Welche Immobilien werden zu welchen Preisen angeboten? Wie sieht die Entwicklung aus? Antworten darauf finden Sie im Internet, wo etwa Immobilienportale entsprechende Daten zur Verfügung stellen. Natürlich sind das stets nur Durchschnittswerte, aber sie geben Ihnen erste Anhaltspunkte und werden meist immerhin für verschiedene Stadtteile angegeben. Beobachten Sie auch die konkreten aktuellen Anzeigen auf den einschlägigen Portalen sowie bei örtlichen Immobilienmaklern. Klar: In der Regel wird bei einem Verkauf am Ende nicht exakt der annoncierte

Preis erzielt. Wenn Sie 2 bis 5 Prozent davon abziehen, erhalten Sie relativ realistische Werte.

Wie bei allen anderen Produkten auch, bestimmen Angebot und Nachfrage über die Summe, die letztlich gezahlt wird. Neben Faktoren, die bundesweit gelten – etwa die Höhe der Bauzinsen oder gesetzliche Anforderungen –, zählen deshalb stets auch die Bedingungen vor Ort. Werden zum Beispiel in der Kommune, in der Sie eine Immobilie haben, in den kommenden Jahren extrem viele Neubauten entstehen, dürfte das Angebot stark steigen. Und das führt sehr wahrscheinlich zu fallenden Preisen. Wichtig ist hier das Wort »wahrscheinlich« ... Ob es wirklich so kommt oder nicht, hängt auch von der Bevölkerungsentwicklung ab. Analysieren Sie daher auch die! Ziehen die Menschen aus der betreffenden Stadt eher weg oder wächst die Zahl der Einwohnerinnen und Einwohner? Besorgen Sie sich die entsprechende Statistik, denn sie hat eine große Bedeutung für die Wertentwicklung Ihres Hauses beziehungsweise Ihrer Wohnung.

Wollen Sie noch weiter ins Detail gehen, dann schauen Sie sich auch die Struktur der Bevölkerung in Ihrer Stadt an. Handelt es sich zum Beispiel um eine Studierenden-Hochburg, werden kleine Einzimmerapartments hoch im Kurs stehen. Ist dagegen der Anteil junger Familien hoch, steigt die Attraktivität größerer Wohnungen, am besten mit Garten und in der Nähe von Kindergärten oder Schulen gelegen. In Orten mit überdurchschnittlich alten Einwohnerinnen und Einwohnern wiederum sind barrierefreie, zentral gelegene Wohnungen sehr begehrt. Alle diese Punkte sollten Sie natürlich schon beim Kauf beachten, also in einer Uni-Stadt eher auf Studentenbuden setzen et cetera. Doch auch wenn Sie die Immobilie schon haben, spielt es eine Rolle, ob Ihre Zielgruppe für den Verkauf oder die Vermietung eher wächst oder schrumpft.

Beispiel: Sie haben eine Wohnung in einer Stadt geerbt, die leider ein verschlafenes Nest ist. Nun aber plant ein internationaler Konzern, dort einen Produktionsstandort zu errichten. Was wird passieren? Mit Sicherheit werden viele gut ausgebildete Fachkräfte zuziehen, häufig mit der gesamten Familie. Eignet sich Ihr Objekt für diese neuen Bürgerinnen und Bürger, sollten Sie auf keinen Fall jetzt verkaufen. Warten Sie damit, denn sehr wahrscheinlich wird die Kommune mit der Schaffung von neuem Wohnraum nicht schnell genug sein. Boden ist knapp, die Mühlen der Bürokratie mahlen langsam. Es wird daher vermutlich zu einem deutlichen Preisanstieg kommen – sowohl bei den Mieten als auch bei den Summen, zu denen verkauft und gekauft wird.

Der Zustand der Immobilie

Mindestens ebenso wichtig wie das Verhältnis von Angebot und Nachfrage ist der Zustand Ihrer Immobilie. Welche Heizungsanlage haben Sie im Keller, welche Optionen gibt es für eine Erneuerung? Wie gut ist das Gebäude gedämmt, was für Fenster hat es, muss vielleicht das Dach erneuert werden? Früher einmal waren diese Themen – mit Ausnahme des Daches – für die allermeisten potenziellen Käufer eher unerheblich. Eine miese Energieeffizienz? Egal! Die gibt es schließlich fast überall im Gebäudebestand, wenn es sich nicht gerade um in den letzten zehn Jahren gebaute Häuser handelt. Heute sieht das völlig anders aus. Als Makler erfahre ich es Tag für Tag: Oft wird als Allererstes danach gefragt, wie hoch denn wohl die Heizkosten sein werden.

Notieren Sie sich alle nötigen Investitionen, und zwar nicht nur die aktuell anstehenden, sondern am besten die der nächsten zehn oder 20 Jahre. Lassen Sie sich für alles, was sehr bald erledigt werden muss, realistische Kostenvoranschläge von Fachfirmen geben. Berücksichtigen Sie auch, dass die Kosten bereits rasant gestiegen sind und niemand weiß, wie lange die Inflation noch andauert. Kalkulieren Sie auf der anderen Seite Ihre Einnahmen über eine Vermietung oder das Sparen von Miete, wenn Sie Ihre vier Wände selbst bewohnen. Dabei ist auch wichtig, wie hoch Ihr Steuersatz ist und wann der sinkt, weil Sie in Rente gehen. Ihr Alter ist in jedem Fall ein relevanter Faktor. Wer erst 30 ist, kann locker auf die Amortisation einer neuen Heizung warten, doch mit 60 wird er die vielleicht nicht mehr erleben.

Finanzielle Ziele festlegen

Was ergibt Ihre Rechnung? Kommt dabei heraus, dass Sie in nächster Zeit die Hälfte des aktuellen Werts Ihrer Immobilie in die Sanierung stecken müssten? Oder sind die nötigen Investitionen überschaubar? Die Antworten auf diese Fragen entscheiden unter anderem darüber, ob ein sofortiger Verkauf die intelligenteste Lösung ist oder nicht. Die wenigsten Immobilieneigentümer beschäftigen sich allerdings derart eingehend mit ihrem Betongold. Tun Sie es, sind Sie klar im Vorteil. Was auch dazugehört, ist die klare Definition Ihrer finanziellen Ziele. Wenn Sie sich mit Verkaufsabsichten tragen, was ist der Grund dafür? Brauchen Sie das Geld dringend, wollen Sie es in ein neues Objekt investieren oder dafür ein Wohnmobil kaufen und um die Welt reisen?

»Das ist doch völlig egal, was mit dem Geld passiert!«, sagen jetzt sicher viele. Aber das ist es nicht. Alle Gründe haben ihre Berechtigung, doch sie führen zu unterschiedlichen Konsequenzen. Bei dem einen oder anderen Szenario können Sie nicht warten und sollten das auch nicht tun. Geht es jedoch um eine maximale Rendite, sieht es völlig anders aus. Da ist das ältere Ehepaar, das im Eigentum wohnt, eine gute Rente hat, aber nun das Anlageobjekt zu Geld machen will, weil die Eheleute sich noch einige Träume erfüllen möchten. Und da sind die beiden Mittvierziger, die sich gerade hundertprozentig auf ihre Karrieren konzentrieren und ihren Verdienst bestmöglich anlegen wollen. Logisch, dass die einen andere Argumente pro oder gegen einen Immobilienverkauf haben als die anderen.

Sind Sie an diesem Punkt und stehen die Zeichen auf Verkauf, dann lassen Sie Profis Ihre Immobilie bewerten. Auch wenn Sie selbst schon ausführlich dazu recherchiert und eine ungefähre Vorstellung des Preises haben, sollten Sie sich nicht allein darauf verlassen. Experten analysieren den Standort, den Zustand, die Qualität der Ausstattung und vieles mehr. Sie entdecken auch scheinbare, aber doch relevante Kleinigkeiten, kennen sich im optimalen Fall seit langer Zeit mit dem Markt vor Ort aus. Klar, das gilt nicht für bundesweit agierende Anbieter, die nichts mit Ihrer Region verbindet. Die haben eher wenig Ahnung davon, was bei Ihnen vor Ort zählt. Achten Sie deshalb auf »lokale Kompetenz«.

Die richtige Strategie

Kennen Sie den wahrscheinlichen Wert Ihrer Immobilie, haben Sie selbstverständlich noch längst keinen Käufer, der diese Summe wirklich bezahlt. Wie für jedes Produkt brauchen Sie eine ausgefeilte Verkaufsstrategie. Sie können diese selbst entwerfen, eine Anzeige auf entsprechenden Plattformen aufgeben und sich mit den Interessenten auseinandersetzen. Oder Sie engagieren einen Makler mit Ortskenntnissen, der vielleicht schon einen möglichen Kunden in seiner Kartei hat. Klar, Letzteres kostet Sie die Maklerprovision, erzielt jedoch sehr wahrscheinlich einen höheren Verkaufspreis. Wie auch immer Sie sich entscheiden: Bringen Sie auf jeden Fall ein wenig Geduld mit. Eine Immobilie kauft niemand so schnell wie eine Kugel Eis – und schon bei der fällt vielen die Wahl schwer.

Um den Verkaufsprozess zu beschleunigen, sollten Sie sorgfältig alle Unterlagen zusammenstellen. Sie brauchen unter anderem den Kaufvertrag, die Liegenschaftskarte, den Lageplan, einen Grundbuchauszug, den Energieausweis, den Bauakt, Belege über Sanierungen und Modernisierungen, eine Auflistung der Betriebs- und der Nebenkosten, einen Beleg zur Lastenfreiheit beziehungsweise zur Resthypothek und den Grundriss. Geht es um eine Wohnung, kommen einige weitere Dinge hinzu: die Teilungserklärung, Jahreswirtschaftspläne, Protokolle der Eigentümerversammlung und außerdem die Abrechnungen zum Wohngeld der letzten drei Jahre. Ist Ihr Objekt vermietet, benötigen Sie auch den Mietvertrag und Informationen zu den Mietern.

Nicht vergessen sollten Sie die steuerlichen Aspekte. Beim Verkauf gibt es zwar für Sie keine Grunderwerbssteuer (diese zahlt der Käufer), aber unter Umständen müssen Sie die sogenannte Spekulationssteuer auf den Gewinn entrichten. Die vermeiden Sie nur dann, wenn Sie die letzten zwei Jahre selbst in dem Objekt gewohnt haben oder es Ihnen schon mehr als zehn Jahre gehört. Können Sie die Steuer nicht umgehen, dann fällt Ihr persönlicher Steuersatz an. Es ist also mit entscheidend, welche weiteren Einnahmen Sie haben. Auch zu berücksichtigen: Wenn Sie drei oder mehr Immobilien innerhalb von fünf Jahren verkaufen, wird das Finanzamt das als Gewerbe einstufen. In diesem Fall müssen Sie Gewerbe- und Umsatzsteuer zahlen. Es ist zumindest dann ratsam, sich einen Steuerberater zu nehmen.

Checkliste: Wann und was verkaufen?

Fassen wir nun noch einmal zusammen, welche Immobilien Sie verkaufen sollten. Aus meiner Sicht fallen hierunter alle Häuser und Wohnungen, für die mindestens einer der folgenden Punkte zutrifft:

- Das Angebot an Immobilien vor Ort dürfte stark wachsen – etwa wegen zahlreicher Neubauprojekte.
- Die Nachfrage geht in der Region eher zurück, weil zum Beispiel die Einwohnerzahl sinkt.
- Ihre Immobilie eignet sich kaum für diejenigen, die in Ihrer Stadt vor allem nach Objekten suchen oder mieten wollen.
- Sie müssten so viel in die Energieeffizienz investieren, dass sich das für Sie nicht mehr rechnet.
- Und nicht zuletzt: Der Verkauf wäre steuerfrei, der Gewinn hoch und Sie haben konkrete Pläne, was Sie mit dem Geld machen möchten.

Trifft all das nicht zu, ist Halten zumindest eine Möglichkeit – und vielleicht die beste. Ich rate allerdings stets dazu, das weder aus Bequemlichkeit noch aus rein emotionalen Gründen zu tun. Schließlich geht es für die meisten von uns bei eigenen Immobilien um einen großen Teil des Vermögens. Da sollten Fehler möglichst vermieden werden. Ein Haus zum falschen Zeitpunkt oder zu billig zu verkaufen (oder auch zu teuer zu kaufen), rächt sich oft für den Rest Ihres Lebens. Damit möchte ich Ihnen jedoch keine Angst machen. Im Gegenteil: Setzen Sie auf Immobilien! Tun Sie das auf eine intelligente Art und Weise, wird es sich lohnen! Und damit kommen wir zur Frage, wo Sie welche vier Wände kaufen sollten, weil sie Ihnen vermutlich lange Freude machen werden.

V.3. Welche Immobilien halten?

Konzentrieren Sie sich als Investor ausschließlich oder hauptsächlich auf den Immobilienmarkt, gehört diese Entscheidung zu Ihren wichtigsten: Soll ich das Haus oder die Wohnung X über längere Zeit halten? Im Folgenden werde ich Ihnen sagen, welche Eigenschaften X haben muss, damit Sie diese Frage mit einem klaren Ja beantworten können. Dabei die Emotionen aus dem Spiel zu lassen, ist manchmal alles andere als einfach. Okay, beim Renditeobjekt in einer Ihnen fremden Stadt, das von einer Hausverwaltung betreut wird, mag es problemlos funktionieren. Doch wie ist das beim Elternhaus? Oder bei dem kleinen Apartment, das Sie sich in jungen Jahren gekauft und lange abgezahlt, ja geradezu vom Mund abgespart haben? Richtig, da fällt es schon schwer, eine nüchterne Liste zu machen, die eine Spalte mit »Pro« und die andere mit »Contra« zu betiteln.

Sehen wir uns also die Kriterien an, die eindeutig für das Verbleiben der Immobilie in Ihrem Portfolio sprechen. Wir haben diese Punkte in den bisherigen Kapiteln schon mehrfach gestreift. An dieser Stelle erhalten Sie nun konkrete Tipps auf einen Blick. Damit möchte ich Ihnen die Möglichkeit geben, fundierte Entscheidungen auf Basis umfassender Informationen zu treffen. Was aber auch klar ist: Jede Immobilie ist ein Einzelfall und es ist ausgeschlossen, in diesem Buch Empfehlungen für jedes Szenario zu geben. Die konkrete Analyse ist daher Ihre Aufgabe.

Lage, Lage, Lage?

Früher sagte Ihnen jeder Makler, bei einer Wohnung oder einem Haus zähle nichts als die Lage. Heute sind andere Kriterien ebenfalls wichtig, ja oft wichtiger. Trotzdem sollten Sie ein perfekt saniertes Häuschen mitten in Brandenburg auf dem Land nicht halten – es sei denn, Sie möchten selbst darin wohnen und es ist Ihnen egal, dass es dort kaum Arbeitsplätze oder sonstige Angebote gibt. Eine Dachgeschosswohnung in München-Schwabing mit Fahrstuhl im Haus wird dagegen weiter im Wert steigen. Es lässt sich also nicht pauschal sagen, die Lage sei inzwischen uninteressant. Vielmehr hat ein begehrter Stadtteil immer noch eine solche Strahlkraft, dass potenzielle Käuferinnen und Käufer oder Mieterinnen und Mieter hier über vieles hinwegsehen.

Hat Ihre Immobilie eine solche Eins-a-Lage nicht zu bieten, werden andere Merkmale umso entscheidender. Wie schon mehrfach betont, sollte die Energieeffizienz passen und die Heizung dem entsprechen, was künftig gesetzlich gefordert wird. Aber schauen Sie sich auch die Qualität des Gebäudes an. In Deutschland werden mehr und mehr Fertighäuser gebaut, weil sie schneller bezugsfertig sind und weniger kosten als Massivhäuser. Besitzen Sie ein Massivhaus, dann können Sie eher auf Wertstabilität setzen. Denn: Massivhäuser, vor allem von guten Architekten geplante, sind individueller, was heute mehr denn je gefragt ist. Sie punkten außerdem mit einem gesunden Raumklima, weil Luftfeuchtigkeit im Mauerwerk gespeichert und von diesem bei großer Trockenheit wieder abgegeben wird. Schall wird wirksamer geschluckt, was sich insbesondere an einer viel befahrenen Straße positiv bemerkbar macht. Zudem ist der Wärmeschutz bei massiven Häusern einfacher. Sie heizen sich langsamer auf und im Winter bieten sie mehr Schutz vor Kälte. Ja, Massivhäuser überstehen sogar einen Wasserrohrbruch leichter als Fertighäuser, deren Wände zum Beispiel aus Gipskarton oder Holz bestehen.

Neben der Bauweise mit einem Plus bei Häusern aus Stein, Beton, Ziegeln und Co ist natürlich auch die Qualität der Fenster, der

Türen und der Innenausstattung relevant. Wurde das Billigste vom Billigen gewählt oder sind solide, moderne Lösungen verbaut worden? Bei einer gepflegten Wohnung mit hohem Standard haben Sie ein kleineres Risiko für einen Leerstand, falls Sie vermieten wollen, und die Gefahr kostenintensiver Reparaturen ist ebenso geringer. Halten Sie sich nicht gerade leidenschaftlich gerne auf Baustellen auf, werden Sie Freude vor allem an einer Immobilie haben, für die Sie nicht viel tun müssen.

Cashflow sollte stimmen

Wenn Sie ans langfristige Halten Ihrer vier Wände denken, dann werden Sie vermutlich nicht ausschließlich eine mögliche oder wahrscheinliche Wertsteigerung im Blick haben. Vielleicht wohnen Sie selbst in Ihrer Immobilie – aus welchen Motiven auch immer. Entweder, weil Sie das Leben im Eigentum und die damit verbundene Freiheit der Gestaltung sehr schätzen. Oder weil Sie so die Miete sparen, die vielleicht in Ihrer Stadt besonders hoch ist. Oder weil es um ein Haus geht, das seit Generationen in Familienbesitz ist. Auch ein kurzer Arbeitsweg sowie ein stark umkämpfter Mietwohnungsmarkt können dafür sprechen. Oder, oder, oder. Alternativ haben Sie vermietet und in diesem Fall werden Sie an einem regelmäßigen Cashflow interessiert sein. Die Einnahmen sollten höher sein als die Kosten.

Berücksichtigen Sie dabei die Tilgung und Zinsen für Ihren Kredit, falls Sie einen aufgenommen haben und dieser noch läuft. Kalkulieren Sie auch die Prämie für die Hausversicherung ein sowie regelmäßige Kosten für die Instandhaltung und für anstehende größere Modernisierungsmaßnahmen. Und Ihre Mieteinnahmen sind natürlich zu versteuern. Stellen Sie eine entsprechende Rechnung auf: Ist der Cashflow positiv und voraussichtlich stabil? Das ermöglicht Ihnen ein regelmäßiges Zusatzeinkommen und ist ein starkes Argument dafür, die Immobilie zu halten. In jedem Fall sollten die Netto-Einnahmen die Kosten decken, denn ansonsten macht das Immobilieneigentum keinen Sinn.

Gibt es Wachstumspotenzial?

Neben den ständigen Einnahmen und Ausgaben zählt auch die Wertentwicklung. Hier gilt spiegelbildlich zum Verkauf: Wenn das Objekt und die Bedingungen vor Ort einen Anstieg des Preises erwarten lassen, lohnt sich das Halten – meiner Überzeugung nach allerdings nur bei positivem Cashflow, denn letzten Endes ist eine Wertsteigerung Spekulation. Analysieren Sie deshalb wie weiter oben erwähnt den Markt in der Region und vor allem auch die geplanten Projekte. Soll in der Nähe Ihrer Wohnung eine neue U-Bahn-Linie mit fußläufig entfernter Haltestelle gebaut werden, während es aktuell lediglich eine eher schlechte Anbindung an den Bus gibt? Das wäre ein sehr starkes Argument fürs Halten, obwohl die Inbetriebnahme der U-Bahn-Linie Jahre dauern kann.

Wirtschaftliches Wachstum und die Ansiedlung neuer Betriebe werden den Wert Ihrer Immobilie ebenfalls in die Höhe treiben – ebenso wie eine Kommune, die bei der Ausweisung neuer Baugebiete eher lethargisch agiert. Was Wohnungssuchenden das Leben schwermacht, ist für Sie gut. Schauen Sie sich deshalb die Standortfaktoren detailliert an und achten Sie dabei nicht nur auf den Ist-Zustand, sondern vor allem auf die Prognosen. Nur ein weiteres Beispiel: E-Ladesäulen spielen für immer mehr Menschen eine entscheidende Rolle. Sind öffentliche Tankstellen für Elektroautos vorhanden oder sollen sie kurz- oder mittelfristig geschaffen werden?

Oder gehört zu Ihrer Wohnung eine Garage, in der schon eine Wallbox installiert ist? Plant die Eigentümergemeinschaft eine solche? Das wäre ein dickes Plus.

Diverses Portfolio

Ein weiterer Punkt ist für Sie nur dann interessant, wenn Sie über das nötige Kleingeld für mehrere Immobilien-Investitionen verfügen. Haben Sie dieses Luxus-»Problem«, vermeiden Sie ein Klumpenrisiko. Wir haben dies bereits mit dem Aktienmarkt verglichen und ich wiederhole es hier noch einmal: Niemand, der bei Verstand ist, wird all sein Geld in Aktien nur eines Unternehmens stecken. Es empfiehlt sich auch nicht, alles nur in den deutschen oder nur in den US-amerikanischen Markt zu investieren. Anlageexperten raten zur Aufteilung auf verschiedene Indizes, zur Mischung von Rohstoffaktien mit sogenannten defensiven Titeln von Firmen, deren Produkte oder Dienstleistungen auch in Krisenzeiten gebraucht werden. Es gibt Value-Aktien und Growth-Aktien – und so weiter.

Auch bei Immobilien ist eine solche Diversifikation möglich und richtig – wenn, wie gesagt, das Geld dafür reicht. Wählen Sie etwa verschiedene Arten, also etwa Wohn- und Gewerbeimmobilien, Ein- und Mehrfamilienhäuser, große Wohnungen und Einzimmerapartments. Häufig geht der Preistrend in einem Bereich nach oben, in einem anderen aber im selben Zeitraum nach unten. Wie bei Aktien auch. Und ebenfalls wie bei Wertpapieren sollten Sie nicht wahllos irgendetwas zusammenkaufen. Das Einzimmerapartment sollte sich dort befinden, wo viele Studierende leben, die Gewerbeimmobilie dort, wo Nachfrage bei der entsprechenden Zielgruppe besteht. Mehrparteienhäuser kaufen eher Investoren und die tun das nur dann, wenn es richtig lukrativ ist.

Sind Sie in der glücklichen Lage, sich ein ganzes Immo-Portfolio aufbauen zu können, dann herzlichen Glückwunsch. Informieren Sie sich gründlich über Markttrends und Marktbedingungen – und treffen Sie so wissensbasierte Entscheidungen. Das verspricht viel mehr Erfolg, als lediglich scheinbare Schnäppchen zu suchen. Günstig kaufen: ja; billig kaufen: nein. Der Unterschied ist derselbe wie bei allen anderen Anschaffungen: Im ersten Fall bekommen Sie Qualität, im zweiten eher das, was niemand sonst haben wollte und haben will. Es lohnt sich, darauf zu achten. Das auf den ersten Blick verlockende Angebot ist auf den zweiten oder dritten Blick oft alles andere als das. Und umgekehrt.

V.4. Welche Immobilien wo kaufen?

Stehen Sie vor einem Immobilienkauf, dann haben Sie an ein Kriterium wahrscheinlich noch nie gedacht. Die meisten Menschen haben es überhaupt nicht auf dem Schirm, obwohl es immer öfter Thema in zahlreichen Medien ist. Es ist eines, das uns alle interessieren und beschäftigen sollte, weil es dabei um unser wichtigstes, um ein unersetzbares Lebensmittel geht: das Trinkwasser. Okay, werden Sie nun vielleicht sagen, was soll damit sein? Trinkwasser kommt doch überall aus dem Hahn und die Kosten dafür fallen kaum ins Gewicht. Ja, das ist aktuell noch so, doch in einigen Regionen gab es schon Sommertage, an denen das Rasensprengen verboten wurde, weil dafür zu wenig Wasser vorhanden war.

In Zukunft dürfte so etwas öfter vorkommen. Auch Pools mit Wasser zu füllen, wird nicht mehr zu allen Zeiten möglich sein. Und wenn Trinkwasser zur Mangelware wird, spüren das Verbraucherinnen und Verbraucher natürlich auch beim Preis. Die spannende Frage ist also, wo künftig Trinkwasser ein rares Gut sein dürfte. Denn: Logischerweise bestimmt das Angebot an lebenswichtigen Ressourcen mit über den Wert einer Immobilie. Einschränkungen bei der Nutzung und stark steigende Kosten verringern die Attraktivität einer Wohnung oder eines Hauses. Dasselbe trifft zu, wenn der Grundwasserspiegel so sehr steigt, dass Schäden an Gebäuden drohen. Oder wenn für die Zukunft mehr Starkregen und damit Überflutungen prognostiziert werden.

Grundwasserspiegel sinken

Schauen wir uns zunächst das Grundwasser an, die Quelle also, aus der hierzulande das meiste Trinkwasser gewonnen wird. Das Recherchezentrum Correctiv in Essen hat einen Grundwasseratlas erstellt, der zeigt, in welchen Landkreisen die Spiegel sinken oder steigen. Die zusammenfassende Aussage lautet: »Das Grundwasser in Deutschland sinkt dramatisch.« Analysiert wurden Daten von rund 6.700 Messstellen – und das für einen Zeitraum von 32 Jahren, von 1990 bis 2022. An fast jedem zweiten Ort, den Correctiv ausgewertet hat, ging der Grundwasserspiegel zwischen 2018 und 2021 auf den tiefsten Stand seit 1990 zurück. Correctiv zitiert dazu einen Sprecher des Bundesumweltministeriums: »Wir müssen uns sicher auch in Deutschland von der Gewissheit verabschieden, dass Wasser immer und überall in scheinbar unbegrenzter Menge zur Verfügung steht.«[88]

Das Recherchezentrum stellt im Internet eine interaktive Karte zur Verfügung, auf der sich die einzelnen Landkreise anklicken lassen. Jeder kann sich so ansehen, wie sich der Grundwasserspiegel in seiner Region – beziehungsweise in der seiner Immobilie – entwickelt hat. Fallende Pegel gibt es vor allem in den Bundesländern Nordrhein-Westfalen, Thüringen und Bayern sowie in Norddeutschland.[89] Als Hauptverursacher wurde der Mensch ausgemacht, der Wasser entnimmt als Trinkwasser, für die Industrie, den Bergbau und die Landwirtschaft. Wasserknappheit führt auch zu tiefen Wasserständen in vielen Flüssen, was unter anderem die Schifffahrt behindert sowie zu mehr Waldbränden und Missernten wegen austrocknender Böden führt.

Entnahme als Trinkwasser, für die Landwirtschaft et cetera: Das gibt es natürlich schon seit geraumer Zeit. Jetzt aber kommt der Klimawandel als Ursache für Austrocknung hinzu. Und der beschleunigt sich rasant, läuft viel schneller ab, als das ursprünglich einmal vorhergesagt worden war. Expertinnen und Experten befürchten einen Kampf ums Wasser – ein Szenario, das wir uns noch vor einigen Jahren nur für extrem trockene Gegenden vorstellen konnten, etwa am Jordan, nun also auch bei uns. Die Temperaturen steigen und wir verbrauchen deshalb mehr Wasser. Dazu kommt, dass es mehr Starkregenfälle gibt als früher. Starkregen aber heißt: Wasser fließt schnell oberflächlich ab, nämlich in die Flüsse und letztlich ins Meer, statt langsam zu versickern und das Grundwasser aufzufüllen.

Nicht alle Regionen sind betroffen und nicht alle gleich stark. Schauen Sie sich also an, wie es dort aussieht, wo Sie eine Immobilie kaufen möchten. Ein stark sinkender Grundwasserspiegel kann durchaus ein Grund dafür sein, diesen Plan zu verwerfen – zumindest dann, wenn es keine sicheren anderen Quellen für Trinkwasser gibt wie etwa Seen, Flüsse oder Talsperren. Interessant ist auch die Wahrscheinlichkeit für Hochwasser. Wir alle haben die Katastrophe im Ahrtal im Kopf, doch auch anderswo kann Starkregen zu anschwellenden Bächen führen, die Häuser zerstören und Menschenleben bedrohen. Bisher ist es allerdings schwierig, zu recherchieren, wo solche Ereignisse mit welcher Wahrscheinlichkeit eintreten werden. Doch das könnte sich bald ändern.

Starkregen und Überflutungen

Das Bundesamt für Kartographie und Geodäsie hat das »Starkregen«-Projekt gestartet. In dessen Rahmen soll eine deutschlandweite Hinweiskarte entstehen. Als Testregion für dieses Vorhaben wurde Nordrhein-Westfalen ausgewählt. Natürlich braucht es dafür jede Menge Daten – etwa die Eintrittswahrscheinlichkeiten von Starkniederschlägen, die der Deutsche Wetterdienst seit den 1980er-Jahren regelmäßig sammelt. Dazu kommen zahlreiche weitere Informationen wie digitale Geländemodelle. Ergebnisse sind Starkregengefahrenkarten, die bisher nur für die Testregion vorliegen. Nach Stand zum Redaktionsschluss dieses Buches sollen in Kürze zehn weitere Bundesländer kartiert sein - nämlich Berlin, Bremen, Brandenburg, Hamburg, Mecklenburg-Vorpommern, Niedersachsen, Sachsen, Sachsen-Anhalt, Schleswig-Holstein und Thüringen - sowie die restlichen bis Ende 2025.[90]

Spätestens ab Ende 2025 werden Sie also auch die Gefahr einer Überflutung abschätzen können – bevor Sie eine Immobilie kaufen. Wenn Ihnen die letzten Absätze etwas zu abschweifend schienen in einem Buch, das sich um die Zukunft des Immobilienmarktes dreht, dann berücksichtigen Sie: Wie mehrfach betont, werden die *Early Adopters* die Gewinnerinnen und Gewinner sein. Ja, bisher spielt der Klimawandel keine Rolle bei der Preisbildung von Wohnungen und Häusern. Aber der Wandel ist real und das wird immer mehr Menschen bewusst. Es ist also nur eine Frage der Zeit, bis er sich auch auf die Preise auswirken wird. Sie haben die Nase vorn, wenn Sie jetzt schon daran denken – und Ihre Immobilie danach auswählen.

Naturgefahren mindern Wert

Auch professionelle Immobilienbewerter müssen Naturgefahren in ihre Berechnungen einbeziehen. Diese hat das Bundesinstitut für Bau-, Stadt- und Raumforschung für alle Standorte in Deutschland dargestellt – sowohl für Überflutungen und Starkregen als auch für Winterstürme, Waldbrände, Erdbeben und Hitze. Ja, die Naturgefahren haben sogar Auswirkungen auf die Ermittlung der Summe, mit der ein Objekt beliehen werden kann. Denn: Sie gehören zu den langfristigen, nachhaltigen Merkmalen des Objekts. Es zählt also nicht mehr nur, wo ein Grundstück liegt, ob es leicht erreichbar ist, ob es eine Hanglage hat et cetera. Nein, schon ein kleiner Bach in der Nähe kann den Wert massiv beeinflussen. Auch so ein Bach schwillt nach Starkregen möglicherweise so an, dass Häuser überflutet werden, wie uns das Ahrtal 2021 gelehrt hat.

Wie viel genau ein Gutachter abzuziehen hat, wenn etwa Stürme oder eben Wasser das Haus bedrohen, obliegt zumindest bisher dem Ermessen des Experten. Der hat nicht die Möglichkeit, sich an Vergleichswerten zu orientieren, denn die gibt es noch nicht. Möglich wäre zum Beispiel ein Abschlag von einem bestimmten Prozentsatz des Wertes, den der Gutachter als aktuellen Marktwert ermittelt hat. Auch könnte es sein, dass der Zinssatz für ein Baudarlehen höher ausfällt, wenn Naturgefahren relevant sind. Kreditgeber oder auch potenzielle Käufer dürften von höheren Kosten für die Instandsetzung ausgehen. Und: Die Restnutzungsdauer des Gebäudes wird voraussichtlich niedriger kalkuliert als in einem ungefährdeten Gebiet. Interessant ist auch, ob es überhaupt versicherbar ist und – wenn ja – wie hoch die Prämien sind.

Liste der Kaufkriterien

Was also müssen Sie beachten, wenn Sie vor der Frage stehen: »Kaufen oder nicht kaufen?« Neben dem Angebot an Trinkwasser und den diversen Naturgefahren zählen selbstverständlich auch die üblichen Kriterien – und alle, die inzwischen aufgrund von Energiekrise und gesetzlichen Auflagen dazugekommen sind. In den Abschnitten »Wann und was verkaufen?« sowie »Welche Immobilien halten?« haben wir uns schon ausführlich damit beschäftigt. Grob gesagt gilt: Was nicht verkauft werden sollte, lohnt sich zu kaufen. Wo das Halten zu empfehlen ist, da ist meist auch das Kaufen attraktiv. Hinzu kommt die Frage, wie viel Geld Sie investieren wollen und – sehr wichtig – zu welchen Konditionen Sie einen Kredit bekommen.

Fassen wir noch einmal zusammen, was eine IMMERbilie ausmacht: Sie hat ein modernes Heizsystem beziehungsweise ist leicht darauf umzurüsten. Je höher der Anteil an erneuerbaren Energien, desto besser. Die Dämmung ist so gut, dass das Gebäude mindestens die Energieeffizienzklasse C erreicht, also die derzeitige Anforderung an einen Neubau. Idealerweise punktet das Haus oder die Wohnung mit Barrierefreiheit oder es braucht nur wenige Maßnahmen, um diese zu realisieren. In der Garage gibt es eine Ladestation für Elektroautos, mit Bus oder Bahn kommt man bequem zum Einkaufen und zu den Arbeitsplätzen in der Region. Kindergärten und Schulen sind ebenfalls durch den öffentlichen Nahverkehr angeschlossen.

Noch besser wird das Angebot mit einer Photovoltaikanlage auf dem Dach. Oder mit einer Energieeffizienz von B oder gar A. Außerdem sollte die Region prosperieren, also Arbeitskräfte anziehen oder vielleicht auch ein beliebter Ort für Ruheständler sein. Schauen Sie sich die Bevölkerungsentwicklung an und achten Sie darauf, dass Ihre Wunschimmobilie zur Altersstruktur passt. Vielleicht möchten Sie auch ein Objekt für innovative Projekte wie Co-Working oder Co-Living kaufen. Die dürften bei der jüngeren Generation immer beliebter werden, doch sie sind mit Sicherheit mit mehr Aufwand verbunden als die Vermietung eines Standardapartments.

Zumindest bei einer größeren Investition sollten Sie einen Bausachverständigen hinzuziehen. Selbst scheinbar perfekte Immobilien können versteckte Mängel haben und in der Regel gilt »gekauft wie gesehen« – abgesehen von arglistiger Täuschung. Darum prüfen Sie das Objekt auf Herz und Nieren, soll heißen vom Dach bis zum Keller – beziehungsweise lassen Sie es prüfen. Häufige Probleme sind Feuchtigkeit – vielleicht sogar lediglich mit Farbe überdeckter Schimmel –, Risse im Putz oder Mauerwerk, eine nicht funktionierende Dampfsperre, eine undichte Fensterlaibung, eine undichte Lüftungsanlage und Risse im Estrich (siehe auch Kapitel III.6.). Schauen Sie sich auch die Ausrichtung des Hauses an. Früher waren nach Süden ausgerichtete große Fenster ein dickes Plus, heute sind sie das nur noch mit effektiven Rollos, welche die Sommerhitze abhalten.

Handeln ist angesagt!

Zu diesen allgemeinen Kriterien kommen sehr persönliche. Vielleicht wollen Sie nur eine Immobilie in Ihrer Nähe erwerben, auch wenn Sie nicht selbst darin wohnen möchten. Vielleicht kommt für Sie nur ein Haus infrage oder aber nur eine Wohnung in einem Mehrfamilienhaus mit gut funktionierender Hausverwaltung. Für die Eigennutzung haben Sie sicher eine Liste von Must-haves aufgestellt: etwa mindestens vier Zimmer, eine offene Küche, einen sehr ruhigen, als Büro nutzbaren Raum, einen Garten. Oder nahe gelegene Spazierwege für lange Runden mit dem Hund. Oder eine schnell mit dem ÖPNV erreichbare Stadt mit reichem kulturellem Angebot. Hier können allerhand persönliche Aspekte hineinspielen.

Das Allerwichtigste aber ist: Handeln Sie! Ständig die Entscheidung zu verschieben, hat denselben Effekt wie in allen anderen Lebensbereichen: Sie werden Ihre Ziele nicht erreichen. Klar, bei einer Immobilie ist die Gefahr, einen Fehler zu machen, nicht gerade gering. Den größten Fehler aber macht derjenige, der gar nichts tut. Erinnern wir uns an die fiktiven Beispiele in Kapitel III. Ob geerbtes Häuschen oder Energieschleuder: Auch hier sind Entscheidungen gefragt. Was sich nicht lohnt, was nur kostet, statt Geld einzubringen, das gehört verkauft – so groß die Hemmschwelle auch sein mag. Eine einst fürs Vermieten angeschaffte Wohnung mit lauter Stufen in einer Region mit immer weniger Nachfrage und einer rasch alternden Bevölkerung rechnet sich einfach nicht.

Auf der anderen Seite sind da die Menschen mit Anlagedruck. Gehören Sie dazu? Dann ist dieses Kapitel für Sie besonders wichtig. Überlegen Sie sich genau, wie viel Sie investieren möchten, und dann fangen Sie an, geeignete Objekte zu suchen. Hierfür gibt es zahlreiche einschlägige Portale im Internet und natürlich die Angebote von Immobilienmaklern, denen Sie auch einen Suchauftrag geben können. Führen Sie mit Ihrer Bank ein Vorgespräch, sofern Sie die Immobilie teilweise finanzieren wollen. So sind Sie in der Lage, rasch zuzuschlagen. Und das ist enorm wichtig, denn attraktive Häuser und Wohnungen haben viele Interessenten – und sind in der Regel nicht lange auf dem Markt.

Sie wünschen sich nun eine übersichtliche Zusammenfassung? Sie hätten gern konkrete Vorschläge, wie Sie vorgehen sollen? Nur noch ein wenig Geduld! Wir werden, als Fazit der vorangegangenen Kapitel, eine Strategie für Ihr Vermögen entwickeln. Zudem dürfen Sie einen Blick auf den Immobilienmarkt im Jahre 2050 werfen. Zuvor aber erwartet Sie ein kleiner Ausflug in eine ganz neue Welt der Immobilien-Investitionen, unter dem Stichwort Tokenisierung.

V.5. Neue Chancen durch Tokenisierung

Sie können weder Siemens noch Tesla kaufen, wohl aber Anteile an diesen und vielen anderen Unternehmen. Das ist der große Vorteil von Investments am Aktienmarkt. Große Summen sind nicht nötig, denn Sie können sich schon für wenige Euro beteiligen. In Sachen Immobilien ging das bisher nur über geschlossene oder offene Immobilienfonds. Bei den geschlossenen fließt Ihr Geld in der Regel in wenige Objekte, etwa Einkaufszentren oder Hotels. Sie haben die Chance auf Gewinne, aber müssen auch das Risiko von Verlusten mittragen. Meist ist die Mindestanlagesumme ziemlich hoch und die Laufzeit liegt bei zehn Jahren oder mehr. Die einmaligen Kosten beim Kauf sind beträchtlich und was am Ende dabei rumkommt, steht in den Sternen. Auch ein Totalverlust ist nicht auszuschließen.

Bei offenen Immobilienfonds ist die Streuung größer und die Anteile können jederzeit verkauft werden. Aber auch hier sind die Kosten in Form des Ausgabeaufschlags, der beim Erwerb der Anteile zu zahlen ist, eher hoch. In einer Krise kommen häufig viele Anleger gleichzeitig auf die Idee, ihre Investition zu beenden. Und was passiert dann? Klar, das Angebot übersteigt die Nachfrage und die Preise fallen. Auch der offene Immobilienfonds birgt demnach ein hohes Risiko. Eine attraktive Möglichkeit, an einer positiven Entwicklung des Marktes für Wohnungen, Häuser und Gewerbeimmobilien zu partizipieren, sind solche Fonds eher nicht.

Digitale Tokens

Mittlerweile aber gibt es eine völlig andere Option: die Tokenisierung. Diese Technologie hat sich in den letzten Jahren in verschiedenen Branchen etabliert – und sie erfasst nun auch den Immobilienmarkt. Haben Sie schon einmal davon gehört? Mit Tokenisierung ist gemeint, dass das Eigentum an einer Immobilie in digitale Tokens verwandelt wird. Die wiederum werden auf einer Blockchain-Plattform angeboten. Jeder Token steht also für einen bestimmten Prozentsatz der Immobilie. Wer sich an dieser beteiligen will, kann das genauso wie bei Aktienunternehmen auf einfache Art und Weise tun. Ein riesiger Vorteil insbesondere für alle, die nicht das Kapital für ein Haus oder eine Wohnung haben.

Die Chance, kleinere Anteile an Immobilien zu erwerben, ist nicht der einzige Pluspunkt der Tokenisierung. Sie haben damit auch eine größere Liquidität als beim Kauf eines ganzen Objekts. Genauer gesagt, lässt sich diese Liquidität in kürzester Zeit schaffen. Tokens werden nämlich auf digitalen Handelsplattformen gehandelt, also gekauft und verkauft. Logisch, dass das viel schneller geht als der Kauf beziehungsweise Verkauf einer physischen Immobilie. Bei Letzterer dauert so etwas vergleichsweise lange, müssen Inserate geschaltet, muss der Wert verhandelt, ein Vertrag entworfen und beglaubigt werden et cetera.

All das ist bei den Tokens unnötig. Und natürlich haben Sie damit ein ganz anderes Spektrum an Anlagemöglichkeiten zur Verfügung.

Selbst mit begrenzten Mitteln können Sie sich an sehr hochwertigen Immobilien beteiligen, an großen Hotels oder Einkaufszentren zum Beispiel oder an modernen Mehrfamilienhäusern. Vielleicht sind Sie bereits von bestimmten Objekten hundertprozentig überzeugt, könnten sie sich aber niemals leisten. Dank des Aufsplittens in Tokens brauchen Sie dafür kein Millionär zu sein. Das macht es leicht, das Portfolio zu diversifizieren.

Transparenz und Sicherheit

Apropos Diversifizierung: Die beschränkt sich nicht allein auf die lokalen Märkte. Dank Tokenisierung stehen Ihnen Immobilienmärkte überall auf der Welt offen. Wiederum gilt: Was bei Aktien selbstverständlich ist, ermöglicht die neue Technologie nun auch im Bereich Immobilien. Sie brauchen nicht nach New York oder Singapur zu fahren, um sich ein Objekt anzuschauen. Attraktive Renditen winken, ohne dass Sie dafür ein Millionen-Budget zur Verfügung haben müssen. Letztlich wird der Immobilienmarkt auf diese Weise demokratisiert, denn: Die Zahl der Investoren steigt. Fast jeder kann sich an Immobilien beteiligen.

Das ist ähnlich wie etwa bei Windkraft- oder Photovoltaikanlagen, die oft mit Bürgerbeteiligung realisiert werden. Nur: Bei denen gibt es lediglich einen festen Zinssatz plus einen eventuellen Bonus, wenn der Gewinn besonders hoch ist. Bei Immobilien-Tokens dagegen können Sie einen extrem guten Schnitt machen, wenn Sie sich für die richtigen Gebäude entscheiden. Diese Entwicklung ist ein echter Gamechanger in Sachen Immobilien-Investments. Für mich ist deshalb die Tokenisierung ein weiterer Beleg dafür, dass Immobilien auch IMMERbilien sind – heute, morgen und übermorgen unverzichtbar für jeden Anleger.

Sicherer und transparenter

Die Blockchain-Technologie macht zudem den Kauf von Immobilien beziehungsweise die Beteiligung daran sicherer. Um das zu verstehen, müssen wir ein wenig tiefer in das Thema einsteigen. Sie können sich dieses Netzwerk wie ein zentrales Buchungssystem vorstellen. Jeder, der daran beteiligt ist, hat die Möglichkeit, alle Informationsketten einzusehen. Alle Daten sind verschlüsselt und jeder Teilnehmer erhält davon Kopien, die hundertprozentig mit dem Original übereinstimmen müssen. Damit sind Manipulationen so gut wie unmöglich. Anders als bei den erwähnten offenen und geschlossenen Immobilienfonds erzeugt das gerade für Kleinanleger mehr Transparenz. Die Hemmschwelle für die Investition in Betongold sinkt.

Eine enorm spannende Entwicklung, die allerdings noch mit Herausforderungen verbunden ist. Zum einen kennen sich die meisten Makler bisher nicht mit der Tokenisierung aus. Zum anderen gibt es weiterhin analoge Prozesse wie die Eintragung von Eigentümern ins Grundbuch. Abhängig vom Land und der Region sind verschiedene regulatorische Vorschriften zu berücksichtigen. Insofern ist die Tokenisierung von Immobilien in Deutschland bisher nur über einen Zwischenschritt möglich. Das heißt: Nicht die Immobilie selbst wird in Tokens aufgeteilt, sondern die Gesellschaft, welche das Gebäude oder Grundstück gekauft hat. Von der können Sie Genussrechte, Anleihen oder Aktien kaufen. Sie haben aber das Recht, Ihre Tokens zu jeder Zeit wieder zu verkaufen, und Sie partizipieren an den laufenden Erträgen wie Mieteinnahmen.

Ob Immobilien-Tokens für Sie eine Option sind, müssen Sie letztlich selbst entscheiden. Sie erlauben es Ihnen auf jeden Fall, auch ohne viel Kapital auf dem Immobilienmarkt aktiv zu sein. Zudem vereinfachen sie es deutlich, das Risiko zu streuen. Vielleicht haben Sie bisher lediglich mit dem Kauf einer Immobilie geliebäugelt, konnten sich aber nie dazu durchringen. Dann ist die Tokenisierung für Sie eine gute Gelegenheit, erste Schritte auf diesem Terrain zu gehen. Aber selbstverständlich gilt auch hier: Schauen Sie sich das Objekt genau an. Da es kein Einfamilienhaus und keine Wohnung sein wird, ist der Aufwand ein wenig höher. Lassen Sie sich Informationen geben und recherchieren Sie selbst – genauso wie das auch beim Kauf von Einzelaktien sinnvoll ist.

Zugegeben: Siemens und Tesla kennen alle, die Immobilie XY ist dagegen zunächst einmal eine Wundertüte. Suchen Sie sich deshalb eine renommierte Gesellschaft, die in attraktiven Lagen investiert. Schauen Sie im Internet nach Anbietern und registrieren Sie sich per E-Mail. Sie müssen dafür Ihre Identität nachweisen, etwa über eine digitale Authentifizierung, was Sie vielleicht schon von einer Online-Kontoeröffnung kennen. Anschließend können Sie sofort einsteigen und Tokens erwerben. Dafür gibt es ein in die Plattform des Anbieters integriertes E-Wallet, also ein digitales Konto, auf das Sie einzahlen müssen – ähnlich wie auf ein mit einem Depot verknüpftes Verrechnungskonto.

Und die Zukunft? Die besteht in einer echten Tokenisierung der Immobilien selbst. Damit würden Sie als Token-Käufer Miteigentümer. Sie könnten eine Hypothek auf Ihren Anteil aufnehmen, würden an den Einnahmen beteiligt und müssten auch die Kosten wie Grundsteuern, Prämien für Versicherungen oder Sanierungen mittragen. Dafür aber muss zunächst das Grundbuch komplett digitalisiert und in die Blockchain integriert werden. Und werfen wir einen Blick in die noch fernere Zukunft: Sensoren an den Immobilien prüfen, ob etwa der Herd eine Wartung braucht – und der ebenfalls an die Blockchain angeschlossene Handwerker wird sofort benachrichtigt. Hauseigentümer verkaufen Tokens ihrer eigenen Immobilien und lösen damit ihre Kredite ab oder müssen gar nicht erst welche aufnehmen. Oder Mieter reduzieren die Miete, indem sie Tokens der Wohnung kaufen, in der sie wohnen. – Bis all das Wirklichkeit wird, dürfte noch einige Zeit ins Land gehen. Es lohnt sich jedoch, die Entwicklung genau zu beobachten.

V.6. Strategien für Ihr Vermögen

Sie haben nun erfahren, bei welchen Immobilien sich das Halten lohnt, bei welchen der Kauf und von welchen Sie sich eher trennen sollten. Vielleicht reicht das für Sie schon aus, weil Sie lediglich ein Objekt oder einige wenige besitzen. Sie möchten damit keine Verluste machen, keine Fehler begehen, aber haben keinerlei Ambitionen, richtig auf dem Immobilienmarkt zu verdienen. Wenn Ihnen das jedoch zu wenig ist, wenn Sie die riesigen Chancen von Immobilien intensiver nutzen wollen, dann brauchen Sie eine durchdachte Strategie für Ihre Investitionen in diesem Bereich. Sie werden damit nicht mit den ganz Großen der Branche konkurrieren können, wohl aber Ihr Vermögen mehren. Wichtig ist dabei wie bei jeder Anlageform Konsequenz bei der Umsetzung.

Buy and hold

Doch nun konkret zum Plan. Welche Strategien sind geeignet, um langfristig Wohlstand aufzubauen, um ehrgeizige finanzielle Ziele zu erreichen? Da ist zum einen die *Buy-and-hold*-Strategie, die zu den beliebtesten Optionen in der Immobilienbranche gehört. Wie der

Name schon sagt, bedeutet sie Kaufen und langfristiges Halten. Gewinne, die kurzfristig erzielbar wären, interessieren dabei nicht, man konzentriert sich auf das auf lange Sicht vorhandene Potenzial. Sie schauen also auf die mögliche Wertsteigerung zum Beispiel in den nächsten zehn, 20 oder mehr Jahren. Hier ist es besonders wichtig, auf boomende Regionen zu setzen, Regionen also, die wachsen und bei denen deshalb die Nachfrage – sowohl von potenziellen Käufern als auch von Mietern – aller Voraussicht nach steigen wird.

Buy and hold ist allerdings nicht mehr immer das Mittel der Wahl. Die Methode eignet sich nur für Immobilien, die zukunftsfit sind. Häuser und Wohnungen, die Sie »nur« kaufen und dann langfristig halten, sollten auf dem neuesten Stand der Technik sein – vor allem in puncto Energieeffizienz und Barrierefreiheit. Diese Punkte sind genauso wichtig wie die Lage, weil sie mittlerweile den Wert der Immobilie entscheidend mitbestimmen. Mehr oder weniger wahllos kaufen und auf den Faktor Zeit setzen, das funktioniert nicht mehr. Hier gilt wieder die Analogie zum Aktienmarkt: In einen ETF auf einen großen Aktienindex können Sie bedenkenlos jederzeit einsteigen, wenn Sie Zeit haben, mögliche Einbrüche auszusitzen. Bei einzelnen Aktien ist »blindes« *Buy and hold* dagegen nicht angesagt. Selbst renommierte Unternehmen können schließlich den Bach runtergehen und sich niemals mehr erholen.

Flipping-Strategie

Erinnern Sie sich an Peter und Max aus Kapitel III? Die beiden setzten auf das Prinzip *Fix and flip*, auch Flipping-Strategie genannt. Langfristiges Denken kommt in diesem Konzept nicht vor. Stattdessen werden möglichst günstig sanierungsbedürftige Immobilien gekauft, mithilfe von Fachfirmen modernisiert und dann rasch wieder verkauft. Während des Immobilienbooms war das ein fast todsicheres Geschäft. Man zahlte kaum Zinsen für die Kredite, die Preise stiegen so schnell, dass schon nach ein paar Monaten ein Gewinn so gut wie sicher war. Klar, diese Strategie war und ist nur etwas für (risikoaffine) Expertinnen und Experten. Sie müssen Ahnung haben nicht nur vom Markt vor Ort, sondern vor allem auch vom Renovieren. Auch wenn Sie das nicht selbst erledigen, brauchen Sie jede Menge Wissen, um mit den Handwerkern auf Augenhöhe verhandeln zu können.

Flipping war also weniger etwas für Laien – es sei denn, die hatten einen Experten an der Hand und agierten lediglich als Kapitalgeber. Mit der Aussicht auf schnelle Gewinne war das Ganze ein wenig wie das Traden an den Aktienmärkten. Warum ich das in der Vergangenheitsform schreibe? Weil das Flipping in Zeiten hoher Zinsen, hoher Materialkosten und hoher Löhne für Handwerker an seine Grenzen gekommen ist. Und dann die zum Teil sinkenden oder zumindest nicht mehr überall deutlich steigenden Immobilienpreise … da müssen Sie sich schon besser als nur gut auskennen und an echte Schnäppchen geraten, wollen Sie mit *Fix and flip* Geld verdienen.

Attraktiver Cashflow

Das ständige Schielen auf die Marktentwicklung ist Ihnen zu aufwendig oder zu stressig? Und Sie haben auch keine Lust, ewig auf eine Wertsteigerung zu warten? Dann versuchen Sie es mit einer Cashflow-orientierten Investition in Immobilien. Dabei ist nicht ganz so wichtig, wie schnell sich der mögliche Verkaufspreis nach oben entwickelt. Sie schauen stattdessen mehr auf die regelmäßigen Einnahmen beziehungsweise genauer auf das, was netto Monat für Monat oder Jahr für Jahr herauskommt. Das heißt: Sie fokussieren sich auf gut vermietbare Immobilien.

Gut vermietbar heißt: Die Gefahr eines Leerstands ist sehr gering. Vielleicht gibt es sogar eine Eigentümergemeinschaft in einem Mehrfamilienhaus, die dieses Risiko auf alle Schultern verteilt. Wenn also einmal eine Wohnung ein paar Monate lang nicht vermietet ist, tragen alle gemeinsam den Mietausfall. Sehr interessant für die Cashflow-Strategie sind Objekte mit langfristigen zuverlässigen Mietern. Zudem brauchen Sie natürlich eine hohe Mietrendite. Suchen Sie sich Häuser und Wohnungen, mit denen Sie eine solche erzielen können. Zur Berechnung der Mietrendite finden Sie Programme im Internet oder Sie schauen in den Anhang dieses Buches. Ist für Sie ein regelmäßiges passives Einkommen das oberste Ziel, eignet sich die Cashflow-Strategie besonders gut.

Basis jeder Strategie: Diversifizierung

Ob der Cashflow im Vordergrund steht, Sie *Buy and hold* bevorzugen oder trotz aller Risiken das Flipping wählen: Basis aller dieser Strategien ist die intelligente Diversifizierung. Die haben wir schon öfter angesprochen und sie ist vor allem beziehungsweise nur dann relevant, wenn Sie mehrere Objekte kaufen. Investieren Sie in Wohngenauso wie in Gewerbeimmobilien, suchen Sie sich kleine Apartments und Mehrfamilienhäuser. Variieren Sie bei den Standorten, ohne dabei solche in Erwägung zu ziehen, die Bevölkerung verlieren und von denen die Betriebe abwandern. Eine Kombination einer Großstadt mit kleineren, aber attraktiven Orten ist empfehlenswert.

Viele Menschen neigen dazu, bei guten Erfahrungen dasselbe immer wieder zu tun. Das ist ja auch oft die richtige Reaktion. Hat

Ihnen ein Reiseziel sehr gefallen, warum es nicht im nächsten Jahr erneut ansteuern? Freunden, die Sie nie enttäuscht haben, werden Sie weiterhin vertrauen. Aber in ein und demselben Haus gleich noch zwei Wohnungen kaufen, nur weil es mit der ersten fantastisch gelaufen ist? Das kann gut gehen, ist aber dennoch keine Blaupause für Erfolg. Stellen Sie sich vor, ausgerechnet in der Stadt, in der dieses Haus steht, geht der bei Weitem größte Arbeitgeber pleite. Für das Mietniveau könnte das katastrophale Folgen haben und für den Wiederverkaufswert der Wohnungen auch. Deshalb: Nie alles auf ein Pferd setzen!

Keine Angst vor Krediten

Ein anderes Thema ist die Finanzierung von Immobilien. So mancher vertritt die Meinung »Eigenkapital ist King« und in gewisser Weise stimmt das auch. Gerade heute, denn die Anforderungen, die Kreditgeber stellen, sind stark gestiegen. Bringen Sie also Eigenkapital ein, werden Sie günstigere Konditionen für ein Baudarlehen bekommen. Oder sollten Sie, wenn möglich, sogar zu 100 Prozent mit Eigenmitteln kaufen? Das ist nur dann sinnvoll, wenn Sie nicht wissen, wohin mit Ihrem Geld. Es auf Fest- oder Tagesgeldkonten zu parken, lohnt bei einem ungünstigen Zinsniveau kaum. Und Aktien sowie Anleihen haben Sie ohnehin schon? In dieser Situation ist es möglicherweise eine gute Idee, Immobilien sofort auf einen Schlag zu bezahlen.

Warum nur möglicherweise? Weil die Hebelwirkung von Krediten Ihr Vermögen enorm vergrößern kann. Wenn Sie bisher dem »Schuldenmachen« eher ablehnend gegenüberstehen, sollten Sie sich eines klarmachen: So gut wie alle Unternehmen machen Schulden, um zu investieren. Schlicht deshalb, weil sich das rechnet. Nutzen Sie zusätzlich zu Ihrem Geld das Geld von einer Bank, können Sie Ihre Investitionssumme erhöhen – und die Zinsen für den Kredit steuermindernd absetzen. Natürlich müssen Sie dabei beachten, dass monatlich eben diese Zinsen und die Tilgung anfallen.

Nehmen wir zum Beispiel an, Sie verfügen über 500.000 Euro. Möglichkeit eins: Sie kaufen dafür eine Wohnung, die inklusive Nebenkosten genau diese Summe kostet. Möglichkeit zwei: Sie setzen jeweils 100.000 Euro Eigenkapital für zwei 500.000-Euro-Objekte ein, nehmen für den Rest Kredite auf und zahlen die Zinsen sowie die Tilgung vom übrig gebliebenen Kapital sowie den Mieteinnahmen. Vorteil: Den größten Teil Ihres Kapitals können Sie vorübergehend etwa in Festgeld oder auch in einen Aktienfonds stecken. Und: Sie sind nun Eigentümer von zwei Wohnungen und haben später mal ein höheres passives Einkommen sowie die Chance auf eine Wertsteigerung.

Strategie wählen

Buy and hold, Flipping, Cashflow-Orientierung, mit Hebelwirkung per Kredit oder ohne: Welche Strategie Sie wählen, hängt davon ab, welche finanziellen Ziele, welche Mittel und welche Risikobereitschaft Sie haben. Sie können auch mehrere Strategien kombinieren, indem Sie Ihr Geld auf mehrere Varianten aufteilen. Bleiben Sie konsequent dran, werden Sie vom Immobilienmarkt profitieren und dank ihm Ihr Vermögen mehren. Mit dem Verlieben in ein kleines Häuschen oder in die tolle Dachgeschosswohnung hat das allerdings nichts zu tun. Wie schon gesagt, geht es um ein absolut rationales Vorgehen. Mit dem Wissen aus diesem und den vorhergehenden Kapiteln haben Sie alle Informationen, die Sie brauchen, um als Immobilien-Investor durchzustarten. Viel Erfolg dabei!

Kurz zusammengefasst: Durchstarten im Immobilienmarkt

- **Keine Alternative:** Immobilien sind nicht die einzige attraktive Anlageform, aber ohne sie fehlt ein entscheidender Booster für finanziellen Erfolg. Zahlreiche große Vermögen sind auch deshalb groß geworden, weil Immobilien entscheidend dazu beigetragen haben.
- **Bestimmter Prozentsatz in Immobilien:** Überlegen Sie sich, welchen Anteil Ihres Vermögens Sie in Häuser und Wohnungen stecken möchten. Sie sind weniger von kurzfristigen Wertänderungen betroffen als etwa Aktien. Einen so starken Einbruch wie in der Finanzkrise 2008 wird es bei Immobilien sehr wahrscheinlich nicht geben.
- **Rechtzeitige Trennung:** Verkaufen Sie die Immobilien, die Sie mehr kosten, als sie einbringen – etwa solche in sich entvölkernden Städten, praktisch ungedämmte Häuser mit einer veralteten Heizung oder solche, in deren Nähe es weder Arbeitsplätze noch einen Anschluss an Busse und Bahnen gibt.
- **Lukrative Objekte halten:** Behalten Sie die Immobilien, die Ihnen mehr Geld bescheren, als Sie regelmäßig dafür ausgeben müssen – und bei denen der Wert wahrscheinlich eher steigt oder unter Berücksichtigung der Inflation zumindest nicht sinkt. Schauen Sie sich dafür unter anderem den energetischen Zustand, aber auch die Entwicklung der Region an.
- **Zukunftsfit kaufen:** Wenn Sie Immobilien erwerben wollen, wählen Sie vor allem mit dem Verstand und lassen Sie sich nicht von Ihren Emotionen leiten. Entscheiden Sie sich für zukunftstaugliche Häuser oder Wohnungen, die möglichst heute schon den Standards von morgen entsprechen. Denken Sie dabei auch an Trends wie Co-Working oder Co-Living, die Ausstattung mit einer Wallbox für Elektroautos, eine Photovoltaikanlage oder eine Lüftungsanlage mit Wärmerückgewinnung.
- **Trend Tokenisierung:** Künftig werden Sie sich vermutlich auch mit kleineren Summen direkt an Immobilien beteiligen können – dank Tokenisierung als Miteigentümer, was eine echte Alternative darstellt zu den bisherigen sehr risikoreichen Fonds. Beobachten Sie die Entwicklung, wenn Sie sich für diese

Option interessieren. Aktuell sind Immobilien-Tokens allerdings nur in Form einer Beteiligung an einer Gesellschaft möglich, die Immobilien kauft und verkauft.

Investieren mit Weitblick: Wenn Sie mehrere Immobilien kaufen wollen, legen Sie die für Sie passende Anlagestrategie fest. Zu den Alternativen zählen etwa *Buy and hold*, Flipping und Cashflow-Orientierung. In jedem Fall sollten Sie Ihr Immobilien-Portfolio diversifizieren, also etwa Gewerbe- und Wohnimmobilien mischen und in verschiedenen Städten investieren.

Ultimativer Ausblick: Immobilien im Jahre 2050

Viele Jahrzehnte lang war die Immobilienbranche eine eher statische. Es gab attraktive und weniger attraktive Regionen, der Zustand des Objekts selbst spielte keine allzu große Rolle, potenzielle Käufer orientierten sich vor allem an der Lage. Wer ein Haus am Starnberger See, eine Villa in St. Peter-Ording, ein Loft in München-Schwabing oder eine Wohnung in einem herrschaftlichen Düsseldorfer Stadthaus mit Blick auf den Rhein besaß, der konnte sich gemütlich zurücklehnen. Diese und ähnliche Immobilien stiegen kontinuierlich im Wert, waren begehrt bei Mieterinnen und Mietern – und es reichte, wenn der Eigentümer ab und zu neues Parkett verlegen ließ oder Küche und Bad modernisierte.

Das ist Vergangenheit. Inzwischen wurde die Branche von einer beeindruckenden Dynamik erfasst. Sie wird beeinflusst von technologischen Fortschritten genauso wie vom demografischen Wandel, sprich der Überalterung unserer Gesellschaft, und den veränderten Bedürfnissen vor allem der jüngeren Generationen. Dazu kommen der Klimawandel und die Energiekrise – sowie die Reaktionen des Gesetzgebers auf diese beiden Herausforderungen. All das hat die Dinge auf dem Immobilienmarkt in Bewegung gebracht. Selbst Häuser und Wohnungen, die bisher eine sichere Bank zu sein schienen, sind das nicht mehr unbedingt. Die Menschen haben heute andere Kriterien als einst. Auch wenn sie natürlich immer noch eine gute Lage haben möchten, reicht ihnen das nicht mehr aus.

Intelligent statt nur smart

Wie wird der Immobilienmarkt Mitte des Jahrhunderts aussehen? Wer das weiß und heute schon berücksichtigt, wird künftig die Nase vorn haben, also gut an Immobilien verdienen. In den vorhergehenden Kapiteln sind bereits alle wesentlichen Entwicklungen und Trends enthalten. An dieser Stelle fassen wir noch einmal zusammen, worum es geht, was Sie unbedingt auf dem Schirm haben sollten. Und wir schauen uns an, welche Innovationen sich am Horizont abzeichnen. Steigen wir also in eine Zeitmaschine und spazieren wir durch Deutschland im Jahr 2050. Nicht durch die Unternehmen oder die Natur, sondern durch die Welt der IMMER-bilien.

Eines ist sicher: Im Jahr 2050 werden die meisten Gebäude, insbesondere die Neubauten, erheblich nachhaltiger und »intelligenter« sein als heute. Sie werden über Technologien verfügen, welche zu einer maximalen Energieeffizienz führen. Dazu gehören unter anderem automatisiert ablaufende Systeme, die Heizung, Be- und Entlüftung sowie Beleuchtung steuern – immer mit dem Ziel, möglichst wenig Energie zu verbrauchen. Künstliche Intelligenz dürfte dazu einen wesentlichen Beitrag leisten – ebenso wie bei der Optimierung der Sicherheit. Was aber ist ein intelligentes Gebäude genau? Nun, es geht dabei um mehr als smarte Technik, wie wir sie bereits nutzen.

Smarthome-Systeme erlauben es zum Beispiel, Rollläden oder Jalousien ferngesteuert zu schließen oder zu öffnen. Auch die

Beleuchtung, die Heizung oder die Klimaanlage können Sie so programmieren, wie Sie es gerne hätten. Das heißt: Sie sagen der Technik im Gebäude, wann sie heizen oder kühlen soll, wann Verdunkelung angesagt ist und wann die Sonne etwa das Wohnzimmer erwärmen soll. Ein intelligentes Gebäude ist dagegen viel »eigenständiger«. Es programmiert nämlich seine Systeme, welche die Hardware wie Heizung oder Beleuchtung steuern, selbst. Natürlich nicht nach Gutdünken! Das Stichwort lautet hier: Internet of Things – die Vernetzung smarter Geräte untereinander.

Ein solches intelligentes Haus besitzt eine Vielzahl an Sensoren, beispielsweise für die Messung der Außen- und Innentemperatur und vieles andere mehr. Es erkennt sogar, ob sich gerade eine Person im Gebäude aufhält oder nicht. So sammelt es permanent Daten, die vom »Gehirn« des Gebäudes weiterverarbeitet werden. Dieses Gehirn kann sich im Haus selbst befinden oder auch in einer Cloud. Ergebnis der Datensammlung und -verarbeitung sind konkrete Aktionen, die früher einmal von den Hausbewohnern selbst ausgeführt worden sind. Beispiel: Scheint die Sonne um zwölf Uhr an einem Wintertag, werden die Rollläden an den Südfenstern geöffnet, um die Räume aufzuheizen.

Wohlbefinden und Nachhaltigkeit

Intelligente, digitalisierte Häuser haben zahlreiche Vorteile. Dabei geht es in erster Linie um vier Bereiche: Nachhaltigkeit, Gesundheit und Sicherheit, Belastbarkeit sowie Wirtschaftlichkeit. Der Verbrauch an Energie und Wasser wird minimiert, was Kosten senkt und dem Klima- und Umweltschutz zugutekommt. Gleichzeitig fühlen sich die Bewohnerinnen und Bewohner wohler, weil das Raumklima optimiert wird und die Gefahr von Einbrüchen sinkt. Die

Software entwickelt sich ständig weiter, die Hardware wird angepasst, sodass die Gebäude auch mit einem steigenden Datenvolumen und immer mehr ans Internet angeschlossenen Systemen zurechtkommen.

Allerdings erfordert all das zunächst einmal Investitionen, die sich erst nach und nach über Einsparungen amortisieren. Die Verfechter von intelligenten Gebäuden wünschen sich deshalb neue Finanzierungsmodelle, um Immobilieneigentümer zur Umrüstung zu animieren. Wenn Sie zu den *First Movers* gehören wollen, werden Sie Geld in die Hand nehmen müssen. Doch überlegen Sie einmal, was Ihnen das bringt! Sie haben dann eine Immobilie, die ihrer Zeit wirklich voraus ist. Damit werden Sie punkten können – sowohl bei der Vermietung als auch bei einem eventuellen Verkauf. Schon jetzt gibt es Zertifizierungen für intelligente, nachhaltige, nutzerfreundliche Gebäude – und solche Gütesiegel werden vermutlich zu einem starken Argument für einen hohen Wert.

Hin zu »grünen« Materialien

Stahl und Beton forever? Nein: Ein weiterer Trend in Sachen Immobilien ist die Hinwendung zu Baumaterialien, die ressourcenschonend und klimaneutral sind (siehe Kapitel IV.1.). Relativ neu ist die Idee, mit Schadholz zu bauen. Durch den Klimawandel gibt es mehr und mehr Wälder, die mit Insektenbefall zu kämpfen haben. Dadurch fällt ein Menge Holz an, das in Form von Holzbausteinen für Häuser verwendet werden kann. Vorteile sind die langfristige Bindung von CO_2 und dass das Material zu 100 Prozent recycelt werden kann. Ein anderer Baustoff der Zukunft ist Hanf, dessen Fasern zusammen mit Kalk zu Ziegeln gepresst werden. Der Hanf versteinert dabei geradezu, was ihn extrem haltbar macht. Zudem nehmen diese Bausteine Feuchtigkeit auf und halten Lärm ab.

Ein weiterer innovativer Baustoff besteht aus Beton und Kohlenstofffasern: der Carbonbeton. Auch hier spielt die Robustheit eine große Rolle, die Entwickler erwarten eine erheblich längere Lebensdauer als bei Stahlbeton. Zudem braucht man hierfür weniger Material und Energie und es wird weniger CO_2 ausgestoßen. Das erste Gebäude aus Carbonbeton, genannt CUBE, wurde 2022 in Dresden eingeweiht – ein Leuchtturmprojekt, das im Jahr 2050 zahlreiche Nachfolger haben dürfte.[91] Das gilt auch für die heute schon existierenden Fassaden aus recyceltem Aluminium, ein ebenfalls sehr langlebiges Material, das nicht rostet und unendlich oft wiederverwertet werden kann.

Enkelverträgliches Heizen

Was hat sich noch verändert im Jahr 2050? Klar, viele Häuser werden kleine Kraftwerke sein, die ihren Strom selbst produzieren – und die ihn auch ins Netz einspeisen, wenn dort zu wenig davon vorhanden ist. In den Garagen sind Wallboxen für die Elektroautos installiert, welche die Verbrenner von Deutschlands Straßen verdrängt haben. Ihre Batterien verfügen über eine größere Kapazität als zu Beginn der E-Auto-Ära und sie lassen sich in die intelligenten Stromnetze einbinden, in denen sie gleichermaßen als Abnehmer wie als Energielieferant dienen. Heizenergie brauchen zahlreiche Gebäude gar nicht mehr, denn sie nutzen die Sonneneinstrahlung effizient und besitzen eine optimale Dämmung der Fassaden. An sehr kalten Tagen kommen Wärmepumpen zum Einsatz, die extrem effizient arbeiten.

In den meisten Regionen dürften Solaranlagen beim Heizen der Räume unterstützen und vielleicht werden auch Brennstoffzellenheizungen verbaut sein, die mit grünem Wasserstoff laufen. Oder die Technologie der Infrarotpaneele ist so weit fortgeschritten, dass das Heizen mit Strom – selbstverständlich mit dem mittlerweile ausreichend vorhandenen Ökostrom – bezahlbar geworden ist. Möglicherweise werden auch in den nächsten Jahrzehnten völlig neue Heizsysteme entwickelt. Eines aber ist sicher: Das Zeitalter der fossilen Energieträger Öl, Gas und Kohle dürfte 2050 endgültig vorbei sein.

Mehr ältere Menschen, mehr Mobilität und Flexibilität

Auch der demografische Wandel ist im Jahr 2050 nicht spurlos an den Immobilienmärkten vorübergegangen. Immer mehr ältere Menschen treiben die Nachfrage nach barrierefreien Häusern und vor allem Wohnungen mit exzellentem Anschluss an den öffentlichen Nahverkehr nach oben. Neubauten tragen dem seit längerer Zeit Rechnung. Vor allem in den Städten ist es kein Problem mehr, auch in höherem Alter angepassten Wohnraum zu finden. Und auch Bestandsbauten wurden inzwischen häufig so modernisiert, dass sie den veränderten Bedürfnissen entsprechen.

Doch nicht nur Ältere haben ein größeres Angebot an Wohnraum, der für sie geeignet ist. In den letzten Jahren haben sich flexible Konzepte in Sachen Wohnen mehr und mehr verbreitet. Mitte des 21. Jahrhunderts ist es völlig normal geworden, zahlreiche Male im Leben den Arbeitgeber und damit häufig auch den Wohnort zu wechseln. Viele Menschen, vor allem junge Fachkräfte, entscheiden sich deshalb fürs gemeinsame Wohnen oder Kurzzeit-Mietverträge für möblierte kleine Apartments. Wohnbaugesellschaften haben längst reagiert und setzen bei neuen Projekten auf Wohnungen, die der mobilen Gesellschaft entgegenkommen. Zur Wahl stehen WGs auch für Menschen jenseits der 30, die allerdings mit den Wohngemeinschaften früherer Zeiten wenig gemein haben, es gibt zahlreiche Co-Working-Spaces und auch minimalistische Behausungen für digitale Nomaden.

Sehr wahrscheinlich wird die Immobilienwelt von 2050 eine urbanere sein als heute. Eine wachsende Bevölkerung dürfte zu neuen Konzepten für die Verdichtung in den Städten führen – angepasst an den Klimawandel und deshalb mit begrünten Dächern und Fassaden, Frischluftschneisen, vertikalen Gärten et cetera. Die Menschen fordern und bekommen eine hochwertige Infrastruktur, was vor allem in den Metropolregionen gelingt. Wohnen und Arbeiten werden wie einst im 18. Jahrhundert wieder überwiegend im selben Gebäude stattfinden – inklusive gemeinschaftlicher Lösungen, also Projekten für gemeinsames Leben und Arbeiten von Familien und Singles jeden Alters. Die Sharing Economy wird sich auch bei den Immobilien durchgesetzt haben oder zumindest eine große Rolle spielen.

Neue Wege bei der Immobiliensuche

Wer eine Immobilie kaufen oder verkaufen will, nutzt dafür im Jahr 2050 ganz andere Technologien als noch 30 Jahre zuvor. Virtual Reality ist mehr als nur eine Spielerei und wurde von spezialisierten Software-Entwicklern perfektioniert. Menschen »wandern« durch ihre Wunsch-Immobilie, als wären sie tatsächlich vor Ort. Sie erhalten ein sehr genaues Bild, können sich sogar Details anschauen. Und das ist nicht die einzige Veränderung durch die Digitalisierung: Immobilieneigentümer, Immobilienmakler und Verwalter müssen permanent digital präsent sein, Social Media nutzen, auf E-Mail-Marketing setzen. Das heißt: Die Kommunikation läuft fast nur noch auf diesem Weg ab. Klassisches Telefonieren wird vermutlich passé sein.

Für mich persönlich waren Immobilien schon immer unheimlich spannend – und ich bin sicher, sie werden noch spannender werden. Wie überall beschleunigt sich auch auf diesem Markt der Wandel. Ja, das mag manchmal ziemlich herausfordernd sein, doch mal ehrlich: Würden Sie es anders wollen? Innovationen bringen stets enorme Chancen mit sich für denjenigen, der sie sieht und ergreift. Mein Tipp: Nutzen Sie das Wissen, das Ihnen dieses Buch vermittelt hat, um Ihre Häuser und Wohnungen zukunftsfähig zu machen beziehungsweise nur in zukunftsfähige Gebäude zu investieren. Dann sind Sie gerüstet für die demografischen Veränderungen, für die rasante technologische Entwicklung, für die Forderung nach nachhaltigen Wohnlösungen und die nach Sharing-Konzepten.

Stellen Sie sich vor allem frühzeitig auf alles ein, was sich jetzt schon am Horizont abzeichnet. Beamen Sie sich gedanklich in die Immobilien-Welt von 2050 – und Sie werden die begehrten Häuser und Wohnungen von denen unterscheiden können, die bald keiner mehr haben will. Sie werden mit Betongold, das mit Beton gar nichts mehr zu tun hat, Geld verdienen oder einfach zufrieden in einer zeitgemäßen Immobilie leben. Und weil es dabei auch um sinnliche Erfahrungen geht, kann das Ganze jede Menge Spaß bringen – für mich eines der stärksten Argumente dafür, sich mit Immobilien zu beschäftigen.

7 Tipps für (künftige) Immobilieneigentümer

Sie haben nun umfassendes Wissen rund um die Immobilienmärkte in Deutschland. Sie wissen, was den Wert eines Hauses oder einer Wohnung beeinflusst. Sie sind sich vielleicht bewusster als vorher, welche Rollen etwa der Gesetzgeber, die Klimakrise und der demografische Wandel dabei spielen. Und jetzt fragen Sie sich, was genau Sie mit all dem anfangen sollten? Hier in aller Kürze die wichtigsten sieben Punkte:

1. **Legen Sie für sich fest, welchen Anteil Ihres Vermögens Sie in Immobilien halten wollen!**
   Häuser und Wohnungen sind nach wie vor eine unverzichtbare, besonders wertstabile Anlageform – und werden das auch bleiben. Das ist zum einen so, weil Boden knapp ist und Bauland noch knapper. Zum anderen müssen wir alle wohnen. Ein Dach über dem Kopf zu haben, gehört zu den Grundbedürfnissen, die jede und jeder erfüllt sehen will.

2. **Nennen Sie bereits eine oder mehrere Immobilien Ihr Eigentum, prüfen Sie genau, ob sich das Halten lohnt!**
   Kalkulieren Sie die Kosten, die etwa durch neue Vorschriften wie das verschärfte Gebäudeenergiegesetz auf Sie zukommen. Überlegen Sie auch, wie attraktiv der Standort ist, wie es mit der Infrastruktur aussieht, ob Barrierefreiheit erreichbar ist, ob die

Kommune eher schrumpft oder eher wächst. All das entscheidet darüber, wie leicht sich vermieten lässt und wie hoch die Miete ausfallen wird. Stellen Sie Einnahmen und Ausgaben gegenüber, können Sie sich ausrechnen, was Ihnen netto bleibt. Reicht Ihnen das? Und reicht Ihnen die Mietrendite, die sich aus Miete und gebundenem Kapital ergibt? Wohnen Sie selbst in Ihrer Immobilie, sollten Sie ebenfalls künftige Kosten bestimmen – und sich die Frage beantworten, ob Sie diese tragen möchten, weil Sie sich in Ihrem Haus oder Ihrer Wohnung wohlfühlen.

3. **Wollen Sie in Immobilien investieren, berücksichtigen Sie mehr als nur Lage und Preis!**
Lange Zeit hat vor allem die Lage eines Hauses oder einer Wohnung den Wert bestimmt. Heute zählt sie immer noch – in erweiterter Form, denn eine gute Anbindung an Busse und Bahnen hat inzwischen eine weit größere Bedeutung als früher. Ebenso schauen potenzielle Mieter oder Käufer auf die Nahversorgung, also etwa Supermärkte, Arztpraxen, Apotheken oder auch Schulen und Kindergärten. All das sollte möglichst fußläufig erreichbar sein. Dazu sind viele weitere Kriterien gekommen: Wie sieht es mit der Barrierefreiheit aus? Ist die schon vorhanden oder leicht realisierbar? Wegen des demografischen Wandels, der Überalterung unserer Gesellschaft, ist das ein sehr relevanter Punkt. Ist die Heizung auf dem neuesten Stand, genügt sie bereits dem neuen Gebäudeenergiegesetz? Kann ein Elektroauto per Wallbox in der eigenen Garage aufgeladen werden oder gibt es eine E-Tankstelle in der Nähe? Ist das Gebäude zeitgemäß gedämmt oder sind Rücklagen dafür vorhanden?

4. **Behalten Sie ständig die Situation auf dem Immobilienmarkt im Blick!**
   Während früher Häuser und Wohnungen fast immer eine sichere Bank waren, sollten Sie heute genau beobachten, was sich auf den Märkten tut – und wie sich die Rahmenbedingungen verändern. Neue Gesetze und Verordnungen etwa werden schon lange bevor sie in Kraft treten diskutiert. Verfolgen Sie diese Entwicklungen, können Sie rasch reagieren – möglichst proaktiv, was Ihnen einen Vorteil gegenüber anderen Immobilieneigentümern und -käufern verschafft. Schließlich ist auch ein Immobilienmarkt ein Ort des Wettbewerbs, will jeder zum günstigsten Preis kaufen und zum höchsten Preis verkaufen.

5. **Modernisieren Sie Ihre Immobilien und machen Sie diese fit für die Zukunft!**
   Haben Sie sich entschieden, eine bestimmte Wohnung oder ein bestimmtes Haus zu behalten oder zu kaufen, dann bringen Sie das Objekt auf den neuesten Stand. Das betrifft die Dämmung und die Heizung, aber auch etwa Maßnahmen für Barrierefreiheit. Wollen Sie noch mehr tun – und so den Wert Ihrer vier Wände steigern –, dann sorgen Sie für eine Wallbox in der Garage oder eine Photovoltaikanlage auf dem Dach. Auch Smart Meter, die ohnehin ab 2025 für die meisten Haushalte Pflicht sind, gehören zu den sinnvollen Investitionen. Egal, ob Sie selbst in der Immobilie wohnen oder diese vermieten: Mit einer umfassenden Sanierung senken Sie die Nebenkosten und erhöhen die Attraktivität. Das erleichtert sowohl einen möglichen späteren Verkauf als auch die Suche nach Mietern.

6. **Diversifizieren Sie, wenn Sie mehr als eine Immobilie kaufen!**
Wenn Sie am Aktienmarkt investieren, werden Sie kaum alles auf eine Karte, sprich auf ein Unternehmen setzen. Stattdessen verteilen Sie Ihr Geld, was einfach möglich ist, wenn Sie zum Beispiel breit streuende Fonds kaufen. Bei Immobilien haben Sie es nicht so leicht, denn die lassen sich (noch) nicht gestückelt erwerben. Diversifizieren können Sie also nur dann, wenn Ihr Vermögen für mehrere Wohnungen oder gar Häuser reicht. Ist das der Fall, entscheiden Sie sich nicht für drei Einzimmerapartments in ein und derselben Universitätsstadt. Wählen Sie verschiedene Regionen, verschiedene Wohnungsgrößen oder kombinieren Sie vielleicht eine Gewerbeimmobilie mit einer Doppelhaushälfte.

7. **Handeln Sie jetzt!**
Haben Sie sich zum Immobilienkauf entschieden, dann kaufen Sie! Jetzt! Nutzen Sie die großen Chancen auf den Immobilienmärkten! Warten Sie damit nicht zu lange und zögern Sie nicht, nur weil sich eventuell irgendwann woanders ein noch besseres Angebot ergeben könnte. Lassen Sie sich bei der Auswahl vor allem von Ihrem Verstand leiten. Zwar sind bei Immobilien – abgesehen einmal von Profis auf diesem Gebiet – meist Emotionen beteiligt, doch ein rationaler Check ist unbedingt nötig. Schließlich geht es um eine Menge Geld und das möchten Sie zumindest nicht verlieren, sondern viel lieber vermehren. Die Wahrscheinlichkeit, das dies gelingt, ist gerade jetzt größer denn je. Packen Sie es an!

Anhang

Rückblick: Bauzinsen fast bei null

Die Europäische Zentralbank hat lange eine Niedrig- beziehungsweise Nullzinspolitik gefahren, welche die Bauzinsen auf immer neue Tiefststände gedrückt hat. Die meisten Häuslebauer oder Wohnungskäufer nehmen einen Kredit auf, wenn sie sich ihre eigenen vier Wände leisten. Auch Investoren tun das oft, schließlich lassen sich die Zinsen steuerlich absetzen und wer mit Krediten baut, der kann mehr bauen als allein mit Eigenkapital. 2019 schrieb der Bundesverband deutscher Banken e. V. von einem historisch niedrigen Niveau für Wohnungsbaukredite. Hypothekendarlehen mit zehn Jahren Zinsbindung gab es damals mit effektiven Zinsen von knapp über 1 Prozent. Zehn Jahre zuvor hatten sie im Schnitt bei 4,2 Prozent gelegen.[92]

Was schon extrem günstig war, wurde in der Folgezeit sogar noch unterboten. Im Jahr 2020 ging es runter auf 0,62 Prozent bei zehnjähriger Zinsbindung[93] – natürlich im Einzelfall abhängig von der Höhe des eingesetzten Eigenkapitals, der Bonität des Kreditnehmers und weiteren Details. Dennoch: 0,62 Prozent! Für viele Menschen, die von einer eigenen Immobilie träumten, wurde die Erfüllung ihres Traums plötzlich möglich. Zwar waren die Preise schon enorm geklettert, doch warum nicht zugreifen, wenn einem das dafür nötige Geld quasi geschenkt wurde? Das wäre doch dumm, sagten sich immer mehr Familien oder auch Singles. – Und so wurden die Immobilien wegen starker Nachfrage immer teurer.

Viel hätte nicht gefehlt und die Banken hätten Geld dafür gezahlt, dass man ihnen einen Kredit »abnimmt«. Das Verwahrentgelt lässt grüßen. Inzwischen ist jedoch das Bauen zum »Nulltarif« Geschichte, haben die Bauzinsen im Zuge der Zinswende wieder angezogen. Eine Entwicklung mit drastischen Konsequenzen für die Immobilienmärkte, wie Kapitel III.3 darstellt.

Exkurs: Basel III und Basel IV – Eigenkapital ist King

Basel ist nicht nur eine schöne Stadt in der Schweiz, das Wort steht auch für Regelwerke, die Banken das Geschäft schwerer machen, aber uns alle besser vor einer erneuten Bankenkrise schützen sollen. Sie erinnern sich bestimmt noch an die Pleite der Investmentbank Lehman Brothers im September 2008. Sie löste ein Erdbeben an den Finanzmärkten und eine tiefe Rezession aus. Eine der Lehren, welche man aus diesem Desaster gezogen hat, lautet kurz gefasst etwa so: Banken müssen gezwungen werden, sich besser gegen Krisen zu wappnen. Um das zu erreichen, wurde Basel III geschaffen, entwickelt vom Basel Committee on Banking Supervision (BCBS), und mittlerweile mit ergänzenden Reformen in Basel IV transformiert.

Das BCBS gibt es seit 1974, gegründet wurde es von den Zentralbanken und Bankaufsichtsbehörden der G-10-Staaten, also der zehn beziehungsweise inzwischen elf wichtigsten Industrienationen der Welt. Umgesetzt werden müssen die in Basel IV enthaltenen Vorschriften allerdings von den nationalen Behörden. Bislang ist das noch nicht geschehen, obwohl es für 2022 vorgesehen war. Die Coronapandemie führte zunächst zu einer Verschiebung auf 2023, nun ist vom 1. Januar 2025 die Rede, wobei für einzelne Elemente Übergangsfristen vorgesehen werden sollen.[94] Doch wann auch immer welches Detail genau in Kraft tritt: Auf jeden Fall wird es nach Ansicht von Experten deutlich spürbare Auswirkungen auf dem Immobilienmarkt geben.

Allerdings waren diese bei den seit 2014 schrittweise eingeführten Basel-III-Regeln wegen der damit verbundenen steigenden Kapitalanforderungen für Banken auch erwartet worden. In der Praxis hatte sich aber zunächst für den Immobilienkäufer nicht viel verändert. Ob das allerdings so bleibt, ist umstritten. Schließlich waren die allgemeinen Bedingungen lange sehr gut für Immobilienkäufer, was vor allem an den extrem niedrigen Zinsen lag. Vereinfacht ausgedrückt, sollte genauer hingeschaut werden, ob jemand, der einen Kredit für eine Immobilie will, auch wirklich kreditwürdig ist. Weil er aber lange Zeit kaum Zinsen für den Kredit zu zahlen hatte, wurde diese Frage eben sehr oft mit Ja beantwortet.

Für Anleger wird es schwieriger

Basel IV konzentriert sich im Vergleich zu Basel III weniger auf das Eigenkapital als vielmehr auf das Verhältnis von Darlehenssumme und Gesamtwert der Immobilie. *Loan to Value* (LTV) nennt der Experte das und der Wert wird natürlich für den Zeitpunkt bestimmt, an dem Sie einen Kredit aufnehmen wollen. Im Endeffekt heißt das doch aber wieder nichts anderes, als dass Sie mehr Eigenkapital mitbringen müssen, weil das ja das Darlehen im Verhältnis verringert? Ja, aber es gibt deutliche Unterschiede zwischen dem typischen Privatkauf, also der Finanzierung eines Eigenheims, in dem Sie selbst leben wollen, und dem Kauf von Immobilien, die vermietet werden sollen. Knackpunkt ist, wie die finanzierende Bank jeweils das Risiko einstuft.

Kaufen Sie für die Eigennutzung und finanzieren etwa nur die Hälfte der Kaufsumme, halten die Banken das Risiko für sehr gering – und entsprechend vorteilhaft werden die Konditionen für Ihr Darlehen sein. Auch bei nur 20 bis 40 Prozent Eigenkapital sieht es noch nicht wirklich dramatisch aus. Wenn Sie sich allerdings eine Immobilie zum Vermieten anschaffen, also die Zinsen für den Kredit und dessen Tilgung hauptsächlich aus den Mieteinnahmen bezahlen wollen, ändert sich die Lage mit Basel IV. Das Risiko ist nun für die Bank bei einem Eigenkapitalanteil zwischen 20 und 40 Prozent um 50 Prozent höher als bei der Eigennutzung. Handelt es sich um eine Gewerbeimmobilie, steigt die Gefahr aus der Perspektive des finanzierenden Geldinstituts nochmals drastisch an.[95]

Mietrendite bestimmen

Wer seine Immobilie vermietet, will wissen, was er damit tatsächlich verdient. Maßgeblich dafür ist die Mietrendite. Sie können diese bestimmen, indem Sie die monatliche Kaltmiete (ohne Betriebskosten!) mit 12 multiplizieren, das Ergebnis durch den Kaufpreis ohne Kauferwerbsnebenkosten teilen und dann mit 100 multiplizieren. Werte zwischen 4 und 6 gelten als gut, solche darüber sind natürlich noch besser. Allerdings haben Sie so lediglich die Bruttomietrendite errechnet. Wollen Sie etwas kaufen und anschließend vermieten, ist die Nettomietrendite viel interessanter – und die zu kalkulieren, ist schon eine etwas komplexere Geschichte.

Sie müssen dafür zunächst einmal alle Kosten addieren, die Sie beim Kauf haben – also nicht nur die Summe, die Sie an den Verkäufer überweisen, sondern auch die Grunderwerbssteuer, die Maklergebühren, die Notar- und Grundbuchgebühren und – ganz wichtig – alles, was Sie in die Renovierung der vier Wände stecken werden. In vielen Fällen ist ja eine Wohnung oder ein Haus nicht sofort vermietbar. Manchmal ist eine neue Küche fällig oder die Böden müssen erneuert werden oder sogar die Heizungsanlage. Aus 400.000 Euro Kaufpreis werden so schnell 500.000 Euro oder mehr.

Außerdem müssen Sie den Jahresreinertrag für die Vermietung bestimmen – und der ist nicht einfach das Zwölffache der Kaltmiete. Abzuziehen sind davon die Kosten für die Verwaltung und die Instandhaltung sowie eine Summe für das Risiko eines Mietausfalls. Sie werden ja vielleicht keinen Mieter haben, der bis Ultimo in der Wohnung bleibt, sondern zwischendurch einen Leerstand. Eventuell müssen Sie auch erneut einen Makler mit der Suche nach einem Nachmieter beauftragen. Ohne zu sehr ins Detail zu gehen: Logischerweise fällt die Nettomietrendite viel niedriger aus als die Bruttomietrendite. Damit es sich lohnt, sollte Erstere mindestens bei 3,6 Prozent liegen.

Unsicherheitsfaktor Eigenkapitalrendite

Doch damit nicht genug: Eine weitere wichtige Größe ist die Eigenkapitalrendite. Wahrscheinlich werden Sie die Kaufsumme plus Nebenkosten nicht mit einem Mal auf den Tisch legen. Sie werden vermutlich einen Kredit aufnehmen und deshalb sind auch die Kosten dafür relevant – und zwar die bis zur vollständigen Tilgung. Nehmen wir beispielsweise an, Sie wenden 100.000 Euro Eigenkapital auf und finanzieren den Rest über eine Bank.

Der Kredit läuft 20 Jahre und nach dieser Zeit wollen Sie ihn zurückgezahlt haben. Für Sie ist dann wichtig: Wie viel habe ich nach den zwei Jahrzehnten aus meinem Eigenkapital gemacht? In die Berechnung fließt neben den Kosten für die Kreditzinsen auch die Wertsteigerung der Wohnung oder des Hauses ein.

Immer einen Schritt voraus: Tipps für die energetische Sanierung

Die energetische Sanierung eines Gebäudes ist häufig ein Mammutprojekt. Widerstehen Sie dabei der Versuchung, den dritten Schritt vor dem ersten zu machen. Soll das Vorhaben gelingen, und das möglichst kosten- und zeiteffizient sowie mit guten Ergebnissen, gehen Sie systematisch vor. Hier eine Schritt-für-Schritt-Anleitung mit praxisnahen Tipps:

1. **Suchen Sie sich *Experten!***
   Dazu gehören professionelle Energieberater, Bauingenieure, Handwerker und Architekten. Mit ihrer Hilfe erhalten Sie ein genaues Bild vom bauphysikalischen Zustand des Gebäudes, den energetischen Schwachstellen und so weiter. Geprüft werden unter anderem die Fassade, das Dach, die Fenster, der Keller und die Heizung. Obwohl viele Techniken Standard sind, ist doch jedes Haus ein Einzelfall. Fachleute analysieren, welche Maßnahmen sinnvoll sein könnten, welche am meisten bringen und was sich wie schnell amortisiert. Beispiel: Ihnen ist vielleicht klar, dass die Fenster nicht gerade gut vor Wärmeverlust schützen. Mit einer Thermografie, also Aufnahmen mithilfe einer Wärmebildkamera, erfahren Sie,

an welchen konkreten Stellen viel Wärme entweicht – und das auch für die gesamte Fassade und das Dach.

2. **Legen Sie *Prioritäten* fest!**
   Jeder Euro kann nur einmal ausgegeben werden – egal, ob Sie mit Eigenkapital oder Kredit oder beidem sanieren. Deshalb haben Sie ja bereits Experten bestimmen lassen, welche Maßnahme wie viel bringt und was sich wann amortisiert. Wichtig ist zudem, dass manches erst dann sinnvoll ist, wenn Sie anderes bereits erledigt haben. So rechnet sich eine Wärmepumpe oft nur in einem gut gedämmten Haus. Überlegen Sie sich genau, wie viel Sie insgesamt investieren können und wollen, priorisieren Sie die Maßnahmen und erstellen Sie anschließend einen konkreten Zeitplan. Es ist selbstverständlich auch möglich, das Projekt zu splitten, also etwa im nächsten Jahr ein Paket bestimmter Vorhaben umzusetzen und zwei oder drei Jahre später ein weiteres. Behalten Sie dabei immer auch die gesetzlichen Vorgaben und deren Änderungen im Blick.

3. **Überprüfen Sie die *Fenster*!**
   Mehrfachverglasung und Wärmeschutzbeschichtung lassen weniger Wärme entweichen. Mittlerweile haben sich Fenster mit Dreischeiben-Wärmedämmung durchgesetzt. Gleichzeitig verbessern Sie damit auch den Schallschutz – sehr relevant, wenn sich Ihre Immobilie nicht gerade in Grünruhelage befindet. Ein weiterer Aspekt ist die Sicherheit – moderne Fensterlösungen machen Einbrechern das Leben schwer.

4. **Gehen Sie das Thema *Dämmung* an!**
Unsere Kleidung ist unsere zweite Haut, die Wände und das Dach unseres Hauses sind die dritte. Wie gut uns diese schützt, hängt auch von der Qualität der Dämmung ab – und natürlich bestimmt die ganz wesentlich über den Verbrauch an Heizenergie. Sehr viel Wärme geht häufig über das Dach verloren. Hier kann von innen oder auf den Sparren mit Holzfaserdämmplatten, Polyurethan-Hartschaum oder Mineralwolle gedämmt werden.
Bei der Fassade müssen Sie sich zwischen einer Dämmung von außen – schwierig etwa bei unter Denkmalschutz stehenden Gebäuden, Stuckverzierungen et cetera – oder von innen – das verringert die Wohnfläche – entscheiden. Handwerker arbeiten unter anderem mit Wärmeverbundsystemen, die sich für die Außendämmung eignen, Holzfaserdämmplatten oder Mineralwolle. Vor allem beim Dämmen von innen muss darauf geachtet werden, dass Feuchte nach außen entweichen kann, damit später keine Probleme mit Schimmel entstehen.
Relativ einfach, aber enorm wichtig ist die Isolierung der Kellerdecke und auch aller anderen Böden, beispielsweise mit Mineralwolle oder Polystyrol-Hartschaumplatten. Wollen Sie Ihre Fenster nicht gleich austauschen, erneuern Sie zumindest die Dichtungen, sollten diese marode sein. Das gilt auch für die Türen, insbesondere wenn diese nach draußen oder in ungeheizte Räume führen.

5. **Augen auf bei der Wahl der *Heizung*!**
Lange Zeit galten Brennwertkessel oder Pelletheizungen als Nonplusultra, war alles andere für die meisten sowieso zu

teuer. Inzwischen erleben wir einen Boom bei Wärmepumpen und solarthermischen Anlagen. Bei Ersteren bieten sich je nach den konkreten Bedingungen verschiedene Systeme wie Erd-, Wasser- oder Luftwärmepumpen an. Dass diese sich nur für optimal gedämmte Neubauten eignen, gilt heute als überholt. Trotzdem ist wichtig, wie gut Ihr Haus isoliert ist, denn das entscheidet darüber, welche Dimension die Wärmepumpe haben muss. Solarthermie kann in unseren Breiten die Raumheizung nur unterstützen. Eine weitere Alternative sind kleine Blockheizkraftwerke, die zugleich Strom und Wärme produzieren.
Wenn Sie sich ein Angebot für den Austausch der Heizung erstellen lassen, fordern Sie einen Fixpreis und achten Sie darauf, dass dieser für eine möglichst lange Zeit garantiert wird. Manchmal nämlich sind die Lieferzeiten länger als gedacht und versprochen. Oder der Fachbetrieb, der die Anlage einbauen soll, hat plötzlich akuten Personalmangel. So etwas kommt immer häufiger vor und führt dazu, dass Termine nicht eingehalten werden. Sichern Sie sich gegen die finanziellen Folgen ab, was übrigens auch für andere Punkte wie neue Fenster, eine moderne Lüftungsanlage oder Maßnahmen zur Dämmung gilt.

6. **Prüfen Sie die Option einer modernen *Lüftung*!**
Fenster aufmachen und nach zehn Minuten wieder schließen – okay, das verschwendet weniger Energie als ein permanent gekipptes Fenster und es sorgt auch für frische Luft am Schreibtisch oder auf dem Sofa. Viel besser aber ist eine kontrollierte Wohnraumlüftung, bei der die Wärme zurückge-

wonnen wird. Logisch: Lassen Sie die warme Heizungsluft einfach durch das Fenster nach draußen, nimmt sie ihre wertvolle Energie mit in den Garten oder auf die Straße. Mit einem Wärmetauscher aber kann man dafür sorgen, dass diese Energie an die kalte Luft abgegeben wird, die hineinströmt. Einen solchen Wärmetauscher hat eine Anlage zur Wohnraumlüftung, wobei Sie darauf achten sollten, die Leistung an die Größe des Hauses anzupassen.

7. **Beantragen Sie *Fördermittel*!**
Deutschland will bis zum Jahr 2045 klimaneutral werden. Ohne die sogenannte Wärmewende, also eine klimaverträgliche Wärmeversorgung, ist das unmöglich. Bund, Länder, Kommunen und Energieversorger fördern deshalb über verschiedene Programme die energetische Sanierung von Wohngebäuden. Informieren Sie sich unbedingt gründlich über die aktuellen Optionen. Zuschüsse oder zinsverbilligte Darlehen können Investitionen erheblich günstiger machen – und die Zeit, bis sie sich amortisieren, verkürzen. Sehr wichtig: Sie müssen zuerst die Förderung beantragen und dürfen erst nach der Zusage mit den Arbeiten beginnen beziehungsweise diese beauftragen. Wer diese Reihenfolge nicht beachtet, verliert das Recht auf Förderung.

8. **Klären Sie die *Finanzierung* vorab!**
Fördermittel decken immer nur einen Teil der Kosten einer energetischen Sanierung ab. Bevor Sie wirklich mit dieser beginnen, sollte die gesamte Finanzierung stehen. Setzen Sie sich hierzu mit Ihrem Bankberater zusammen. Angesichts

relativ hoher Zinsen ist die exakte Kalkulation noch wichtiger, als sie es in der Phase des Nullzinses war. Während noch vor einiger Zeit fast nur die Tilgungsraten interessant waren, müssen Sie nun auch die Zinszahlungen beachten. Ganz klar: Sanieren ist teurer geworden, doch wegen hoher Energiepreise und wegen der gesetzlichen Vorschriften dennoch unverzichtbar.

Über den Autor

Thomas Hellweger hat über 30 Jahre Berufserfahrung als Immobilienmakler. Er arbeitet insbesondere in München und am Starnberger See, einer elitären Gegend mit besonders hochpreisigen Immobilien. Anders als andere Makler, die nur in einer Region präsent sind, hat Hellweger zudem Bekanntheit in ganz Deutschland erlangt. Als Buchautor war er nicht nur auf den Bestsellerlisten, sondern darüber hinaus in vielen Talk-Formaten, Fernsehsendungen und Radiosendungen. Zu Hellwegers Angebots-Portfolio gehören neben dem Verkauf und der Vermietung vielfältige Consulting-Leistungen rund um Immobilien.

- Sie möchten den Wert Ihres Hauses oder Ihrer Wohnung bestimmen lassen?
- Sie wissen nicht, wie Sie nach Ihrer Scheidung mit der gemeinsamen Immobilie umgehen sollen?
- Sie haben eine Immobilie geerbt oder gehören zu einer Erbengemeinschaft?

Bei diesen und vielen anderen Themen ist Thomas Hellweger mit seiner jahrzehntelangen Erfahrung und großen Kompetenz Ihr Ansprechpartner.

Lösen Sie Ihren
GUTSCHEIN
über 500 Euro ein!

Einfach den folgenden QR-Code scannen:
www.thomashellweger.com

Grafiken und Bilder

Anmerkungen

[1] https://de.statista.com/statistik/daten/studie/1347565/umfrage/entwicklung-der-bauzinsen-in-deutschland/ (abgerufen am 08.04.2023)

[2] https://www.focus.de/immobilien/kaufen/jeder-dritte-deutsche-befuerchtet-immobilienblase-flucht-ins-betongold_id_2020993.html v

[3] https://de.statista.com/statistik/daten/studie/155713/umfrage/anteil-der-buerger-mit-wohneigentum-nach-bundesland/ (abgerufen am 08.04.2023)

[4] https://de.statista.com/statistik/daten/studie/155734/umfrage/wohneigentumsquoten-in-europa/ (abgerufen am 08.04.2023)

[5] https://www.bundesbank.de/de/publikationen/forschung/research-brief/2020-30-wohneigentumsquote-822090 (abgerufen am 08.04.2023)

[6] https://www.destatis.de/DE/Presse/Pressemitteilungen/2023/03/PD23_095_3111.html (abgerufen am 08.04.2023)

[7] https://www.destatis.de/DE/Presse/Pressemitteilungen/2023/08/PD23_329_3111.html (abgerufen am 02.12.2023)

[8] https://www.welt.de/finanzen/immobilien/article237457831/Deutschlands-grosser-Wohnungs-Irrtum-Alarmstimmung-trotz-Neubau-Rekord.html (abgerufen am 08.04.2023)

[9] https://www.bbsr.bund.de/BBSR/DE/forschung/fachbeitraege/wohnen-immobilien/bautaetigkeit/wohnungsbaufertigstellungen/wohnungsbaufertigstellungen.html (abgerufen am 02.12.2023)

[10] https://www.ifo.de/pressemitteilung/2023-06-16/deutlich-weniger-neue-wohnungen-bis-2025 (abgerufen am 02.12.2023)

[11] https://www.focus.de/immobilien/bauen/holz-stahl-beton-baustoffe-bis-zu-77-prozent-teurer-baupreise-steigen-so-stark-wie-noch-nie_id_51811113.html (abgerufen am 08.04.2023)

[12] https://www.destatis.de/DE/Themen/Branchen-Unternehmen/Bauen/_inhalt.html#sprg229076 (abgerufen am 08.04.2023)

[13] https://www.destatis.de/DE/Presse/Pressemitteilungen/2023/10/PD23_N055_61.html (abgerufen am 02.12.2023)

[14] https://www.focus.de/immobilien/bauen/holz-stahl-beton-baustoffe-bis-zu-77-prozent-teurer-baupreise-steigen-so-stark-wie-noch-nie_id_51811113.html (abgerufen am 08.04.2023)

[15] https://www.destatis.de/DE/Presse/Pressemitteilungen/2023/01/PD23_011_61261.html (abgerufen am 08.04.2023)

[16] https://www.destatis.de/DE/Presse/Pressemitteilungen/2023/04/PD23_139_61261.html (abgerufen am 02.12.2023)

[17] https://allgemeinebauzeitung.de/abz/auftragsflaute-am-bau-gewerkschaft-warnt-vor-gastro-effekt-49079 (abgerufen am 08.04.2023)

[18] https://www.ifo.de/fakten/2023-08-21/neuer-rekord-beim-auftragsmangel-im-wohnungsbau (abgerufen am 02.12.2023)

[19] https://de.statista.com/statistik/daten/studie/199842/umfrage/preisentwicklung-fuer-bauland-nach-bundeslaendern/ (abgerufen am 08.04.2023)

[20] https://de.statista.com/statistik/daten/studie/29491/umfrage/preis-fuer-bauland-in-2008-nach-bundeslaendern/ (abgerufen am 08.04.2023)

[21] https://de.statista.com/statistik/daten/studie/36495/umfrage/wohnflaeche-je-einwohner-in-deutschland-von-1989-bis-2004/ (abgerufen am 08.04.2023)

[22] https://www.destatis.de/DE/Themen/Gesellschaft-Umwelt/Wohnen/Publikationen/Downloads-Wohnen/fortschreibung-wohnungsbestand-pdf-5312301.pdf?__blob=publicationFile (abgerufen am 08.04.2023)

[23] https://de.statista.com/statistik/daten/studie/2861/umfrage/entwicklung-der-gesamtbevoelkerung-deutschlands/ (abgerufen am 08.04.2023)

[24] https://www.destatis.de/DE/Themen/Gesellschaft-Umwelt/Bevoelkerung/Bevoelkerungsstand/_inhalt.html (abgerufen am 08.04.2023)

[25] https://mediendienst-integration.de/migration/wer-kommt-wer-geht.html (abgerufen am 08.04.2023)

[26] https://www.destatis.de/DE/Themen/Wirtschaft/Konjunkturindikatoren/Basisdaten/bpr410j.html (abgerufen am 08.04.2023)

[27] https://de.statista.com/statistik/daten/studie/70265/umfrage/haeuserpreisindex-in-deutschland-seit-2000/ (abgerufen am 08.04.2023)

[28] https://www.destatis.de/DE/Presse/Pressemitteilungen/2023/03/PD23_116_61262.html (abgerufen am 02.12.2023)

[29] https://www.destatis.de/DE/Presse/Pressemitteilungen/2023/09/PD23_379_61262.html (abgerufen am 02.12.2023)

[30] https://de.statista.com/statistik/daten/studie/6654/umfrage/immobilienpreise-fuer-eigentumswohnungen-in-deutschen-staedten-2008/ (abgerufen am 24.12.2023)

[31] https://www.immoverkauf24.de/immobilienpreise/ (abgerufen am 08.04.2023)

[32] Ebd.

[33] https://ivd.net/ivd-erschwinglichkeitsindex/ (abgerufen am 24.12.2023)

[34] https://ivd.net/ivd-erschwinglichkeitsindex/ (abgerufen am 24.12.2023)

[35] IVD (Immobilienverband Deutschland IVD)

[36] IVD (Immobilienverband Deutschland IVD)

37 https://www.flossbachvonstorch-researchinstitute.com/de/kommentare/sind-immobilien-heute-erschwinglicher-als-frueher/ (abgerufen am 24.12.2023)

38 https://de.statista.com/statistik/daten/studie/1420653/umfrage/oecd-erschwinglichkeitsindex-fuer-wohnimmobilien-nach-weltweiten-laendern/ (abgerufen am 18.11.2023)

39 https://www.presseportal.de/pm/104820/5130361 (abgerufen am 09.04.2023)

40 nach https://report.europace.de/index-epx-mean/ (abgerufen am 4.10.2023)

41 https://www.umweltbundesamt.de/daten/energie/energieverbrauch-nach-energietraegern-sektoren#entwicklung-des-endenergieverbrauchs-nach-sektoren-und-energietragern (abgerufen am 09.04.2023)

42 https://www.verbraucherzentrale.de/wissen/energie/energetische-sanierung/geg-was-steht-im-neuen-gebaeudeenergiegesetz-13886 (abgerufen am 09.04.2023)

43 https://www.zfk.de/politik/recht-regulierung/eu-kommission-will-sanierungspflicht-fuer-ineffiziente-gebaeude (abgerufen am 09.04.2023)

44 https://www.haufe.de/immobilien/wirtschaft-politik/green-deal-eu-liefert-investitionsplan-fuer-gebaeudesektor_84342_507868.html (abgerufen am 09.04.2023)

45 https://www.adac.de/rund-ums-fahrzeug/elektromobilitaet/laden/laden-garage-e-auto/ (abgerufen am 09.04.2023)

46 https://www.net4energy.com/de-de/mobilitaet/wallbox-eigentuemergemeinschaft (abgerufen am 09.04.2023)

47 https://www.bmwsb.bund.de/SharedDocs/kurzmeldungen/Webs/BMWSB/DE/2022/co2-preis.html (abgerufen am 24.12.2023)

48 https://www.welt.de/geschichte/article206942969/Wiederaufbau-Was-die-Idee-vom-Lastenausgleich-taugte.html (abgerufen am 09.04.2023)

49 Ebd.

50 https://de.wikipedia.org/wiki/Lastenausgleichsgesetz

51 https://www.welt.de/geschichte/article206942969/Wiederaufbau-Was-die-Idee-vom-Lastenausgleich-taugte.html (abgerufen am 09.04.2023)

52 https://www.umweltbundesamt.de/bild/erneuerbare-energie-fuer-waerme-kaelte-anteil (abgerufen am 02.12.2023)

53 https://www.destatis.de/DE/Themen/Wirtschaft/Preise/Erzeugerpreisindex-gewerbliche-Produkte/Publikationen/Downloads-Erzeugerpreise/erzeugerpreise-preisreihe-heizoel-pdf-5612402.pdf?__blob=publicationFile (abgerufen am 08.01.2024)

54 https://www.verivox.de/gas/verbraucherpreisindex/

55 https://www.holzpellets.net/holzpellet-charts/

56 https://www.mineko.de/ratgeber/nebenkostenabrechnung-2023 (abgerufen am 02.10.2023)

57 https://www.dena.de/fileadmin/dena/Publikationen/PDFs/2022/dena_Gebaeudereport_2023.pdf (abgerufen am 19.04.2023)

58 https://www.mcmakler.de/research/umfragen-trends/Energieeffizienz (abgerufen am 19.04.2023)

59 https://www.bauen-aktuell.eu/umfrage-zur-gebaeudemodernisierung-gut-daemmen-besser-verkaufen/ (abgerufen am 20.04.2023)

60 https://www.zeit.de/2023/04/zwangsversteigerungen-immobilien-baufinanzierung-zinsen?utm_referrer=https%3A%2F%2Fwww.google.com%2F (abgerufen am 26.04.2023)

61 https://de.statista.com/statistik/daten/studie/70036/umfrage/zwangsversteigerungen-von-immobilien-in-deutschland/ (abgerufen am 26.04.2023)

62 https://www.creditreform.de/fileadmin/user_upload/central_files/News/News_Wirtschaftsforschung/2022/SchuldnerAtlas_Deutschland/2022-11-15_AY_OE_SchuldnerAtlas_Deutschland_2022.pdf (abgerufen am 26.04.2023)

63 https://www.interhyp.de/ratgeber/was-muss-ich-wissen/zinsen/zins-charts/# (abgerufen am 05.10.2023)

64 https://www.interhyp.de/ratgeber/was-muss-ich-wissen/zinsen/zins-charts/#

65 https://de.wikipedia.org/wiki/Mangel_(Recht) (abgerufen am 23.09.2023)

66 https://www.bbsr.bund.de/BBSR/DE/forschung/fachbeitraege/bauen/bauwirtschaft/baupreisprognose/baupreisprognose.html (abgerufen am 29.11.2023)

67 https://www.destatis.de/DE/Presse/Pressemitteilungen/2022/07/PD22_288_61261.html (abgerufen am 29.11.2023)

68 https://www.asscompact.de/nachrichten/so-investieren-family-offices-immobilien (abgerufen am 29.04.2023)

69 https://www.berenberg.de/news/family-offices/berenberg-generationswechsel-bei-unternehmerfamilien/ (abgerufen am 30.04.2023)

70 https://content.rolandberger.com/hubfs/07_presse/22_2168_SAL_Family_Offices2_FINAL.pdf (abgerufen am 3.04.2023)

71 https://www.destatis.de/DE/Presse/Pressemitteilungen/2023/05/PD23_199_31121.html (abgerufen am 06.11.2023)

72 https://www.zdf.de/nachrichten/wirtschaft/studie-immobilien-kauf-miete-stadt-land-100.html (abgerufen am 05.05.2023)

73 https://nokera.com/ (abgerufen am 05.05.2023)

74 https://www.mckinsey.com/~/media/mckinsey/industries/capital%20projects%20and%20infrastructure/our%20insights/the%20next%20normal%20in%20construction/executive-summary_the-next-normal-in-construction.pdf (abgerufen am 05.05.2023)

75 https://www.zdf.de/nachrichten/panorama/hausbau-3d-drucker-nrw-projekt-wohnungsnot-100.html (abgerufen am 02.01.2024)

76 https://www.ingenieur.de/fachmedien/bauingenieur/innovationen-in-der-baubranche/groesstes-3d-druck-gebaeude-europas-entsteht-in-heidelberg/ (abgerufen am 06.05.2023)

77 https://www.zukunftsinstitut.de/artikel/wohnen/collaborative-living-wohnen-wird-dezentral/ (abgerufen am 20.11.2023)

78 https://implenia.com/medien/artikel/white-paper-best-ager/ (abgerufen am 15.11.2023)

79 Whitepaper »Best Ager« der Implenia Schweiz AG, Download unter https://implenia.com/medien/artikel/white-paper-best-ager/

80 Ebd.

81 https://www.forbes.com/advisor/de/geldanlage/gold/wie-viel-gold-gibt-es/ (abgerufen am 04.06.2023)

82 https://de.wikipedia.org/wiki/Gesundheit (abgerufen am 05.06.2023)

83 https://www.institut-fuer-menschenrechte.de/themen/wirtschaftliche-soziale-und-kulturelle-rechte/recht-auf-wohnen (abgerufen am 05.06.2023)

84 Ebd.

85 https://de.statista.com/statistik/daten/studie/1263402/umfrage/anzahl-moeglicher-klimafluechtlinge-weltweit-bis-2050-nach-region/ (abgerufen am 06.06.2023)

86 https://www.zukunftsinstitut.de/dossier/megatrend-urbanisierung/ (abgerufen am 18.06.2023)

87 https://www.stadt-muenster.de/stadtplanung/bebauungsplanung/faq-einfamilienhaeuser (abgerufen am 20.06.2023)

88 https://correctiv.org/aktuelles/kampf-um-wasser/2022/10/25/klimawandel-grundwasser-in-deutschland-sinkt/ (abgerufen am 21.07.2023)

89 Ebd.

90 https://www.chip.de/news/Starkregen-Gefahrenkarte-fuer-Deutschland-zeigt-wo-Ueberflutungen-drohen_184844491.html (abgerufen am 22.07.2023)

91 https://tu-dresden.de/bu/bauingenieurwesen/imb/das-institut/news/feierliche-einweihung-des-weltweit-ersten-gebaeudes-aus-carbonbeton-cube-1 (abgerufen am 02.08.2023)

92 https://bankenverband.de/newsroom/presse-infos/historisch-niedrige-bauzinsen-wertvolle-tipps-immobilienkauf/

93 https://de.statista.com/statistik/daten/studie/1347565/umfrage/entwicklung-der-bauzinsen-in-deutschland/ (abgerufen am 08.04.2023)

94 https://www.finapu.com/blog/neuerungen-im-eu-bankenpaket-basel-iv-auf-dem-weg (abgerufen am 02.01.2024)

95 https://www.private-banking-magazin.de/schreckgespenst-oder-echte-bedrohung-wie-sich-basel-iv-auf-die-immobilienwirtschaft-auswirkt/?page=3 (abgerufen am 09.04.2023)

Sachregister